C. G. Büttner

SUAHELI - SCHRIFTSTÜCKE IN ARABISCHER SCHRIFT

C. G. Büttner

SUAHELI - SCHRIFTSTÜCKE IN ARABISCHER SCHRIFT

ISBN/EAN: 9783743308022

Hergestellt in Europa, USA, Kanada, Australien, Japan

Cover: Foto ©Andreas Hilbeck / pixelio.de

Manufactured and distributed by brebook publishing software
(www.brebook.com)

C. G. Büttner

SUAHELI - SCHRIFTSTÜCKE IN ARABISCHER SCHRIFT

SUAHELI-SCHRIFTSTÜCKE

IN

ARABISCHER SCHRIFT

MIT LATEINISCHER SCHRIFT UMSCHRIEBEN
ÜBERSETZT UND ERKLÄRT

VON

DR. C. G. BÜTTNER
LEHRER DES SUAHELI AM SEMINAR

MIT XI FACSIMILETAFELN

STUTTGART & BERLIN
W. SPEMANN
1892

DEM ANDENKEN

IHRER HOCHSELIGEN MAJESTÄT

DER

KAISERIN UND KÖNIGIN AUGUSTA

VORWORT.

Der Wunsch, meinen Schülern eine Sammlung von Schriftstücken zu bieten, welche direkt von der Hand der Suaheli
aufgeschrieben waren, und zugleich sie mit der Art bekannt zu
machen, wie die Suaheli von Alters her die arabische Schrift
für ihre Sprache gebrauchen, hat die Herausgabe vorliegenden
Buches veranlasst.

Das Material, welches ich im folgenden veröffentliche, ist
durchaus ohne Zuthun eines Fremden von Suaheli aufgezeichnet.
Ich verdanke die Schriftstücke theils der Güte einiger Reisenden,
welche mir die Briefe u. s. w., die ihnen in die Hände kamen,
übergaben; ich nenne hier mit verbindlichstem Dank die Herren:
CL. DENHARDT, Dr. H. MEYER, BARON V. NETTELBLADT,
JOS. FRIEDRICH, V. WITTICH, V. HÖHNEL, Dr. O. BAUMANN.
Vieles (meist aus der Feder des Jumaa bin Nasr herstammend)
habe ich durch Vermittelung der evangelischen Mission in Dar-
essalam erhalten. Einiges ist mir von den Lektoren am Seminar
für Orientalische Sprachen Herrn SLEMAN BIN SAID und Herrn
AMUR BIN NASUR aufgeschrieben.

Bei der im Anfang recht schwierigen Entzifferung der
Schriftstücke haben mich meine Collegen Prof. Dr. HARTMANN
und Dr. MORITZ, sowie die eben genannten Lektoren gütigst
unterstützt. Dieselben Herren haben mir fortgesetzt Rath und
Auskunft bei meiner Arbeit gewährt, wofür ich ihnen auch an
dieser Stelle gerne meinen Dank abstatte.

Der arabische Text ist so wiedergegeben, wie ihn die
Originale boten. Die lateinische Umschrift zeigt, wie der Text
auszusprechen ist, sie giebt also nicht die Buchstaben

des Originals, sondern den Laut wieder. Im Anhange ist das Verhältniss zwischen Laut und Schrift ausführlich erklärt. Der Anfänger wird gut thun, mit dem Studium des Anhangs zu beginnen. Ueber die Verwendung der arabischen Schrift für das Suaheli habe ich weiteres im Buche selbst pag 151 fg. ausgeführt. Wenn in der Umschrift nicht ein bestimmtes System pedantisch befolgt ist, sondern die Orthographie scheinbar eine schwankende ist, so mag der Grund hiefür darin gesucht werden, dass bei den Suaheli auch die Aussprache vielfach schwankt, und es wäre unrecht, wenn wir uns nur an etwas ganz bestimmtes halten wollten.

Ebenso möchte ich bei dem, was ich zur Erklärung der in den Briefen vorkommenden arabischen Wörter und Sätze gegeben habe, bemerken, dass ich mich darauf beschränkt habe, alles nur so zu geben, wie ich es in den Originalen gefunden und wie es mir meine Ostafrikaner erklärt haben, ohne alle Rücksicht auf das klassische Arabisch oder andere arabische Dialekte. So sind auch die Namen der Buchstaben und die vorkommenden grammatischen Kunstausdrücke so wiedergegeben, wie sie in Ostafrika ausgesprochen werden.

Weitere praktische Gründe haben mich dazu geführt, dem Texte nicht bloss Anmerkungen und etwa ein Glossar, sondern zugleich auch eine Uebersetzung ins Deutsche beizufügen. Die Uebersetzung soll zunächst denjenigen dienen, welche mit beschränkter Zeit oder gar ohne Lehrer Suaheli lernen wollen, damit sie nicht im Anfang zu viel Zeit mit dem Herumblättern im Wörterbuch vergeuden. Ich habe deshalb so wörtlich, wie es nur der Genius der deutschen Sprache zu gestatten schien, zu übersetzen versucht.

Aber ich verfolgte mit der Zugabe der Uebersetzung auch noch einen andern Zweck. Da in Deutschland über die geistigen Capacitäten, sowie über das intime Leben der „Neger" an nur zu vielen Stellen die wunderlichsten Vorstellungen herrschen, so hielt ich die Gelegenheit für günstig, auch diejenigen, welche nicht Suaheli fachmännisch zu lernen gesonnen sind, ein wenig in die Denk- und Ausdrucksweise unserer Ostafrikaner hineinkucken zu lassen.

Da die hier gegebenen Stücke durchaus original sind, so kann sich jeder, der sie lesen will, selber ein Urtheil bilden. Dass ich manchmal vielleicht ein wenig zu wörtlich übersetzt, mag dazu dienen den Briefen, Erzählungen und Gedichten wenigstens etwas von afrikanischem Colorit zu verleihen. Bei den Anmerkungen und Erklärungen habe ich vorausgesetzt, dass die Leser meines Buches sich mit den früher seitens des Seminars für Orientalische Sprachen für das Suaheli herausgegebenen Lehrbüchern v. St. Paul, Suaheli Handbuch, und Büttner Wörterbuch des Suaheli oder wenigstens mit meinem kleinen Hülfsbüchlein „Suahelisprache" (2. Aufl. Leipzig 1891 T. O. Weigel Nachfolger) bekannt gemacht haben.

Gerade bei Beendigung des Drucks vorliegenden Buches kam ein ähnliches von der Universities Mission in Sansibar soeben herausgegebenes Werk in meine Hände, betitelt: A practical guide to the use of the arabic alphabet in writing Swahili. Zanzibar, printed at the press of the Universities Mission to Central Africa 1892 Folio. Es ist für mich nur erfreulich gewesen zu sehen, wie diese beiden völlig unabhängig von einander entstandenen Arbeiten in allem Wesentlichen übereinstimmen, obwohl für jede selbstverständlich andere Originale vorgelegen haben.

Die im Anhange gegebene Abhandlung über die Disposition und die äussere Form der Suahelibriefe versucht alles das, was sich gemeinschaftliches und daher als mehr oder minder allgemein übliches in den Briefen dieses Buches vorfindet, zusammenzufassen und damit zugleich eine Anleitung zu geben, wie man vorzugehen hat, wenn man auf Suaheli einen Brief an jemand in Ostafrika schreiben will. Und es wäre für mich ein sehr erfreuliches Resultat der Arbeit, die dieses Buch mir gekostet, wenn durch dasselbe der freundschaftliche Verkehr zwischen meinen Landsleuten und den Ostafrikanischen Eingeborenen gefördert werden möchte.

Steglitz-Berlin. Ende Juni 1892.

C. G. Büttner.

Inhaltsverzeichniss.

Umschrift und Uebersetzung

der arabisch geschriebenen

Suaheli-Schriftstücke.

Brief I—IV sind ganz allgemeinen Inhalts und sollen Muster für die Anfangs- und Schlussphrasen bieten. Sie stammen von der Insel Sansibar selbst, und ihre arabische Niederschrift kann auch was Orthographie und Vocalisation anbetrifft als mustergültig für den Durchschnitt angesehen werden.

I.

Meldung glücklicher Ankunft am Bestimmungsorte. Klage, dass noch kein Brief des Adressaten angekommen ist. Bitte um Nachricht.

Bism Illah irrahman irrahimi.

Ila jenab ishshekh ilmuhebb ilajil irradhi ikwafi fulan bin fulan ilfulani. Salamahu Allah taala, inshallah.

Salaam aleik wa rehmet Ullahi wa barakatahu. Muhebbak ilmuhtebbi lillahi bikheir wa serur.[1] *Ama baadu ya salaam: Khabari kheir. Wa zayidi ya khabari*[2] *Tokea siku tulioondoka huku hatta leo hatujapata salaama yako wala waraka wako, nawe si wajibu wa mtu na uduguye, wala mtu na sahibu yake; walakin ndio hali ya ulimwengu, ndio hali ya waana adamu. Nawe tafathali usikate taarifu. Na sababu: taarifu nusu ya kuonana. Wa haza.*[3] *Wasalaam. Nisalimie jamaa wote na watoto wote. Na huku akusalimu jamaa wote na watoto wote. Wasalaam.*

NB. Ueber die Grussformel in diesem und den folgenden Briefen siehe weiter unten die Abhandlung über Abfassung und Disposition der Suahelibriefe, woselbst die arabischen Wörter in der Adresse und in der Grussformel erklärt sind.

'Dein Geliebter (*muhíbb-ak*) der von Gott (*lillíhi*) geliebte
(*muhtébbi*) ist in Glück (*bi-khcir*) und (*wa*) Freude (*scrür*). ² *Wa*
(und) *zayidi* (mehr) *ya khabari* (von Nachrichten): Und was noch
weiter mitzutheilen ist. ³ *wa haza.* Hier wären sonstige
Meldungen einzufügen.

UEBERSETZUNG.

Im Namen Gottes des gnädigen, des barmherzigen.

An Seine Wohlgeboren den Schech, den geliebten, den
sehr geehrten, den angenehmen, den getreuen N. N. Sohn des
N. N., den N. N. Es behüte ihn Gott, der Allerhöchste, wenn
Gott will.

Friede sei über dir und die Barmherzigkeit Gottes und sein
Segen: Dein Geliebter, der von Gott geliebte, befindet sich in
Glück und Freude. Aber nach dem Gruss: Die Nachrichten
sind gute. Und was mehr ist von Nachrichten: Seit dem Tage,
da wir von dort aufbrachen bis heute, haben wir weder Gruss
noch Brief von dir erhalten. Und was dich anbetrifft, es ist
doch nicht so das Verhalten eines Menschen seinem Bruder gegenüber, noch eines Menschen seinem Freunde gegenüber. Aber
so ist die Weise der Welt, so ist die Weise der Menschen-
kinder. Und du, bitte, schneide doch nicht die Benachrichtigung
ab. Denn die Benachrichtigung ist die Hälfte des Wiedersehens.
Und dieses. Und Gruss. Grüsse mir alle Verwandten und
alle Kinder. Und hier grüssen dich alle Verwandten und alle
Kinder. Und Gruss.

———————

II.

Meldung glücklicher Ankunft und Dank für einen Brief.

*Ila jenab ishshekh ilmuhebb ilakram ilmuwedd ilaziz fulan
bin fulan ilfulani. Salamahu Allah taala, inshallah.*

*Salaam aleik wa rehmet Ullahi wa barakatahu na mar-
dhatahu. Muhebbu wako, ndugu yako, hatujambo sote, nanyi*

inshallah hamujambo. Na zayidi ya khabari: Tumewasili Bender es salaam[1], nasi hatukufikiliwa na khatari[2] iliyoyote, ilhamdu lillah rabb ilalamina.[3] Nawe tafathali usiate[4] kutuletea taarifu na kwa kulla khabari yote.[5] Na taarifu yako ulioleta mikononi mwa fulani, imewasili. Ahsant, wajazak Allah elfu kheir. Wa haza.[6] Wa salaam. Nisalimie jamaa wote na watoto wote; na huku kathalika wanakusalimu jamaa na ndugu. Wa salaam muhebbak fulan bin fulan bijedihi fi sene 1303.

[1] *Bender essalaam* ist der richtige Name von *Dar essalaam*. [2] *khatari* etwas beängstigendes, Unfall. [3] *ilhamdu* (Lob) *lillah* (dem Gott) *rabb* (Herr) *ilalamina* (der Welten). Gelobt sei Gott der Herr der Welten. (Anfang der ersten Sure des Koran.) [4] *usiate=usiache* lass nicht ab. [5] *kwa kulla khabari yote*, hier ist neben *yote* noch pleonastisch *kulla* gebraucht, es kommt eben oft vor, dass der Suaheli-Ausdruck noch einmal arabisch wiedergegeben ist. [6] *wa haza*, siehe vorigen Brief.

UEBERSETZUNG.

An Seine Wohlgeboren den Schech, den geliebten, den geehrten, den geliebten, den theuren N. N. Sohn des N. N. den N. N. Es behüte ihn Gott, der Allerhöchste, wenn Gott will.

Friede sei über dir und die Barmherzigkeit Gottes und sein Segen und sein Wohlgefallen. Was deinen Geliebten, deinen Bruder anbetrifft, so geht es uns allen gut, und euch, wenn Gott will, geht es auch gut. Und was mehr ist von Nachrichten: Wir sind in Bender essalaam angekommen und von gar keiner Gefahr betroffen, Lob sei Gott dem Herrn der Welten. Und du, bitte, höre nicht auf uns Benachrichtigung zu übersenden über jegliche Neuigkeit. Und deine Benachrichtigung, die du durch die Hand des N. N. geschickt hast, ist angekommen. Danke schön, es vergelte dir Gott mit tausendfachem Glück. Und dieses. Und Gruss. Grüsse mir alle Verwandten und alle Kinder und hier grüssen dich gleicherweise die Verwandten und die Brüder. Und Gruss von deinem Geliebten N. N., mit eigener Hand im Jahre 1303.

III.

Bitte um Nachricht.

*Ila jenab ishshekh ilmuhebb ilakram ilmukarram ilakh
ilaziz fulan bin fulan ilfulani. Salamak Allah taala, inshallah.
Salaam aleik wa rehmet Ullahi wa barakatahu. Ilkitab
bender ilfulani ila bender Zenjibar.[1] Ama baaduhu ya salaamu:
Khabari zetu ni ngema, wa thama nawe kuwa[2] kathalika ya afia
zenu, ilhamdu lillah rabb ilalamina. Na zayidi ya khabari:
Tokea tuliposafiri hatta leo hatujapata khabari yenu wala
khati yenu wala salaamu yenu. Nawe si wajibu wako hasha
lillahi[3]; walakin haithuru. Nalmuradi wetu unapo, mtu anaye-
kusudia inti[4] za kwetu, usitukatie taarifu. Naswi kathalika na
zamani twalileta taarifu kabla ya hii. Allahu aalam[5] imefika ao
haikufika. Wasalaam min muhebbak ilhakir lillahi taala fulan
bin fulan bijedihi, tarikh kathawakatha.[6]*

[1] Angabe des Ortes, von wo der Brief herkommt und wohin
er geht. Der Brief ist hier *ilkitab* d. h. Schrift genannt. [2] *kuwa.*
Es wird meistens an dieser Stelle der Briefe der Infinitiv statt
des Conjunctivs gebraucht. [3] *hasha lillahi*, bei Gott, es ist nicht
so. [4] *inti=inchi.* [5] *Allahu aalam*, Gott weiss es. [6] *kathawakatha*
wörtl. wie dies und wie dies d. h. hier: der und der (Tag).

UEBERSETZUNG.

An Seine Wohlgeboren den Schech den geliebten, den
sehr geehrten, den Bruder, den theuren N. N. Sohn des N. N.,
den N. N. Es behüte dich Gott der Allerhöchste, wenn Gott will.

Friede sei über dir und die Barmherzigkeit Gottes und
sein Segen. Die Schrift von dem Hafen N. N. nach dem Hafen
Sansibar. Aber nach dem Gruss: Unsere Neuigkeiten sind gut,
und gleicher Weise mögest du ebenso mit eurer Gesundheit sein,
Lob sei Gott dem Herrn der Welten. Und was mehr ist von
Nachrichten: Seit wir abgereist sind, bis heute haben wir weder
Nachricht von euch erhalten, noch einen Brief von euch, noch
einen Gruss von euch. Und was dich anbetrifft, so ist es doch

nicht deine Pflicht, bei Gott es ist nicht so. Aber es schadet nichts. Und unser Wille, welcher da ist, (ist dieser): (Ist da) ein Mensch, welcher die Absicht hat nach unserm Lande (zu reisen), so schneide doch nicht die Benachrichtigung von uns ab. Und wir haben gleicher Weise und längst Benachrichtigung vor diesem geschickt. Gott weiss es, ist sie angekommen, oder ist sie nicht angekommen. Und Gruss von deinem Geliebten, dem vor Gott dem Allerhöchsten geringen N. N. Sohn des N. N. mit eigener Hand. Datum so und so.

IV.

Dank für einen Brief, Anzeige der Uebersendung eines Geschenkes.
Bitte den Empfang desselben zu bescheinigen.

Ila jenab ishshekh ilmuhebb ilakram innasih fulan bin fulan. Salamahu Allah taala, inshallah.

Salaam aleik wa rehmet Ullahi wa barakatahu. Ama baadu ya salaamu: Khati yako muathamu[1] musharafu[1] ulioleta kwetu imetuwasilia, naswi tumeisoma tukafahamu yaliomo yote. Ahsanta, wa jazak Allah elfu kheir. Nawe ndio wajibu wako kama haya, naswi inshallah hatukati taarifu, nawe takabathi zawadi na amana mikononi mwa fulani nawe tuarifu kufika kwake. Wasalaam min muhebbak ilhakir weledak[2] fulan bin fulan. Tarikh kathawakatha. Wasalaam.

[1] *muathamu* erhaben, *musharafu* verehrt, sind übliche Bezeichnungen für das von Adressaten empfangene Schreiben.
[2] *weledak* dein Kind; *weled* Kind, *ak* das Suffix der zweiten Person Sing. im Arabischen.

UEBERSETZUNG.

An Seine Wohlgeboren den Schech, den geliebten, den sehr geehrten, den aufrichtigen N. N. Sohn des N. N. Es behüte ihn Gott, der Allerhöchste, wenn Gott will.

Friede sei über dir und die Gnade Gottes und sein Segen. Aber nach dem Gruss: Dein erhabenes, verehrtes Schreiben, das du an uns gesandt, ist bei uns angekommen, und wir, wir haben es gelesen und alles verstanden, was darin ist. Danke schön, und Gott vergelte es dir mit tausendfachem Glück. Und was dich anbetrifft, solches wie dieses ist deine Pflicht. Und wir, wenn Gott will, schneiden nicht die Benachrichtigung ab. Und du empfange das Geschenk und das Unterpfand aus der Hand des N. N. Und du melde uns seine Ankunft. Und Gruss von deinem Geliebten, dem sehr geringen, deinem Kinde N. N. Sohn des N. N. Datum so und so. Und Gruss.

Brief V—XVI behandeln theils kaufmännische Geschäfte, theils Familienangelegenheiten. Die Eingangs- und Schlussphrasen sind ganz kurz gehalten. Dieselben müssten also, wenn man ähnliche Briefe schreiben will, nach dem Muster der Briefe I—IV ergänzt werden. Auch diese Briefe sind in einem guten Sansibardialect geschrieben, und ihre arabische Niederschrift kann für Orthographie und Vocalisation als mustergültig angesehen werden.

V.

Kaufmannsbrief. Nachricht über die augenblicklich bei den Manyema gezahlten Preise für importirte Waaren.

Bcmaniki taala.

Ila jenab ishshekh ilmuhebb ilakram ilmuwedd ilahsham ilakh fulan bin fulan.

Salaam sana. Na baadu ya salaam nakuarifu: Nimcwasili bender Unyanycmbe siku ya mwezi tatu mfunguo mbili.[1] *Salaam salmin.*[2] *Na ukataka*[3] *khabari ya ndani nilikotoka, hakuna illa khcir. Na kuliko bci mwaka huu Manyema beushara nyingi sana. Frasila ya pembe nguo tano, na shaba frasila kwa frasila tano. Hiyo bci maujudi*[4] *hapana kutafuta. Na kuliko bci ya watumwa, mtumwa mwema nakawa hesabu yakc nguo mbili na bunduki moja, kwa frasila ya ushanga kimarabamba*[5] *frasila kwa frasila tatu, na ushanga merikani*[5] *frasila kwa frasila mbili, na ushanga umboumbo*[5] *frasila kwa frasila u nusu, na baruti pipa*[6] *kwa frasila, na kisua babu Maskat*[7] *kitambi dcbwani*

2

kimoja man ne, na vikoi babu Maskat kimoja man[8] mbili, na sabuni nyekundu sanduku man tatu, na mikeka miwili kwa man sita. Hiyo ndiyo khabari ya barra, taalam zalik.

[1] am dritten Tage des zweiten Monats nach dem Fasten (nach dem *Ramadan*). [2] wörtl. Sicherheit der Sicherheiten. [3] wohl verschrieben statt *ukitaka*. [4] *maujudi=hapana kutafuta*, der arabische Ausdruck wird auf Suaheli erklärt. [5] *kimarabamba, merikani, umboumbo* Perlensorten. [6] statt *pipa* ist im Arabischen *pimba* geschrieben. [7] *babu Maskat=*Masketischer Art. [8] *man*, Gewicht von c. 3 *fl.*, der zwölfte Theil der frasila (=35 *fl.*).

UEBERSETZUNG.

Durch die Gnade des Allerhöchsten.

An Seine Wohlgeboren den Schech, den geliebten, den geehrten, den geliebten, den geehrten, den Bruder N. N. Sohn des N. N. Vielen Gruss. Und nach dem Gruss theile ich dir mit, ich bin im Hafen Unyanyembe angekommen, am dritten Tage des zweiten Mfunguo, im allerbesten Zustande. Und wenn du Neuigkeiten aus dem Binnenlande verlangst, von wo ich herkomme, so sind keine da als gute. Und was den Handel in diesem Jahr bei den Manyema anbetrifft, so giebt es sehr viele Geschäfte. Die Frasila Elfenbein für drei Stück Zeug, und Messing eine Frasila für fünf Frasila. Und der Handel ist lebhaft, man hat nicht danach zu suchen. Und was den Ankauf von Sklaven anbetrifft, der Werth eines guten, tadellosen Sklaven ist zwei Stück Zeug und ein Gewehr. Für die Frasila Kimarabamba-Perlen, die Frasila für fünf Frasila (Elfenbein) und Merikani-Perlen, die Frasila für zwei Frasila, und Umboumbo-Perlen, die Frasila für ein und eine halbe Frasila, und ein Fass Pulver für eine Frasila, und ein Anzug nach Maskatischer Art von Debwani-Zeug für vier Man, und Tücher Maskatischer Art, eine für zwei Man, und eine Kiste rothe Seife für drei Man, und zwei Matten für sechs Man. Das sind die Nachrichten vom Festlande. Wisse dieses.

VI.

Kaufmannsbrief. Nachricht über die Preise in den Küstenhäfen.

Bemanihi taala.

Ila ishshekh ilmuhebb ilakram ilmukarram innasih fulan bin fulan. **Salaam.** *Wa baadu ya salaam: Khati yako muatham imewasili mkononi mwa hamali barua,[1] nikaisoma nikafahamu yote. Khabari ya barra kuliko[2] bcushara yako uliofanyiza, nimefurahi sana kwa kuniarifu bei yako. Na ukitaka khabari ya pwani njema na bei ya bithaa pwani seari[3] yake njema. Jora[4] ya merikani[5] kwa reale mbili u nusu, na jora ya kamti[5] reale mbili kass robo, na frasila ya ushanga samesame[6] reale sabaa, na umboumbo reale sita, na ushanga merikani mweupe frasila reale tano, na shaba nyekundu frasila reale nane, na shaba nyeupe frasila reale sita, na kaniki korja[7] reale arbatashara vikunjwa vinane, na vikunjwa sita reale ethnashara, na subaiya babu Kachi korja reale sabatashara, na debwani babu Kachi korja reale sitashara, na vitambi kumvi[8] za mpunga korja reale khamstashara, na vitambi rihani[9] korja reale thelctashara, na baruti pipa la rottel kumi reale ne u nuss. Hiyo ndiyo seari ya mji wa Unguja. Wassalaamu.*

[1] *hamali barua*, der Träger des Briefes. [2] *kuliko*, was anbetrifft. [3] *seari*, Handel, Preis, Conjunctur. [4] *jora* oder *gora*, ein Stück Zeug von ca. 30 Yards. [5] *merikani, kamti, kaniki, subaya, debwani,* Bezeichnung verschiedener Stoffe. [6] *samesame*, Bernsteinartige Perlen. [7] *korja*, Pack von 20 Stück (hier Doti). [8] *kumvi za mpunga*, wörtl. Reisspreu, eine Art Gewebe. [9] *rihani*, Art schwarzes Zeug.

UEBERSETZUNG.

Durch die Gnade des Allerhöchsten.

An den Schech, den geliebten, den geehrten, den aufrichtigen N. N. Sohn des N. N.

Gruss. Und nach dem Gruss: Dein erhabenes Schreiben ist bei mir angekommen durch die Hand des Briefüberbringers, und ich habe es gelesen, und ich habe es alles verstanden. Ueber die Nachrichten vom Festlande, was dein Geschäft anbetrifft, das du gemacht hast, habe ich mich sehr gefreut von deinem Handel etwas zu erfahren. Und wenn du die Nachrichten von der Küste wünschest, so sind sie gut und deine Handelsconjunctur für die Waaren an der Küste ist gut. Die Gora Merikani für zwei und einen halben Thaler, die Gora Kamti für zwei Thaler weniger ein Viertel. Und die Frasila Samesameperlen sieben Thaler und die Umboumbo-Perlen sechs Thaler und weisse Merikani-Perlen die Frasila fünf Thaler und die Frasila rothes Kupfer acht Thaler, und die Frasila Messing sechs Thaler, und die Kordja Kaniki vierzehn Thaler acht Lagen, und sechs Lagen elf Thaler, und Subayas nach Art von Cutch die Kordja siebzehn Thaler, und Debwani nach Art von Cutch die Kordja sechszehn Thaler, und Kumvi-za-mpunga-Tücher die Kordja fünfzehn Thaler, und Rihani-Tücher die Korja dreizehn Thaler, und ein Fass mit zehn Pfund Pulver vier und einen halben Thaler. Dies sind die Preise der Stadt Unguja (Sansibar). Und Gruss.

VII.

Kaufmannsbrief. Waarenbestellung aus dem Innern (Manyema) für Elfenbein. Es soll ferner ein Grundstück gekauft und die übersandten Sclaven auf demselben beschäftigt werden.

Bemanihi taala.

Ila ishshekh ilmuhebb ilakram ilakh Abdallah bin Nasur bin Jumaa il Nebehani.

Salaam. Wa baadu ya salaam: Anakuwasilia mtumwa wako Mabruki, falmeradi,[1] *takabath kwake frasila arbain za pembe nakawa. Tafadhdhal nataka uninunulie bithaa iwadha*[2] *ya Manyema. Nataka uninunulie merikani asiliya jora mia na kamti jora mia u khamsin.* *Nataka na kaniki korja arbain rottel nane, na rottel tissa nataka korja thelathin, na kaniki viduringo rottel sita nataka korja asherin, na sehari*[3] *babu Kachi nataka korja kumi, na subaiya Kachi nataka korja kumi, na vitambi kumvi za mpunga nataka korja tissa, na makunguru*[3] *mweusi nataka korja tano. Nataka baruti rottel arba mia, na bunduki sanduku asherin, na fataka*[4] *sanduku mayateen. Na kilichobaki katika fetha nataka ununue shamba lilio jema, na watumwa hawo wanakuwasilia, nimewaleta kasid*[5] *kuja kufanyiza kazi katika hilo shamba. Allah Allah. Iwa*[6] *katika jitchadi*[7] *kunifanyizia shughuli yangu. Na ijara*[8] *yako twaa katika humo mnamo fetha. Wassalaam.*

---

[1] *falmeradi*, arabisch—und (*fa*) mein Wunsch (*Imeradi*).
[2] *Iwadha*, Tauschartikel.   [3] *sehari, makunguru*, Arten Zeug.
[4] *fataka*, Zündhütchen.   [5] *kasid*, absichtlich.   [6] *Iwa* für *uwe*.
[7] *jitahadi*, sich beeifern.   [8] *ijara*, Lohn—Provision.   [9] *humo m na mo*, wörtl. dort wo es ist.

UEBERSETZUNG.

Durch die Gnade des Allerhöchsten.

An den Schech, den geliebten, den geehrten, den Bruder Abdallah Sohn des Nasur Sohn des Jumaa den Nebehani. Gruss. Und nach dem Gruss: Es kommt zu dir dein Knecht Mabruki. Und mein Wunsch ist, nimm von ihm in Empfang vierzig Frasila tadelloses Elfenbein. Bitte, ich wünsche, dass du für mich Manyema-Tauschartikel einkaufst. Ich wünsche, dass du für mich hundert Gora ächten Merikani und hundertundfünfzig Gora Kamti kaufst. Ich wünsche auch vierzig Kordja achtpfündigen Kaniki, und von neunpfündigem wünsche ich dreissig Kordja, von braunem, sechspfündigem Kaniki wünsche ich zwanzig Kordja, und von Sehari nach Art von Cutch wünsche ich zehn Kordja, und von Cutch-Subaya wünsche ich zehn Kordja, und von Kumvi-za-mpunga-Tüchern wünsche ich neun Kordja, und von schwarzem Makunguru wünsche ich fünf Kordja. Pulver wünsche ich vierhundert Pfund und zwanzig Kisten Gewehre und zweihundert Kisten Zündhütchen. Und von dem

Gelde das übrig bleibt kaufe mir ein recht schönes Landgut, und die Sklaven, welche bei dir ankommen, habe ich absichtlich geschickt, dass sie kommen und die Arbeit auf diesem Landgut verrichten. Um Gottes willen, sei doch recht eifrig um mir mein Geschäft auszurichten. Und deine Provision nimm von dem Gelde, das da ist. Und Gruss.

VIII.

Antwort auf den vorhergehenden Brief (VII.). Die Waaren und das Grundstück sind gekauft, die Sclaven aber haben wegen der Blokade nicht nach Sansibar transportirt werden können. Die Rheder wollen das Risiko nicht übernehmen. Bitte beim Verkauf von Waaren für Rechnung des Schreibers zu helfen, da die Indier bezahlt sein wollen.

Bemanihi taala.

Ila muhebbina ilakram ilmuwedd Muhammed bin Sleman bin Abdallah ilMarhuni.

Salaam. Wa baadu ya salaam: Barua yako imewasili na mtumwa wako hamil barua. Na ulichonileta wasil:[1] *frasila arbain za pembe na watumwa mkononi mwa amini*[2] *yako vimewasili. Ahsant, jezak Allahu elfu kheir. Nami nimenunua kadiri ulichoniagizia katika barua yako, na kilichobaki nimekununulia shamba kwa reale khamse mia. Na watumwa sikupata kuvusha kwenda Unguja, maana wenyi viombo vyao hawakubali kupakia watumwa wajinga*[3] *kwa mzungu bahrini. Wa na hofu, akiwaona bahrini, atawakamata na chombo atakitwaa.*[4] *Hilo ndilo neno nnalolikhofu kunipata matata, sikuweza kufanyiza jusuru.*[5] *Watumwa wote nimewaweka Bwagamoyo, sijui hila ya kufanyiza hatta kuwapeleka Unguja. Niwie rathi sana, usinene ya kama nimekataa shughuli yako. Baadu anakuwasilia mtumwa wako nimempa bithaa kidogo, tafaththali, msayidie katika beushara, kadiri atakachopata, uniletee kwa upesi, maana Wahindi*[6] *wananiuthi kutaka mali yao. Wassalaam.*

¹ *wasil*, arab. es ist angekommen. ² *amini*, Vertrauensmann.
³ *wajinga*, rohe Sklaven aus Innerafrika, im Gegensatz zu den
Haussklaven in Sansibar selbst. ⁴ *twaa*, hier: confisciren. ⁵ *jusuri*,
arab. etwas tollkühnes, gefährliches. ⁶ Die Indier, bei denen
er die übersandten Waaren auf Credit entnommen hat.

UEBERSETZUNG.

Durch die Gnade des Allerhöchsten.

An unsern geliebten, den geehrten, den geliebten Muhammed Sohn des Sleman Sohn des Abdallah den Marhuni.
Gruss. Und nach dem Gruss: Dein Brief ist angekommen
und dein Knecht, der Briefüberbringer. Und was du mir geschickt hast, ist angekommen: vierzig Frasila Elfenbein und
die Sklaven sind in der Hand deines Vertrauensmanns angekommen. Danke schön, Gott vergelte es dir mit tausendfachem
Glück. Und ich habe eingekauft, wie du es mir in deinem
Briefe aufgetragen hast, und was übrig geblieben ist, ich habe
dir ein Landgut für fünfhundert Thaler gekauft. Und die
Sklaven habe ich noch nicht nach Sansibar hinüberbringen lassen
können. Nämlich die Besitzer der Fahrzeuge nehmen nicht rohe
Sklaven in Ladung, denn der Europäer ist auf der See. Sie
wenn er sie auf der See findet, wird er sie ergreifen und das
Fahrzeug mitnehmen. Das ist es, was ich fürchte, mir Un-
gelegenheiten zu besorgen. Ich habe nichts gefährliches thun
können. Alle Sklaven habe ich in Bagamoyo untergebracht,
ich weiss keine List um es auszurichten, sie nach Sansibar zu
bringen. Entschuldige mich sehr, sage nicht, dass ich dein
Geschäft (auszuführen) mich geweigert habe. Und (bald) nach
diesem wird dein Knecht zu dir kommen, ich habe ihm ein
wenig Waare mitgegeben; bitte, hilf ihm beim Handel, wie er
es trifft, und schicke (es) mir geschwinde; denn die Indier
plagen mich, damit sie ihr Geld (wieder) erlangen. Und Gruss.

IX.

Kaufmannsbrief. Anmeldung einer Sendung Elfenbein.

Bemanihi taala.

Ila jenab ilmuheb ilakram ilmukarram ilakh Muhammed bin Sleman bin Majid ilKharusi.

Salaamu sana. Wa baadu ya salaam: Anakuwasilia mtumwa wako Mabruki; atoka barrd'akanambia, yakama walikuja watu wawili, wamechukua pembe, wataka kubadili bithaa, wanataka kuenda Ujiji. Falmeradi¹ mfanzie iwadh¹ kadri inayofaa kwa aina² yao.

¹ Vgl. Brief 7 Anmerk.ʹ ² *aina* Hülfe.

UEBERSETZUNG.

Durch die Gnade des Allerhöchsten!

An Seine Wohlgeboren den geliebten, den geehrten, den Bruder Muhammed, Sohn des Sleman, Sohn des Madjid den Kharusi. Vielen Gruss. Und nach dem Gruss: Es kommt zu dir dein Knecht Mabruki. Er kommt von dem Festlande und hat mir gesagt, dass zwei Leute gekommen sind; sie haben Elfenbein gebracht und wünschen Waaren einzutauschen, sie wollen nach Udjidji gehen. Und mein Wunsch ist, lass für ihn Tauschartikel bereit stellen, so wie es passt zu ihrer Hülfe.

X.

Kaufmannsbrief. Bestellung von Matten.

Bemanihi taala.

Ila jenab ilmuheb ilakram ilmuwedd ilakh Hamid bin Muhammed bin Jumaa ilMarhuni.

Salaam. Wa baadu ya salaam. Takabathi fetha, ununulie majamvi na mikeka mawili, kadri ya thamani iliokuwa katika mji; maana huku thamani yake ghali sana. Allah Allah. *Jitahidi asio kurithi mrithi asio mroja harabu ya mwenyi mrojo.*

UEBERSETZUNG.

Durch die Gnade des Allerhöchsten!

An Seine Wohlgeboren den geliebten, den geehrten, den geliebten, den Bruder Hamid, Sohn des Muhammed, Sohn des Jumaa den Marhani. Gruss. Und nach dem Gruss. Empfange das Geld und kaufe mir grobe Matten und zwei feine Matten nach dem Preise, der in der Stadt ist. Nämlich hier ist der Preis sehr hoch (eig. theuer). Um Gotteswillen, gieb dir rechte Mühe.....[1]

[1] Der Rest ist mir unverständlich.

XI.

Kaufmannsbrief. Schreiber will eine Reise nach den Manjema unternehmen. Nachricht über die Unkosten dieser Reise.

Bemanihi taala.

Ila ishshekh ilmuhebb ilakram ilmukarram innasih ilakh Abdallah bin Sleman ilKharusi.

Salaam sana. Wa baadu ya salaam: Ndugu yako Nasur bin Sleman emewasili; nikamtaka khabari alikotoka. Akasema. kuzuri na tamaa tele. Mwenyi chake hakosi cha mwenziwe.[1] Bass, moyo wangu umeingia tamaa, nimeazima kusafiri kuenda kumwomba Muungu. Bassi. nimekuletea khabari kasid, uwe hali ya kujua. Nami nikijaaliwa mwezi huu ntaondoka, maana wapagazi nimewapata kadri niliowataka; walakin wapagazi

*mwaka huu ghali. Mpagazi mmoja kwa nguo thelathini na
bunduki juu yake, begheir² nguo za mnyampara mbali.³ Wa
baadu nimepata khabari, ya kama Ugogo mwaka huu njaa.
Pishi⁴ mbili za mtama kwa upande. Misafara mingi inarudia
njiani. Walakin mimi ntatawakal⁵ Muungu. Hiyo ndiyo khabari
yangu. Na Manyema khassa⁵ wanataka shaba nyekundu, ndio
kitu wanachotaka katika bei yao, haifai bithaa wala kitu chingine. Wasalaam.*

¹ D. h. Keiner leidet Mangel.　² *begheir* ausserdem.　³ wörtl.
weit entfernt.　⁴ *pishi* = 6 rottel c. 6 ℔.　⁵ *khassa* genau,
eigentlich.　⁶ *tawakal* sich jemand anvertrauen.

UEBERSETZUNG.

Durch die Gnade des Allerhöchsten!

An den Schech den geliebten, den geehrten, den aufrichtigen, den Bruder Abdallah, Sohn des Sleman den Charusi.
Vielen Gruss. Und nach dem Gruss: Dein Bruder Nasur
bin Sleman ist angekommen, und ich habe von ihm die Neuigkeiten des Ortes, von dem er herkommt, erfragt. Er sagt: es
ist alles schön und allen Wünschen (entsprechend). Sein Eigen-
thümer ermangelt nicht dessen, was sein Gefährte besitzt. Da
ist auch mein Herz in die Sehnsucht hineingekommen, und ich
entschloss mich auf die Reise zu gehen und Gott zu bitten.
Und ich habe dir diese Nachricht absichtlich zugesandt, damit
du in der Lage seiest, es zu wissen. Und wenn mir Gnade
gegeben wird, so werde ich in diesem Monate aufbrechen,
nämlich ich habe soviel Träger bekommen, wie ich sie wollte;
aber die Träger sind in diesem Jahre theuer. Ein Träger für
dreissig Stück Zeug und ein Gewehr obendrein. Ausserdem
sind die Zeuge für die Hauptleute (der Träger) noch viel mehr.
Und danach habe ich die Nachricht erhalten, dass in Ugogo
in diesem Jahre Hungersnoth herrscht. Zwei Pischi Korn für
ein Stück (Zeug). Viele Karawanen sind auf dem Wege
umgekehrt. Aber ich werde mich auf Gott verlassen. Dies
sind meine Nachrichten. Und die Manyema wollen durchaus

rothes Kupfer, das ist das Ding, welches sie bei ihrem Handel haben wollen, eine andre Waare oder ein andres Ding taugt nicht. Und Gruss.

- - -

XII.

Uebermittelung eines Heiratsantrages.

Bemanihi taala.

Ila muhebbina ilakram innasih fulan bin fulan.

Wa baadu: imekuja Rashid kwangu akaniambia, ya kamma anataka mtoto wako kuposa na kama umekubali[1], fa huwa kheir[2] kwa maneno yake. Maana yeye hataki neno baya, anataka jambo la thawabu[3]; na mtoto akitakwa na mtu aliokufu[4] yake humwoza.[5] Kwa maana mtoto mwanamke akawa baligh[6] katika chumba, pakitokea mtu kumtaka, humwoza. Ndio thawabu[3], si wajibu kumzuia. Na mimi nimeonelea neno la thawabu. Wa khassa[7] watoto waleo hawana saburi wala staha[8] kwa wazee wao. Wakiona waume wanakuja kumposa na babaye hajakubali, hufanyiza mambo ya fethihi kasid kumfethehi na babaye na mamaye. Afathali ni kumwoza. Na khassa mtoto binti ni beiti bithaa[9] mbovu, maana mtoto mwanamke methili yake kama vitu viwili, tango na kitunguu. Vitu hivi si vitu vya kuweka akiba.[10] Na mwenyi kuoza mtoto mwanamke fethehi[11] i mbele yake. Allah Allah. Fanyizeni shauri, mkutane wazazi, wake na waume, mmjibu kwa majibu mazuri. Wassalaam.

---

[1] Im Text steht (wohl verschrieben) *wemekubali.* [2] *fa huwa kheir* arabisch wörtlich und dies (ist) Glück. [3] *thawabu* ein gutes gottgefälliges Werk. [4] *kufu* gleichen Standes und Alters. [5] *baligh* mannbar, arabisch. [6] *khassa* siehe Brief 11. [7] *staha* Furcht, Ehrfurcht. [8] *beiti* arabisch, Haus. [9] *akiba* Vorrath für spätere Zeit. [10] *fethihi* Schande machen, Anstoss geben, auch als Substantiv Schande, Anstoss. [11] Das Praefix *hu* in *humwoza* gilt für alle Personen und Zeiten und bedeutet: ich pflege, du pflegst, man pflegt u. s. w.

3*

UEBERSETZUNG.

Durch die Gnade des Allerhöchsten!

An unsern geliebten, den geehrten, den aufrichtigen N. N.
Sohn des N. N.

Und danach:[1] es ist Raschid zu mir gekommen und er
hat mir gesagt, dass er um dein Kind freien will, und wenn
du es annimmst, so ist das ein Glück nach seinen Worten.
Nämlich er will ja nichts schlechtes, er will ein gutes Werk.
Und wenn ein Mädchen von einem Manne gleichen Standes
verlangt wird, so pflegt man sie zu verheirathen. Nämlich
wenn ein Mädchen im Hause mannbar geworden ist, wenn
dann ein Mann erscheint nach ihr zu verlangen, so pflegt man
sie zu verheirathen. Das ist ein gutes Werk, da ist keine
Verpflichtung sie zurückzuhalten. Und so habe auch ich es
auf ein gutes Werk abgesehen. Und wirklich die Mädchen von
heute haben keine Geduld auch keine Furcht vor ihren Eltern.
Wenn sie Männer sehen, welche um sie freien kommen, und
der Vater willigt noch nicht ein, dann machen sie absichtlich
ärgerliche Geschichten um sowohl ihren Vater' als ihre Mutter
zu ärgern. Da ist es besser, sie zu verheirathen. Und wirklich
so ein Fräulein ist ein Haus mit leicht verderblicher Waare,
nämlich ein Mädchen ist zweien Dingen ähnlich, der Gurke und
der Zwiebel. Diese Dinge sind nicht Dinge, die man auf Vorrath
weglegt. Und wer ein Mädchen zu verheirathen hat, der hat
immer Aergerniss vor sich. Um Gotteswillen, haltet Rath, kommt
ihr Eltern zusammen, Frauen und Männer, antwortet ihm mit
schöner Antwort. Und Gruss.

[1] Nämlich, nach dem Gruss.

XIII.

An einen kranken Freund. Bitte um Nachricht und Einladung zur Erholung nach dem Festlande zu kommen.

Bemanihi taala.

Ila ilmuhebb ilakram Muhammed bin Amir ilBarwani.

Salaam. Wa baadu ya salaam: Nimepata khabari ya kamma huavezi siku nyingi, na wewe hukuniletea khatti nikajua.[1] *Na mtu si wajibu, ekawa mgonjwa, na ndugu yupo, usimletee barua; na bani adamu hapana kitu, marra huawa mzima na marra akafa. Na hii khatti nussu ya kuonana. Usikae katika ghafula,*[2] *na Muungu atakuondolea magonjwa. Nawe ukaona magonjwa yamekushika,*[3] *ni*[4] *kuja Mrima ukatezama hali yako; maana baridi ya huku njema, si kamma ya huku. Allah, Allah. Yatezama maneno yangu kamma yamekurithi, fahuava kheir*[5]*; kamma hayakurithi, niarifu. Walakin mimi nimeona makhlas*[6] *kama hayo. Wasalaam.*

[1] Die Form mit *ka* bezeichnet hier den Nachsatz. [2] *ghafula* hier: Unbesonnenheit, Nachlässigkeit. [3] Die Form mit *me* zeigt hier an, dass die Krankheit völlig zum Ausbruch gekommen ist. [4] vielleicht ist *kheir* ausgelassen. [5] s. Brief XII. [6] *makhlas* Rettung, Heil.

UEBERSETZUNG.

Durch die Gnade des Allerhöchsten.

An den geliebten, den geehrten Muhammed Sohn des Amir ilBarwani.

Gruss. Und nach dem Gruss: Ich habe erfahren, dass du viele Tage krank bist, und du hast mir keinen Brief geschickt, so hätte ich es gewusst. Und so ist es doch nicht mit einem Manne recht gethan, wenn er krank ist, und es ist ein Bruder vorhanden, dass er ihm keinen Brief schickt. Und so ein Menschenkind ist eigentlich nichts, so eben ist er gesund und mit einem Male ist er todt. Und ein solcher Brief ist die Hälfte des

Wiedersehens. Bleibe nicht in der Nachlässigkeit, und Gott wird die Krankheit von dir wegnehmen. Und wenn du fühlst, dass dich die Krankheit (fest) ergriffen hat, so möchte es gut sein nach Mrima zu kommen, da kannst du deinen Zustand ordentlich ansehen, denn die Kälte hier ist gut, es ist nicht wie dort. Um Gottes willen, siehe meine Worte an; wenn sie dir gefallen, so ist dies ein Glück. Wenn sie dir nicht gefallen, so theile es mir mit. Aber ich sehe solches als eine Errettung an. Und Gruss.

XIV.

Entschuldigungsschreiben. Der geplante Besuch konnte nicht ausgeführt werden, weil die Kinder erkrankt sind.

Bemanihi taala.

Ila muhebbina ilaziz ilakram Hamed bin Said.
Salaam. Wa baadu ya salaam: Nakuarifu, nalitaka kuja kwako kasid kuja kukutezama, walakin sikupata. Maana watoto wangu kidogo hawawezi; yapata [1] *leo siku tatu Wakapata hujambo inshallah ntakuja. Wasalaam.*

[1] Als Subject ist zu ergänzen *marathi*, die Krankheit, also wörtlich: sie hat heute den dritten Tag erreicht.

UEBERSETZUNG.

Durch die Gnade des Allerhöchsten.

An unsern geliebten, den theuren, den sehr geehrten Hamid Sohn des Saïd.

Gruss. Und nach dem Gruss: Ich theile dir mit, ich wollte zu dir kommen in der Absicht um zu kommen nach dir zu sehen. Aber ich habe es nicht gekonnt. Nämlich unsere Kinder sind ein wenig krank, es ist heute der dritte Tag. Geht es ihnen besser, so werde ich kommen, so Gott will. Und Gruss.

XV.

Antwort auf den vorhergehenden Brief. Bitte sich nicht zu be-
mühen. Der Schreiber wird selbst kommen.

Bemanihi taala.

Ila ilmuhebb ilakram Jumaa bin Salim.

*Salaam. Wa baadu ya salaam: Barua yako imewasili,
nimefahamu yote ulioniarifu, ya kamma unaguliwa[1] na watoto
wako nyumbani. Inshallah Muungu atawapa afiya. Na kamma
hukupata kuja kwa upesi, ntajua; watoto wako wangali hawawezi,
mimi ntakuja. Usiwe na haja' kujiathibu bilashi,[3] na khassa
ntakuja kumtezama mgonjwa, nijue hali yake. Wasalaam.*

[1] *ugua* krank sein, *ugulia* bei jemand krank sein, *uguliwa*
von einem Krankheitsfall betroffen werden. [2] wörtl. sei nicht
von der Nothwendigkeit. [3] *bilashi* wörtl. um nichts=*burre*.

UEBERSETZUNG.

Durch die Gnade des Allerhöchsten.

An den geliebten, den sehr geehrten Jumaa Sohn des Salim.
Gruss. Und nach dem Gruss. Dein Brief ist angekommen,
und ich habe alles verstanden, was du mir mitgetheilt hast
und dass dir deine Kinder im Hause krank sind. So Gott
will, wird Gott ihnen Gesundheit schenken. Und wenn du nicht
geschwinde kommen kannst, so werde ich es wissen; falls deine
Kinder krank sind, werde ich kommen. Mache dir keine Mühe,
dich unnütz zu beunruhigen, und ich werde eigens kommen um
den Kranken zu besuchen, damit ich seinen Zustand kennen
lerne. Und Gruss.

XVI.

Todesanzeige. Angeschlossen ist die Geschichte eines Menschen, der am Kilimandscharo von einem Masai Geist besessen wurde.

Bemanihi taala.

Ila ishshekh ilmuhebb ilakram ilmuwedd Muhammed bin Seif ilMa'uli.

Salamu sana. Wa baadu ya salaam: Nakuarifu ya kamma dugu yako Salim bin Abdallah amekufa siku ya mwezi tano mfunguo mosi. Inna illahi wa inna alaihi rageuna.[1] Tukazika na matanga yalikuwa siku sabaa, walakin sasa tumcondoa na karamu[2] tumesoma, imekwisha ikapasa kukuarifu barua. Sababu ya marathi yake tumbo. Na kulla ndugu na hali marifu. Wasalaam.

Asili yake huyu pepo wakilima. Walitoka watu wakasafiri wakaenda Masai. Walipofika mahali jina lake Kilimanjaro wakalala karibu na kilima. Hatta usiku akaja sheitani akamchukua mtu mmoja akampoteza borini.[3] Hatta assubui wakaamka kumtafuta mwenzi wao, hayupo. Na yule aliochukuliwa na sheitani akakaa miezi mitatu borini, hajui chakula wala maji. Khatima[4] yule pepo akamleta mjini nyangwani naye yule mtu wamemvika kikuku[5] cha shaba akatokea ghafula yule binadamu mjini. Na nduguze hawamjui kama dugu yao. Issura[6] imebatilika naye kama methili[7] ya bubu,[8] hasemi, na watu hawamjui. Pepo mmoja wapo naye mwana mume, walakin anatoka hethi kama mwanamke. Khatima yake: akaenda yule mtu kutafuta ngoma, alipopata ngoma, akawaambia watu: pigeni ngoma. Watu hawajui. Khalafu akawafundisha mapigo,[9] hatta watu wakajua. Akiimba nyimbo, watu wakaitikia,[10] akacheza mwenyewe. Na mtu huyu jina lake Jongoro.[11] Na pepo huyu akimpata mtu, humtoa damu ya kiwoani na chini, na chakula chake majongoro[11] na kobwe na maziwa mabichi. Na asili yake pepo huyu. Maneno jake kamma kimasai, hucheza na mkuki na rungu na simi mkononi na macho bwiriri[12] huwaa kichwani na ajiwapo hupindana, akakauka kamma ukuni, hunguruma kama simba; na dawa yake kwanza mtorya na mizize yake na mti mkuu na mbuyu, na mnuka uwundo na mavusho[13] yake majani ya pwani, akifukizwa hupanda kichwani. Wa baadu *binadamu akaugua, duguze wote hukutana wakamuguza[14] hatta akafa.* Hufunikwa *nguo mashambizo, akaja mwalim akamtia maji ya shahada, wakaamru kilio, wakalia. Khatima huoskwa kwa maji akatiwa ittohara. Khalafu wakashonwa saanda wakamtia kitandani wakaenda makaburini wakamzika.* Na yale *mashambizo hutundikwa juu; hatta wakaondosha matanga huchukua pwani. Wakienda wakoga waanawake.* Na pale *alipokoshewa panapo ufuo[15] hukaa mtu aliyompasa mwanamke, na siku ya kuondosha matanga pale shimoni hufukiza kwa ubani, na saanda hutiwa tibu imechanganywa na marashi na udi hufukizwa.* Ndipo *wamtia katika saanda ndani yake na mkeka mpya unayochukuliwa mayiti hupelekwa meskiti ikawa moja waama mawili.*

[1] arabischer Spruch. *illahi* fälschlich für *lillahi.* [2] d. h. die üblichen Koranabschnitte nebst den üblichen Gebeten. [3] *borini* in der Wildniss. [4] *khatima* endlich. [5] *kikuku* Armring. [6] *issura* das (*is*) Ansehen (*sura*). [7] *methili* Gleichniss, gleichwie. [8] *bubu* Stummer. [9] *mapigo* die Art die Trommel zu schlagen. [10] *itikia,* wörtl. darauf antworten, hier den Refrain singen. [11] *jongoo, jongoro* schwarzer Wurm mit vielen Füssen, nach dem Regen in grossen Mengen erscheinend. [12] *macho bwiriri* kann ich nicht erklären. [13] *mavusho* Räucherwerk. [14] *uguza* einen Kranken pflegen. [15] *ufuo* Sand am Strande.
Ueber die Begräbnissceremonie vergleiche auch noch das Schriftstück LV. pag. ᴐ?

UEBERSETZUNG.

Durch die Gnade Gottes des Allerhöchsten.

An den Schech, den geliebten, den sehr geehrten, den geliebten Muhammed Sohn des Seif den Ma'uli.

Vielen Gruss. Und nach dem Gruss: Ich theile dir mit, dass dein Bruder Salim Sohn des Abdallah am dritten Tage des ersten Mfunguo gestorben ist. „Wahrlich wir gehören Gott, und zu ihm kehren wir zurück." Und wir haben ihn begraben und das Leichenbegängniss dauerte sieben Tage. Aber jetzt haben wir aufgehört und haben die Ehrenlection gelesen. Es bleibt nur übrig dir den Brief mitzutheilen. Die Ursache seiner Krankheit war der Unterleib. Und jeder Bruder ist im Zustande der Kenntniss. Und Gruss.

Der Ursprung davon war der Geist des Berges. Es zogen Leute aus und gingen zu den Masai. Als sie an den Ort genannt Kilimandscharo kamen, lagerten sie nahe am Berge. Da in der Nacht kam ein Satan und nahm einen Mann mit und liess ihn in der Wildniss sich verlaufen. Am Morgen erwachten seine Gefährten und suchten ihn, aber er war nicht da. Und jener, der von dem Satan mitgenommen war, war drei Monate in der Wildniss, er wusste weder etwas von Speise noch von Trank. Schliesslich brachte ihn der Geist in ein Dorf in der Wüste, und er hatte jenem Menschen einen kupfernen Armring angelegt und jener Menschensohn kam plötzlich in dem Dorfe zum Vorschein. Und seine Brüder wussten es nicht, dass es ihr Bruder wäre. Das Ansehen war verändert, und er war gleich wie ein Stummer, er spricht nicht, und die Leute kennen ihn nicht. Ein Geist war da,¹ und er war männlich, aber menstruirte wie eine Frau. Und sein Ende war: Jener Mann ging eine Trommel zu suchen und als er eine Trommel bekommen hatte, sagte er zu den Leuten: schlagt die Trommel. Die Leute verstanden es nicht. Und dann lehrte er sie den (richtigen) Schlag, bis die Leute es verstanden. Er sang ein Lied, und die Leute sangen den Refrain, und er selbst tanzte. Und dieser Mensch hiess Djongoro (Regenwurm). Und wenn der Geist den Menschen fasste, so brachte er ihm das Blut heraus, aus dem Munde und unten. Und seine Speise waren schwarze Regenwürmer und Kobwe und rohe Milch. Und die Ursache davon war dieser Geist. Und seine Sprache war wie Masai, er pflegte mit Speer und Keule und Schwert in der Hand zu tanzen und . . . trug er in dem Kopfe, und wenn man zu ihm herankam, dann krümmte er sich und wurde steif wie ein Stück Holz, er brüllte wie ein Löwe. Und seine Medizin war zuerst Mtoria und dessen Wurzeln und der Mkuubaum und der Boabab und Mnuka Uvundo, und seine Beräucherung Strandblätter, und wenn er beräuchert wurde, so stieg er ihm in den Kopf.² Und darnach wurde der Menschensohn krank, und alle seine Brüder kamen zusammen und pflegten ihn, bis er starb. Und er wurde mit einem Leichentuch bedeckt, und ein Mualim besprengte ihn mit dem Zeugnisswasser und ordnete die Trauer an, und sie weinten. Schliesslich wusch man ihn mit Wasser und er wurde (rituell) gereinigt. Dann nähten sie ihm das Leichentuch und legten ihn auf eine Bettstelle und gingen nach dem Grabe und begruben ihn. Und die Maschambiso wurden über ihm aufgehängt, bis sie die Trauerzeit beendet hatten, dann bringen sie sie an den Strand. Und die Frauen kommen und waschen sie. Und dort wo er gewaschen war, dort auf dem Sande, da bleibt jemand, der eine Frau sein muss, und an dem Tage, da die Trauerzeit beendet wird, pflegen sie an der Grube mit Weihrauch zu räuchern, und in das Leichentuch wird Wohlriechendes gelegt, es wird mit Parfüm besprengt und mit Aloe beräuchert. Das ist es, was sie in das Leichentuch hineinlegen und eine neue Matte, auf welcher der Todte getragen ist, wird in die Moschee gebracht, sei es eine oder auch zwei.

¹ nämlich in dem Kranken.   ² d. h. der Dämon.

Die Geschichte ist für uns fernerstehende nicht ganz deutlich. Jedenfalls handelt es sich um einen Besessenen, die Beschreibung der Anfälle, die Heilungsversuche durch Beschwörung (mit Gesang und Trommelklang) und das feierliche Begräbniss.

XVI—XXXV. Briefe aus verschiedenen Teilen Ostafrikas: Zanzibar, Mrima (Daressalaam, Bagamojo,) Pangani, Kilimandscharo, Witu, Comoren. Diese Briefe sollen zum Studium der verschiedenen Schreib- und Ausdrucksweise der einzelnen Gegenden dienen.

XVII.

Adressat hat widerrechtlich einige Leute gefangen gesetzt. Schreiber macht ihn darauf aufmerksam, dass dies übele Folgen nach sich ziehen könnte und ermahnt ihn, dass er den Beleidigten bald durch irgend etwas versöhnen möchte. In etwas altertümlich gehaltenem Sansibar Dialect.

Bemanihi taala.

Ila jenab ishshekh ilmuhebb ilakram innasih ilakh mwenyi Fulan bin mwenyi kuu mwenyi Fulan il Fulani. Shikamoo.[1] Wa baada ya shikamoo: Nakuarifu hali yangu njema wa thama nawe mkuu wangu kuwa katha ya afya zako amina, ilhamdu lillahi rabb ilalamina. Wazaidi ya kabari: Nakuarifu ya kwamba hayo uliyofanya siyo. Huwaje,[2] ukafunga watu, ambao[3] wasio sababu. Atapokusikia hakim hutapata adabu?[4] Bassi sasa tafathali mpatie[5] kitu kiwa chochote, umpe, walau[6] awe rathi, iwe salamu yako, wala usifanye mengine. Na iwapo wataka salama ala[7] wataka nakama,[8] khitiyari yako.[9] Wa salaam. Nisalimie jamaa ndogo na wakubwa wote. Shikamoo. Na huku wadogo wote washikamoo na wakubwa wote wakusalimu. Wa salaam. Wa katabahu mimi mdogo Fulan bin Fulan il Fulani. Tarikh 6 katha wa katha sene 1306.

[1] *shikamoo* Gruss des Untergebenen, der sich nicht berechtigt glaubt zum Herrn *salaam* zu sagen, was nur die grossen Leute thun dürfen, verstümmelt aus *na schika miguu* ich erfasse die Füsse. [2] *huwaje* wie pflegt das zu sein. [3] *ambao* alte Relativform. [4] *adabu* wörtl. gute Sitten, hier ist eine Strafe gemeint, die zur Annahme guter Sitten in späteren Fällen veranlasst. [5] Das Pronomen bezieht sich wohl auf den geschädigten Mann, nicht auf den Fürsten. [6] *walau* gewöhnlich: obgleich, hier wohl: damit. [7] *ala = aula* oder nicht. [8] *nakama* Strafe; man beachte den Reim *salama—nakama*. [9] *kithiyari yako* wörtl. dein Wunsch = wie du willst.

UEBERSETZUNG.

Durch die Gnade des Allerhöchsten.

An Seine Wohlgeboren den Schech, den geliebten, den sehr geehrten, den aufrichtigen, den Bruder Herrn N. N. Sohn des grossen Herrn, Herrn N. N. den N. N. Ich erfasse die Füsse. Und nach dem Erfassen der Füsse: theile ich dir mit, unser Zustand ist gut, und ferner auch du, mein Vorgesetzter, mögest von gleicher guter Gesundheit sein. Lob sei Gott dem Herrn der Welten. Und was weiter an Nachricht vorhanden ist: Ich theile dir mit, dass Dasjenige, was du gethan hast, nichts ist. Wie pflegt das zu sein? Du hast Leute gebunden, welche ohne Ursache sind.[1] Wenn der Herrscher das von dir hören wird, wirst du nicht Strafe erhalten? Und jetzt, bitte suche für ihn irgend ein Ding und gieb ihm, damit er zufriedengestellt wird. Das möge dein Heil sein, thue nichts anderes. Und wie es ist, so willst du Heil, oder nicht, so willst du Strafe, wie es dein Wunsch ist. Und Gruss. Grüsse mir die Freundschaft, alle, klein und gross. Ich erfasse die Füsse. Und hier erfassen alle Kleinen die Füsse, und alle Grossen grüssen dich. Und Gruss. Und geschrieben hat es, ich der kleine N. N. Sohn des N. N. der N. N. Datum, am 6. den und den, Jahr 1306.

[1] welche keine Ursache gegeben haben.

XVIII.

Adressat soll mit den Maviti rasch kommen; niemand möge ihn hindern. Musterbrief aus Sansibar, aus der Kanzlei des Sultans.

Min Bargasch
bin Said.

Bism Illah irrahman irrahim.

Ila jenab muhebbina Abdallah bin Chuzapembe. Salamahu Allah taala. Waraka wako umewasili, nasi tumcfahamu yaliomo. Nanyi njooni wewe na Maviti wanaotaka kuja kwetu. Nasi twangoja. Nawe imekufikilia khati na jamii ataoona asikuta-aradi¹ mtu wewe na hawo njiani. Wa salaam. Wa katabahu biamrihi mamlukuhu Muhammed bin Salim bijedihi.

17. Schauwal fi sene 1303.

¹ *taaradi* hindern.

UEBERSETZUNG.

Im Namen Gottes des Gnädigen des Barmherzigen!

Von Bargasch
dem Sohn des Saīd.

An Seine Wohlgeboren unsern geliebten Abdallah Sohn des Chuzapembe. Es behüte ihn Gott, der Allerhöchste. Dein Brief ist angekommen und wir haben verstanden, was darin ist. Und ihr, kommet her, du und die Maviti, welche zu uns kommen wollen. Und wir erwarten (sie). Und was dich anbetrifft, es ist an dich das Schreiben gelangt, und niemand, der es sehen wird, möge dich und jene auf dem Wege aufhalten. Und Gruss. Und geschrieben hat es auf seinen Befehl sein Diener Muhammed, Sohn des Salim mit seiner Hand.

Den 17. Schauwal im Jahre 1303.

XIX.

Briefe einer Frau aus Sansibar an ihren Mann, der augenblicklich auf dem Festlande ist. Bericht über ausgeführte Aufträge. Bitte um Nachricht, Geld und Kleider.

Bemanihi Allahu taala.

Ila jenab ilaziz ilakram iththike endna fundi Smail bin Farahani. Salamahu. Allah taala, inshallah.

Salaam aleik warehmet Ullahi wa barakatahu. Ama baaduhu: Nakuarifu, hali zetu njema wa thama nawe kuwa kazalika ya afya. Wa zaidi ya khabari: Waraka wako ume-wasili jezak Allahu alfu kheiri. Nyaraka zote tatu. Na katika watu ulioagiza kwa wadi Jaha hawakupatikana, amekataa. Na katika maagizo ulioagiza ya Kiungani, mimi siyajui. Na sasa katika wewe huku Mrima uliko nakutazamia kwa miezi miwili, kama sikuona ada¹ yangu masurufu² takuya. Ndio khabari zangu. Na katika nyumbani niko peke yangu, sina mtu Allah, Allah, thama Allah Allah. Andika waraka upeleke kwa mzee wako, anipe mtu wa kulalia nyumba. Mimi ni peke yangu. Allah Allah. Agiza kwa mzee wako Allah Allah. Na hiyo shuka niliokuagiza, na kama umeipata mkabithi huyu anayeleta waraka na mamaye Ramathani. Nisalimie wote na akina mwana. Nyumbani wote salaamu. Maalim Bakari na mkewe wote amewasalimu. Na kazalika mtumwa wako mbaya naye amekusalimu. Hizo ndizo khabari zetu za huku Unguja. Nawe Allah Allah usitusahau Allah Allah. Wasalaam. Betarikh 21 min eshshauwal senne 1305. Wa katabahu el waraka zauje³ binti Uledi. Wa salaam. Aida na binti Muhammed mkewe bana mkubwa amekusalimu jezil na bwana mkubwa amekusalimu jezil salaam. Aida na mwezi wa mfunguo tatu usisahau, kwa sababu kuna ada ya kukhitimia.⁴ Wa salaam.

---

¹ *ada* Sitte, das herkömmliche, übliche. ² مسروف im Text ist aus مصروف verschrieben. ³ *sauje* eig. eine aus dem Paar=Gattin. ⁴ *khitimia* eigentl. für jemand vollenden, bezieht sich hier auf das Lesen lassen von Koranstellen für jemand, wahrscheinlich für einen Verstorbenen.

UEBERSETZUNG.

Durch die Gnade des Allerhöchsten!

An Seine Wohlgeboren, den theuren, den geehrten, den bei uns geachteten Meister Smail Sohn des Farahani. Es behüte ihn Gott, der Allerhöchste, wenn Gott will. Friede sei über dir und die Barmherzigkeit Gottes und sein Segen. Aber danach: Ich theile dir mit: unser Zustand ist gut, und ebenso mögest auch du von gleicher Gesundheit sein. Und was mehr ist an Nachrichten: Dein Brief ist angekommen. Gott vergelte es dir mit tausendfachem Glück. Im Ganzen drei Briefe. Und was die Leute anbetrifft, über die du bei Wadi Djaha Auftrag gegeben hast, so sind sie nicht zu erhalten gewesen. Er hat es abgeschlagen. Und was die Aufträge anbetrift, die du für Kiungani aufgetragen hast, so weiss ich nichts davon. Und jetzt, was dich dort in Mrima anbetrifft, wo du bist, so habe ich nach dir seit zwei Monaten ausgeschaut, denn ich habe nicht gefunden, dass mein übliches Geld kommen wird. Das sind meine Nachrichten. Und was das Haus anbetrifft, so bin ich dort ganz allein, ich habe keinen Menschen. Um Gottes willen, noch einmal um Gottes willen. Schreibe doch einen Brief und schicke ihn an deinen Alten, dass er mir jemand giebt, der bei mir im Hause schlafen kann. Ich bin ganz allein. Um Gottes willen gieb Auftrag an deinen Alten. Und was das Stück Zeug anbetrifft, über das ich dir Auftrag gegeben, wenn du es bekommen hast, so übergieb es dem Ueberbringer dieses Briefes und der Mutter des Ramathan. Grüsse mir alle und den jungen Herrn. Im Hause lassen alle grüssen. Und der Mualim Bakari und seine Frau alle lassen euch grüssen. Und gleicher Weise lässt dein schlechter Knecht dich grüssen. Das sind unsere Nachrichten hier in Sansibar. Und du um Gottes willen vergiss uns nicht. Um Gottes willen. Und Gruss. Datum den 21. Schauwal des Jahres 1305. Und geschrieben hat den Brief die Gattin, die Tochter des Uledi. Und Gruss. Ferner auch die Tochter Muhammeds, die Frau des grossen Herrn grüsst dich viele mal, und der grosse Herr grüsst dich mit vielem Gruss. Ferner vergiss auch nicht den dritten Mfunguo, denn da ist unsere Sitte (im Koran) lesen zu lassen. Und Gruss.

Anm. Dieser und die nächstfolgenden Briefe einer Frau
niederen Standes in Sansibar an ihren Mann lassen einen Blick
in das dortige Familienleben und auf das Verhältniss von Mann
und Frau zu, der mehr zeigt als lange Beschreibungen. Es geht
eben auch dort zu wie anderswo. Der Gegensatz zwischen den
hochtönenden Phrasen des Briefschreibekünstlers am Anfange
und der später sich enthüllenden Wirklichkeit ist charakteristisch.
Uebrigens zeigen diese Briefe, dass die Frauen in Sansibar eben-
solche Neigung zu Postscripten haben, als es dem weiblichen
Geschlecht auch in andern Ländern nachgesagt wird.

XX.

Von derselben Frau wie der vorige Brief. Dank für das zugesandte
Geld u. s. w. Sie braucht aber noch mehr, bittet um weitere
Nachricht über die Felle, meldet die Uebersendung von Orangen.
Das nächste Mal möge Adressat seine Briefe von einem andern
schreiben lassen, der letzte war nur sehr schwer zu lesen.

Bemanihi Allahu taala.

*Ila jenab ilaziz ilakram ilajil iththike endua fundi Smail
bin Farhani, salamahu Allah taala, inshallah.*

*Salaam aleik wa rehmet Ullahi wa barakatahu. Ama
baaduhu: Nakuarifu, hali zetu njema wa thama nanyi kuwa
kazalika ya afya. Aida na katika waraka wako ulioniletea
umewasili jezak Allahu alfu kheiri. Na katika nusu reale na
shuka imewasili jezak Allahu alfu kheiri. Nami nimekopa mapesa
ya watu, nikatumia. Ilipowasili rupia,*[1] *nikalipa; tena sina mapesa,
ndio khabari. Aida na katika ugozi, ulioniarifu, akhdari na
abiadi, bassi vimetupotea. Tutakabathi sisi? Unaleta wewe?
waama tulete?*[2] *tuarifu Allah Allah jawabu ala killa hali. Aida
takabathi machungwa arbatashara mkononi mwa Takadri. Na
bwana mkubwa hayuko, yuko shamba. Ndio khabari zangu.
Na huku amekusalimu mwalimu Bakari na fundi Kombo, na mke
wa bwana Khalfani salama. Nami nimekusalimu mimi katib
ulkhati*[3] *Khalfani nimekusalimu jezil salaam. Betarikh nehar
auwal min sheher zil kaada senne 1305. Wa katabahu zauje*

binti Uledi wa salaam. Na mkwewo mzee Uledi anakusalimu jezil salaam. Aida na wewe umetuarifu salama tena ukanena, maneno yako tumeyasikia, maneno gani. Aida na katika waraka, hau umetuathibu sana, na sasa ukileta waraka, tafuta mtu ajuaye kuandika mema, safari hii waraka wako umetuathibu sana. Wasalam.

¹ Die Rupie ist der vorhin genannte halbe Thaler. ² Die Stelle ist nicht ganz klar. ³ Chalfan ist also derjenige, welcher diesen Brief und den vorhergehenden und den nachfolgenden für die Frau des Smail geschrieben hat.

UEBERSETZUNG.

Durch die Gnade Gottes des Allerhöchsten!

An Seine Wohlgeboren den theuren, den sehr geehrten, den hochansehnlichen, den bei uns geachteten Meister Smail Sohn des Farahani. Es behüte ihn Gott der Allerhöchste, wenn Gott will. Friede sei über dir und die Barmherzigkeit Gottes und sein Segen. Aber danach: Ich theile dir mit, unser Zustand ist gut und ebenso möget auch ihr von gleicher Gesundheit sein. Ferner was den halben Thaler und das Stück Zeug anbetrifft, so ist es angekommen, es vergelte es dir Gott mit tausendfachem Glück. Und ich hatte Geld von den Leuten geliehen und ich habe es ausgegeben. Als die Rupie ankam, habe ich es abgezählt, so habe ich wieder kein Geld. Das ist die Nachricht. Und was ferner die Felle anbetrifft, das grüne und das weisse, so sind sie uns abhanden gekommen. Sollen wir sie in Empfang nehmen? Bringst du (sie)? Oder sollen wir (sie) bringen? Theile uns die Sache um Gottes willen unter allen Umständen mit. Ferner nimm vierzehn Apfelsinen in Empfang aus der Hand des Takadri. Und der grosse Herr ist nicht hier, er ist auf dem Lande. Das sind unsere Nachrichten. Und hier lässt dich der Mualim Bakari grüssen und der Meister Kombo und die Frau des Herrn Chalfan lässt grüssen. Und ich grüsse dich, der Schreiber des Briefes, Chalfan, ich grüsse dich mit vielem Gruss. Und geschrieben hat es die Gattin, die Tochter des Uledi und Gruss.

5*

Und dein Schwiegervater, der alte Uledi grüsst dich viele Mal.
Ferner hast du uns einen Gruss mitgetheilt und hast gesagt:
Deine Worte habe ich gehört. Was sind das für Worte? Ferner
mit diesem deinem Briefe hast du uns viel Mühe gemacht, und
wenn du uns jetzt einen Brief schickst, so suche nach Jemand,
der gut schreiben kann, dieses Mal hat uns dein Brief sehr viel
Mühe gemacht. Und Gruss.

XXI.

Von derselben Frau wie die beiden vorigen. Erneutes Bitten und
Klagen über allerlei häusliche Noth.

Bcmanihi Allahu taala.

*Ila jcnab ishshekh ilaziz ilakram il ahsham cndna fundi
Smail bin Farhani. Salamahu Allah taala, inshallah.*

*Salaam aleik wa rehmet Ullahi wa barakatahu. Ama
baaduhu: Nakuarifu hali zetu jema wa thama nanyi kuwa
kathalika yaafia. Wa zaidi ya khabari: Nimeleta nyaraka mbili,
sikupata majibu. Gissi gani? Wa kathalika na bwana mkubwa;
naye ameniambia, naye hakupata majibu. Wa kazalika na siku
zimezesonga¹ za vijungo² fatiha³ za wazee. Bassi na kama uta-
nipatia kitu, niletee upesi Allah Allah. Aida na katika nyumba
ni peke yangu, sina mtu. Bwana mkubwa hataki kunipa mtu
wa kunilaza. Nami si wezi kidole. Ndio khabari zangu. Na
katika mapesa uliomkabithi mtumwa Wadi Ngombe, yamewasili.
Na katika mapesa uliomkabithi iddalali Boraafya nayo yamewasili.
Hiyo ndio khabari zangu, zilizo huku. Nami nisalimia nyumbani
wote kadri aniuzaye. Na huku salaam maalim Bakari na mamaye
Kenda. Wa salaam. Nami Khalfani nimekusalimu na binti
Omari salaam. Wa salaam. Betarikh nahar 22 min zilkaade
sene 1305. Wa katabahu ikwaraka zauje binti Uledi. Wa salaam.
Nami hali thaifu. Mhogo ninao, sina wakutwangia, siwezi
kidole. Nami nitatoka, bwana mkubwa hakunipa mtu, nitahamia
kwenu, nakipotea kuetu. Wasije. Nina maneno, nakuarifu na
mapema. Wasalaam.*

¹ *songa* eigentl. pressen, drücken, hier nahe bevorstehen. Die Form *simezesonga* zeigt die alterthümliche Form des Perfects; *meze*, wörtlich: sind beendigt, wird jetzt zu *me* zusammengezogen. ² *vijungo* das Lesen der Koransuren, vgl. die Anm. zum Brief XIX. ³ *fatiha* wörtl. Eröffnung, Name der ersten Sure des Korans. Die Fatiha der Eltern ist wohl hier zum Gedächtniss der Verstorbenen zu lesen.

UEBERSETZUNG.

Durch die Gnade Gottes des Allerhöchsten!

An Seine Wohlgeboren den Schech, den theuren, den sehr geehrten, den bei uns geehrten Meister Smail Sohn des Farahani. Es behüte ihn Gott der Allerhöchste, wenn Gott will. Und danach: Ich theile dir mit: unser Zustand ist gut und ebenso möget auch ihr von gleicher Gesundheit sein. Und was es weiter an Nachrichten giebt: Ich habe dir zwei Briefe geschickt. Antwort habe ich nicht erhalten. Wie geht das zu? Und gleicherweise auch der grosse Herr, auch er hat mir gesagt, auch er hat keine Antwort erhalten. Und gleicher Weise sind die Tage nahe herangekommen die Fatiha für die Eltern lesen zu lassen. Und wenn du für mich eine Sache erlangst, so schicke sie mir schnell um Gottes willen. Ferner bin ich auch im Hause ganz allein, ich habe niemand (bei mir). Der grosse Herr will mir niemand geben bei mir zu schlafen. Und ich habe einen schlimmen Finger. Das sind meine Nachrichten. Und was das Geld anbetrifft, welches du dem Knecht des Wadi Ngombe übergeben hast, auch dieses ist angekommen. Und was du dem Krämer Bora Afya übergeben hast, auch dieses ist angekommen. Dieses sind unsere Nachrichten, die es hier giebt. Und grüsse mir im Hause alle, so wie man nach mir frägt. Und hier lässt dich der Mualim Bakari grüssen und die Mutter des Kenda. Und Gruss. Und ich Chalfan grüsse dich und die Tochter des Omari lässt grüssen. Und Gruss. Datum am 22. Tage des Silkaade im Jahre 1305. Und geschrieben hat den Brief die Gattin, die Tochter des Uledi. Und Gruss. Und mir gehts schlecht. Cassawa habe ich, aber ich habe niemand zum Stampfen, ich habe einen schlimmen Finger. Und ich werde fortgehen.

Der grosse Herr hat mir niemand gegeben, ich werde zu euch verziehen, indem ich hier bei uns verloren gehe. Komme nicht. Ich habe etwas zu sagen, ich werde es dir rechtzeitig mittheilen. Und Gruss.

XXII.

Nachricht über die Verwendung des übersandten Geldes, Bestellung von 4 Hühnern zum Todtenfest. Wahrscheinlich aus Zanzibar.

Ila jenab ilaziz ilakram ilauled Smail sarih Haj Farhani. Salamahu Allah taala.

Salaam aleik wa rehmet Ullahi wa barakatahu wa mardatahu wa neematahu amina. Wa baaduhu: Nakuarifu khabari ya huku kheiri amina. hakukuzidi vitu ila ilkheir. Aida nakuarifu kuliko reale sita ulizoniletea, nimemunua pande inne za ngozi. Na upande wa tano mdogo wangu mimi. Na nusu reale katika reale sita wa nusu ametwaa watoto wako maakuli il afa.[1] Na nusu reale iliokuja pamoja na doti, nimetwaa mimi. Nawe twaa ilio huku. Na gunia la mhogo limewasili. Nimepata khabari ya kama umepata kitu, tafathali usifanye khatari ukanipakia katika jahazi wa kuleta huku. Aida nataka utakie kuku wane uniletee, mbele zetu vijungo[2] vya wawe. Wa salaam. Tusalimie watoto wako, salaam, jazil wa salaam. Wa haza mimma arafnak.[3] Wa salaam min muhebbak ilhakir lillahi ilabuk Haji Farhani, bijedihi. Nahar 25 min sheher Thil kaade fi senne 1305.

[1] *afa* für *afya* Gesundheit.   [2] *vijungo* siehe den vorigen Brief.
[3] Arabisch: *wa* (und) *hasa* (dieses) *mimma = min* (von) *ma* (was) *arafna* (wir theilen mit) *k* (dir).

— 39 —

An Seine Wohlgeboren, den geliebten, den theuren, den sehr geehrten, den Sohn Smail, den Freigelassenen des Hadji Farahani.

Es behüte ihn Gott der Allerhöchste. Friede sei über dir und die Barmherzigkeit Gottes und sein Segen und sein Wohlgefallen und seine Güte sind wahrhaftig. Und danach: Ich theile dir mit, die Nachrichten von hier sind eitel Glück, es vermehrt sich nichts hier als das Glück. Ferner theile ich dir mit: betreffend die sechs Thaler, welche du mir geschickt hast, so habe ich vier Stück Leder gekauft. Und das fünfte kleine Stück ist mein eigenes. Und den halben Thaler von den sechs und einem halben Thaler hat sie für deine Kinder zur (Beschaffung) gesunder Speise genommen. Und den halben Thaler, welcher zusammen mit dem Doti gekommen ist, habe ich selbst genommen. Und du nimm, was dort ist. Und der Sack mit Cassawa ist angekommen. Ich habe erfahren, dass du etwas bekommen hast, bitte thue nur nichts gewagtes, wenn du es für mich in ein Fahrzeug verladest, es hierher zu senden. Ferner wünsche ich dass du für mich vier Hühner verlangst und mir schickst, vor uns ist das Todtenfest für die Eltern. Und Gruss. Grüsse mir deine Kinder, vielen Gruss, und Gruss. Und dies ist es, was wir dir mitzutheilen haben. Und Gruss von deinem Geliebten, dem vor Gott geringen, deinem Vater Hadji Farhani, mit seiner Hand. Am 25. Tage des Monats Silkaade im Jahr 1305.

XXIII.

Bericht aus Daressalaam. In Folge der Unruhen waren die Leute weit geflohen, jetzt ist es wieder ruhiger geworden, die Leute kehren zurück. Ein Kriegsschiff ist gekommen, um den Wali zu holen.
Dieser Brief kann auch als Musterbrief gelten.

Bcmanihi taala.

Ila jenab ishshekh ilmuhebb ilakram ilmukarram ilmu-wedd ilahsham ilakh Salim bin Hamid bin Salim il Jabri, sala-mahu Allah taala, inshallah.

Salaam aleik wa rehmet Ullahi wa barakatahu. Wa baadu: Hali yangu njema wa thama mawe kuwa kathalika ya afiya. Ilhamdu lillah rabb ilalamina. Wa zaidi ya khabari: Tangu nilipwoudoka Unguja hatta sasa sijaoua khatti yako, wala si wajibu wetu mimi mawe kukaa miu gheir ya khatti. Na khabari ya Bendersalaam: watu wa Merima walifanyiza kharbot* kidogo; wemehama* mjini wote; hapana aliobaki illa watu wa-chache. Walakin sasa watu wengine wemerudi* mjini. Na bwana mkubwa* emewapa aman watu wa mjini, emewambia,* ukarudi hapana thara.* Na wewe kadri litakalojiri* katika mji wa Unguja falmuradi,* niarifu khabari jamii. Na mano-war ya said yalikuja Bendersalaam pamoja na konsul kuja kumehukua ilwali Said bin Abdallah, emetarakhas* katika slughli ya serkar.* Iwa hali yakujua. Wa salaam. Min akhik illakir Allahi taala Jumaa bin Nasur bin Jumaa il Nebchani.*

Tarikh thalith miu sheher Muharram fi 1306.

<hr>

[1] *min gheir* arab.: ohne, ausgenommen. [2] *kharbot* arab. Aufruhr, Unruhe. [3] Die Vorsilben *a* und *wa* werden im Kim-rima oft gleich *e* und *we* vor dem Tempuszeichen *me* aus-gesprochen. [4] *mbwana mkubwa*, der Stationschef. [5] *thara* ظر anstatt ضر Schaden, Verlust. [6] *jiri* arab. kommen, geschehen, sich ereignen. [7] siehe Brief 7. [8] *tarakhas* arab. sich leicht, wohl-feil machen = leichtfertig sein. [9] *serkar = serkalt* Regierung.

UEBERSETZUNG.

Durch die Gnade des Allerhöchsten!

An Seine Wohlgeboren den Schech, den geliebten, den sehr geehrten, den geliebten, den geehrten, den Bruder Salim Sohn des Hamid, Sohn des Salim den Jabri.

Es behüte ihn Gott der Allerhöchste, wenn Gott will. Friede sei über dir und die Barmherzigkeit Gottes und sein Segen. Und danach: Mein Zustand ist gut und ebenso mögest auch du von guter Gesundheit sein. Lob sei Gott, dem Herrn der Welten. Und was mehr ist von Nachrichten: Seitdem ich von Sansibar aufgebrochen bin bis jetzt, habe ich noch keinen Brief von dir erhalten, und so ist doch nicht unser Verhältniss zwischen mir und dir, ohne Brief zu bleiben. Und die Nachrichten von Dar es Salaam: Die Leute von Mrima haben ein wenig Unruhe gemacht, sie sind alle aus der Stadt verzogen, es ist niemand, der übrig geblieben ist, als wenige Leute. Aber jetzt sind andere nach der Stadt zurückgekehrt. Und der grosse Herr hat den Leuten der Stadt Frieden zugesichert, er hat ihnen gesagt: wenn ihr zurückkehrt, so ist nichts zu fürchten. Und du, wie es in der Stadt Sansibar kommt, und mein Wunsch ist, theile mir alle Nachrichten mit. Und ein Kriegsschiff des Said ist nach Dar es Salaam gekommen mit dem Konsul zusammen, um zu kommen und den Gouverneur Said, Sohn des Abdallah, mitzunehmen; er ist leichtfertig gewesen in den Regierungsgeschäften. Sei im Zustande es zu wissen. Und Gruss. Von deinem Bruder, dem vor Gott, dem Allerhöchsten geringen Jumaa Sohn des Nasur, Sohn des Jumaa den Nebehani.

Datum der dritte des Monats Muharram, im Jahre 1306.

XXIV.

Schreiber ist, wie er glaubt, unrechtmässig gefangengesetzt und gemisshandelt. Die Zeugen wollen aber kein Zeugniss ohne Erlaubniss des Said ablegen. Er bittet diese Erlaubniss recht schnell zu übersenden. Von Mrima.

Bism Illah irrahman irrahim.
Ila jenab ishshekh ilaziz ilakram ilmukarram ilahsham shekh Ahmed bin Sumai (Ismail).
Salamahu Allah taala. Salaam aleik wa rehmet Ullahi wa barakatahu. Wa baadu: Aarrifaka [1] *min tarafu ya da'wa* [2] *yetu tulioleta na sayidi Ali bin Sa'idi, mimi na muinyi Kai u kati* [3] *hukumu; akabidi* [4] *mimi kuleta mashahidi. Hanena* [5] *mashahidi yangu yako Mrima yakushuhudia. Nikarukhuthiwa* [6],

mwinyi Sumail ajua; maye ndiye hakimu aliowcka sayid Khalifa bin Sa'id. Wapo na mashahidi jamii mjini, washuhudia kwa kuwa nimerukhuthiwa, hatolewa katika nyumba yangu, hakokotwa na minyororo siku ne, mchana thahiri. Watu ulio mjini wajua. Lakini mwinyi Sumail anena: mimi sitoe ushahidi wangu ila uje waraka wa sayidi kutaka ushahidi kwangu, ndipo nishuhudie. Na watu katika mji wanena, na sisi hatuendi Unguja kushuhudia, ila uje waraka wa sayidi kutaka ushuhidi; sisi ndipo tutoe ushahidi wetu kadri tulioona. Bassi Allah Allah shekhi emekuwasilia dugu yangu, mpe waraka wa sayidi. Allah Allah shekhi tafathali. Wa salaam. Wakatabahu ilhakir Allah taala min muhebbak[7] Dole bin Kipinda bin Milangombe betarikh il jom 21 Safar fi 1306.

[1] *a'arrifa ka* arab.: ich mache dir bekannt. [2] *min* (von) *taraf* (Seite)=was anbetrifft. *da'wa* Forderung, Klage, arab. [3] *kati= katika* [4] *bidi*, *bidii*, eine Forderung stellen, arab. [5] *hanena= nikanena*; die Silbe *ha* wird auf dem Festlande oft für *nika* gebraucht. [6] *rukuthu* arab. überfallen, misshandeln, wird besonders von dem gesagt, der dabei unrechtmässiger Weise in ein fremdes Haus eindringt. [7] Der Schreiber ist, wie man sieht, der Bedeutung der arabischen Phrasen des Briefes sich nicht ganz bewusst, denn wörtlich schreibt er: es hat ihm der vor Gott geringe geschrieben von deinem geliebten u. s. w.

UEBERSETZUNG.

Im Namen Gottes des Gnädigen und Barmherzigen.

An Seine Wohlgeboren den Schech, den theuren, den sehr geehrten u. s. w. Schech Achmed Sohn des Sumail.

Es behüte ihn Gott der Allerhöchste. Friede sei über dir und die Gnade Gottes und sein Segen. Und danach: Ich theile dir mit in Sachen unserer Klage, die wir vor Said Ali bin Saïd gebracht haben, ich und Herr Kayi, es ist vor Gericht. Er hat gefordert, ich soll Zeugen bringen. Ich habe gesagt: meine Zeugen sind dort in Mrima um zu bezeugen: Ich wurde überfallen. Der Herr Ismail weiss es, und er ist der Richter, welchen Khalifa bin Saïd eingesetzt hat. Es sind Zeugen die ganze Gemeinde in der Stadt; sie bezeugen, dass ich überfallen worden bin, ich bin aus meinem Hause fortgerissen, ich bin vier Tage in Ketten herumgeschleppt, am hellen Tage. Die Leute, die in der Stadt sind, wissen es. Aber Herr Ismail sagt: ich soll nicht mein Zeugniss vorbringen, es sei denn, dass ein Brief des Said komme, Zeugniss von mir zu verlangen. Dann soll ich zeugen. Und die Leute in der Stadt sagen: auch wir gehen nicht nach Sansibar um zu zeugen, es sei denn, dass ein Brief des Said komme um unser Zeugniss zu verlangen, dann wollen wir unser Zeugniss abgeben, wie wir es gesehen haben. Und nun Schech, um Gotteswillen, es ist zu dir mein Bruder gekommen, gieb ihm den Brief des Said. Um Gotteswillen, Schech, sei so gut. Und Gruss. Und geschrieben hat es der vor Gott geringe, (es ist) von deinem Geliebten Dole Sohn des Kipinda Sohn des Milangombe.

Datum den 21 Tag des Safar im Jahre 1306.

XXV.

Betrifft dieselbe Angelegenheit wie der vorige Brief.   Von Mrima.

Bemanihi Allah taala.

Ila jenab ilmuhcbb ilaziz ilakram ilahsham mwinyi sherifu Ali bin iddiwani Mfamau Merikani ilBehani.

Salamahu Allah taala. Wa baada: A'arifak: iwana[1] pamoja na hadimu yako Mgeni wa Hija. Mwende kwa shekhi Ahmed bin Sumai, ukamwarithi kama min tarafu ya da'wa ya yule mtoto na mwenziwe waliolctwa na said Ali kwa hokumu; ekabidi yule mtoto kuleta mashahidi yake. Akanena, mashahidi yako Mrima. Bassi mwambie: amekwenda Mrima kutaka mashahidi. Mwambie: Sumail anena: Sishuhudie, ila uje waraka wa sayidi wa kutaka ushahidi kwangu, ndipo nishuhudie. Maana mimi hakimu, nimewekwa na sayidi, sitoe ushuhuda ila uje waraka wa sayidi. Maana neno la thahiri, kulla mtu ajua, hapana asiojua, kama mamaye Shiti amefungwa, na mwenyi Kuja kumfungulia, mimi niliporudi Ukami; lakini lete

6*

waraka wa sayidi, kamambie shekhi: mwenyi Sumai akanambia: Katwae waraka wa Sayidi wa kutaka ushahidi kwangu. Na mashahidi mengine mjini, wanena kama hivyo: Ujapo waraka wa sayidi, tutakwenda Unguja aola, tutashuhudia bila yako mwenyi Sumai? Na wewe umarifu sayidi aola, kama haikufaa tutakwenda nafsi yetu Unguja. Waama sharti kwa waraka wa sayidi. Maana hivi tunenapo, tutaambiwa twampendeka mamaye Shiti. Lakin ujapo waraka wa sayidi hatuna buddi kunena haki ya Muungu. Neno li thahiri, kulla mtu ajua, mdogo mkubwa ajua. Bassi tafathal, mwenyi, taka waraka upesi wa sayidi, tafathali na barua ya shekhi takabathini mpelekee. Nanyi mwambie kama hivyo Allah Allah. Shauri yetu mimi nawe wAllahi wAllahi wAllahi moja. Wa salaam. Nawe iwa pamoja na Mgeni wa Hija. Wa katabahu akhik ikweledi Dole bin mwinyi Kipinda. Allah Allah jawabu upesi. Na mimi ningalikuja, wa ama nyumbani kwangu hawawezi. Ndipo nisipate kuja. Wa salaam.*

Adresse auf der Rückseite.

Ila jenab ilmuhebb ilakram ilmukarram ilahsham mwenyi sherifu Ali bin iddiwani Mfamau Merikani ilBehani. Salamahu Allah taala.

Bender Zenjibar.

[1] *aarifak, iwana*, siehe den vorhergehenden Brief. [2] *arithi*, arabisch, eine Vorstellung über etwas machen. [3] Möglicher Weise ist hier der vorhergehende Brief gemeint.

UEBERSETZUNG.

Durch die Gnade Gottes des Allerhöchsten.

An Seine Wohlgeboren den geliebten, den theuren, den sehr geehrten, den ehrwürdigen Herrn Ali Sohn des Rathsherren Mfamau Merikani den Behani.

Es behüte ihn Gott der Allerhöchste. Und danach: Ich theile dir mit, hilf zusammen mit deinem Knechte Mgeni des Hidja (Sohn). Gehet doch zu Schech Ahmed bin Smail und mache ihm Vorstellungen in Betreff des Processes von jenem Kinde[1] und seinem Genossen, welcher von Said Ali vor das Gericht gebracht ist. Er hat jenem Kinde aufgegeben seine Zeugen zu bringen. Die Zeugen sind dort in Mrima. Gut, sage ihm: er ging nach Mrima die Zeugen zu fordern. Sage ihm: Smail sagt: ich soll nicht Zeugniss ablegen, es sei denn, dass ein Brief des Said komme, um Zeugniss von mir zu verlangen, dann soll ich zeugen. Nämlich ich bin von dem Said als Richter eingesetzt, ich soll kein Zeugniss erfragen, ausser wenn ein Brief des Said kommt. Nämlich die Sache ist offenbar, jeder Mensch weiss es, es ist niemand, der es nicht weiss, dass die Mutter des Schiti gebunden wurde, und der Herr Kuja hat sie gebunden als ich von Ukami zurückkam. Aber schicke mir den Brief des Said, (in welchem) er Zeugniss von mir verlangt. Und viele andere Zeugen sind in der Stadt, sie sagen ebenso: Wenn der Brief des Said kommt, werden wir nach Sansibar gehen; werden wir zuerst ohne dich den Herrn Sumai Zeugniss ablegen? Und du theile es zuerst dem Said mit, dass es nichts nützt, wenn wir von selbst nach Sansibar gehen. Vielmehr muss es nothwendiger Weise durch einen Brief des Said geschehen. Nämlich wenn wir es so (ohne den Brief des Said) sagen, wird man von uns behaupten, wir wollen (nur) der Mutter des Schiti gefallen. Aber wenn der Brief des Said kommt, so müssen wir durchaus sagen, was vor Gott recht ist. Die Sache ist offenbar, jeder Mensch weiss es, klein und gross weiss es. Nun sei so gut und fordere rasch den Brief des Said, und bitte, nehmt auch den Brief an den Schech in Empfang und bringt ihn zu ihm. Und ihr redet in solcher Weise um Gotteswillen zu ihm. Unser Rath, meiner und deiner, bei Gott, sei einmüthig. Und du bleibe zusammen mit Mgeni des Hidja (Sohn). Und Gruss. Und geschrieben hat es dein Bruder, der Sohn Dole Sohn des Herrn Kipinda. Um Gotteswillen antworte schnell. Und ich würde (selbst) gekommen sein, aber sie sind in meinem Hause krank. Das ist es, dass ich selbst nicht kommen kann.

Adresse auf der Rückseite des Briefes.

An Seine Wohlgeboren den geliebten, den sehr geehrten u. s. w. ehrwürdigen Herrn Ali Sohn des Rathsherrn Mfamau

Merikani den Behani. Es behüte ihn Gott der Allerhöchste.
Hafen Sansibar.

¹ Kind = junger Mann, Vasall.

XXVI.

Nachricht über ein Gespräch mit einem Deutschen und über den
Verkauf von Sclavinnen. Aus Bagamoyo.

*Bism Illah irrahman irrachim.
Ila jenab ilmuhebb ilakram ilmukarram ilaziz Shirdule bin
Hasara Khan ilBeludschi. Salamahu Allah taala, insha Allah. Salaam aleik wa
rehmet Ullahi wabarakatahu. Wa ama baaduhu: Nakuarifu
min taraf¹ ilakhbar² za hukn jema, thama mawe kathalika
nauma ya afia zako insha Allah taala. Nami sijambo min
fadhl Allahi taala. Wa aida tokea kutoka Unguja nimepata
ugonjwa wa tumbo. Sasa si jambo min fadhl Allahi taala.
Ameniita Aldashi nimeonana naye. Maneno yake mema, si
mabaya. Amesema: Mimi sina vita kwenu nyinyi, sijui khatima
ya Muungu. Na khabari ya watnmwa, wamakwenda Bagamoyo,
wala hawauliswi. Mambie mulla Abdallah Mariki: hawo
wajakazi, nasibu chombo cha Mzungu kikaja, nao watakuja,
hali zao¹ hataki, lakini mambo porepore⁵. Na khabari ya
Unguja tuarifu. Allah, Allah, thama Allah usikose kutuarifu.
Mambie mwenyi Nuri: mwenyi⁶ Chuma amekuza mjakazi wake.
Nimemnyanganya rupia khamsi wa asherin. Yako kwangu.
Bassi. Nisalimie jamaa kafa jarar⁷ salaam. Na huku kiani⁸
jamaa kafa jarar⁷ salaam. Wa katabahu muhebbak Abdallah
bin Sebakh ilBeludschi. Betarikh min lele 7 Shaaban.
Sene 1306.*

¹ siehe den vorhergehenden Brief. ² *ilakhbar*, arabischer
Plural von *khabar*, die Nachrichten. ³ *min* (von) *fadl* (Wohl-
that) *Allahi* (Gottes). ⁴ Es ist nicht sicher, ob *Haliwao* = ihr
Zustand ein Name ist oder ob der Satz bedeutet: er will nicht

ihren (gegenwärtigen) Zustand. ⁵ *porepore=polepole*, sanft, leise.
Seine Worte sind leise d. h. der Widerspruch nimmt schon ab
und er wird wohl bald einwilligen. ⁶ im arabischen ist hier
wohl ein Schreibfehler. ⁷ statt *jarar* ist wohl *jeail* zu lesen.
⁸ Vielleicht ist hier *kwenu* zu lesen, vielleicht ist es ein Orts-
name *Kiâni*.

UEBERSETZUNG.

Im Namen Gottes des Gnädigen des Barmherzigen.

An Seine Wohlgeboren den geliebten, den sehr geehrten,
den theuern Schirdule, Sohn des Hasara Chan, den Beludschen.
Es behüte ihn Gott der Allerhöchste, wenn Gott will.
Friede sei über dir und die Barmherzigkeit Gottes und sein Segen.
Aber danach: Ich theile dir mit in Betreff der Nachrichten von
hier, sie sind gut, und ebenso mögest du gleicherweise in der
Annehmlichkeit deiner Gesundheit sein, wenn Gott der Allerhöchste will. Und mir geht es durch Gottes Güte gut. Und
ferner: seitdem ich aus Sansibar fortging, hatte ich eine Unter-
leibskrankheit. Aber jetzt ist es wieder gut durch Gottes Güte.
Es hat mich ein Deutscher gerufen, und ich bin mit ihm zusammen-
gekommen. Seine Worte sind gut, nicht schlecht. Er hat gesagt:
Ich habe keinen Krieg mit euch, (allerdings) weiss ich nicht den
(endgültigen) Beschluss Gottes. Und die Nachrichten von den
Sklaven (sind diese): Sie kommen nach Bagamoyo, aber sie
werden nicht verkauft. Sage dem Mulla Abdallah Mariki: Wenn
das Schiff des Europäers zufällig kommt, so werden auch jene
Sklavinnen kommen; Halisao will nicht, aber seine Worte sind
(schon) leise (geworden). Und theile uns die Neuigkeiten aus
Sansibar mit. Um Gotteswillen, nochmals um Gotteswillen,
verfehle nicht es uns mitzutheilen. Sage dem Herrn Nuri: Der
Herr Djuma hat seine Sklavin verkauft, ich habe ihm fünfundzwanzig Rupieen abgenommen. Sie sind bei mir. Grüsse mir
die gesammte Verwandtschaft, vielen Gruss. Und hier in Kiani
lässt die gesammte Verwandtschaft vielmal grüssen. Und geschrieben hat es dein geliebter Abdallah, Sohn des Sebach, der
Beludsche. Datum von der 7 Nacht des Schaaban. Im Jahre 1306.

XXVII.

Eine freigelassene Sclavin hat die Freilassung ihrer Mütter (Tanten) und ihrer Grossmutter beansprucht. Der Schreiber weist nach, dass sie Unrecht hat und erzählt die Geschichte dieser Sclavinnen. Wahrscheinlich aus der Gegend von Bagamoyo.

Ila jeuab ishshekh ilmuhebb ilaziz ilakram ilahsham ilakh Muhammed bin Sleman ilHadrami. Salamahu Allah taala, inshallah.

Salaam aleik wa rahmat Ullahi wa barakatahu. Khabari ya huyu hadimu yako Fatme tumesikia ya kamma amekuja shitaki. Ajidai kuwa muungwana pamoja na mamazake; hasha Allah.[1] *Hawo jumla watu waane bibiye na mamaze*[2] *wawili na yeye. Ndio wanue. Huyu Fatme akiandikiwa uhuri tokea hayi ya bibi yake Mwauganza wa Makumbi, wakabaki hawo mamaze wawili na bibiye na kijakazi mmoja. Alimnunua mwenyi Khamisi wa Kitembe, aalam bithalik. Mamaze wakathamaniwa akanunua Ajmaina kwa reale 70. Na warithi hawo uliowabidi. Awali thalika yeye Ajmaina, wa pili diwani Sigamba, wa tatu mwenyi mkuu Tabiziuili, na waane mwenyi Kondookizo. Ndio waliorithi hawo mamaze asahi*[3] *mamluki, na mwenyi haki yake Ajmaina, lakin twasikia ya kama huyu mmoja zamani alipomtia katika ujaria alimwandikia. Wa Allahu waalam kuwa thabithi ao la maneno hao. Ndio tujuayo, huyu khadimu mamazake mamluki. Uma ya watu wanaojua. Na Ajamaina hayupo, emeondoka zamani, tokea alipopata khabari, ya kama Fatme anakwenda shitaki; aliondoka na jumla ya watu wake. Aalam bithalik. Wakusalimu kafa ilas'habu. Allah Allah. Taarifu ilkhati nusu ilmulaki wa nusu ilwajihi. Min ilhakir Allahi taala ilakhik mwenyi Jojo bin mwenyi mkubwa. Bijedihi. Nahar 14 Safar sene 1307.*

Muhammed bin Sleman illHadrami. Salamahu Allah taala, insha Allah. Salam aleik wa rehmet Ullahi wa barakatahu wazeka.

¹ *hasha Allah*, arabisch: es ist nicht, bei Gott. ² Die Kinder
pflegen auch die Schwester der Mutter *mama* zu nennen. ³ *asahi=
sahihi*, richtig.

UEBERSETZUNG.

An Seine Wohlgeboren den Schech den geliebten, den
theuren, den geehrten, den Bruder Muhammed Sohn des Sleman,
den Hadrami. Es behüte ihn Gott der Allerhöchste, wenn Gott will.
Friede sei über dir und die Barmherzigkeit Gottes und sein
Segen. Wir haben die Nachricht von deiner Magd Fatme
gehört, dass sie (uns) anzuklagen gekommen ist. Sie nimmt
für sich nebst ihren Müttern die Freiheit in Anspruch, das ist,
bei Gott, nicht so. Es sind alles zusammen vier Leute, ihre
Grossmutter und ihre zwei Mütter und sie. Das sind die viere.
Als dieser Fatme die Freilassung ausgeschrieben wurde, noch
bei Lebzeiten ihrer Herrin der Mwanganza (der Tochter) des
Makumbi, da blieben diese genannten zwei Mütter und ihre
Grossmutter und eine Sklavin übrig. Es kaufte sie der Herr
Chamis des Kitembe (Sohn), wisse dieses. Und ihre Mütter
wurden abgeschätzt, es kaufte Adjmain um 70 Thaler. Und
dies sind die Erben, welche Anspruch erhoben: Also erstens
er, der Adjmain, zweitens der Rathsherr Sagamba, drittens der
grosse Herr Tabisimili, viertens der Herr Kondookiso. Diese
sind es, welche diese ihre Mütter als richtiges Eigenthum erbten,
und Adjmain ist der Besitzer seines rechtmässigen Eigenthums,
aber wir haben gehört, dass er, als er die eine zum Kebsweib
machte, ihr (die Freiheit) zugeschrieben hat. Und Gott weiss
es, ob diese Rede wahr ist oder nicht. Das ist es, was wir
wissen, was diese Magd anbetrifft, ihre Mütter sind Eigenthum.
Ein ganzer Haufen Leute ist es, der es weiss. Und Adjmain
ist nicht da; er ist längst aufgebrochen, sobald er die Nachricht
hörte, dass Fatme verklagen gegangen ist; er ist aufgebrochen
mit der Gesammtheit seiner Leute. Wisse dieses. Es grüsst
dich die Gesammtheit der Freunde. Um Gotteswillen. Die
Benachrichtigung eines Schreibens ist die Hälfte der Höflichkeit
und die Hälfte des persönlichen Besuches. Von dem vor Gott

7

dem Allerhöchsten geringen deinem Bruder dem Herrn Djodjo Sohn des grossen Herrn. Und Gruss. Am 14. Tage des Safar 1307.

Adresse auf der Rückseite.

Muhammed Sohn des Sleman der Hadrami. Es behüte ihn Gott der Allerhöchste, wenn Gott will. Friede sei über dir und die Barmherzigkeit Gottes und sein Segen.

XXVIII.

Gratulation zur Hochzeit, aus Sansibar.

Bemanihi taala.

Ila jenab eshshekhina ilmuhebb leua issafi iluuuhtaram eththike essaddik F. bin F. ilF. Salamak rabb ilkadir wa awwan aleik kul amraa asiri iushallah.[1] Essalaam aleik wa rahmat Ullahi wa barakatahu. Wa baada. Nakuarifu; nimepata khabari ya kheiri. Nikafurahi saua, moyo wangu tunaomba kwa Muungu akujaaliane baraka na uzima na afya na kheiri inshallah, dua[2] ya kheir ua neema amina ya rabbi ilalamina wa bIllahi ittaufik.[3] Wassalaam uin muhebbak zakir fadhlak[4] wa ahsanak[5] ilhakir Illlahi taala F. bin F. ilF.

Tarikh kaza wa kaza.

[1] arabischer Wunsch. *rabb* der Herr, *ilkadir* der allmächtige, *wa* und, *awwan* er hilft, *aleik* über dir, *kul* jedes, *ama* Geschäft, *asir* schwierig. [2] *dua* arab. Geschick. [3] *taufik* Vertrauender. [4] *zakir* der sich erinnernde, *fadhlak* deine Wohlthat, *wa* und, *ahsanak* deine Güte.

UEBERSETZUNG.

Durch die Gnade des Allerhöchsten!

An Seine Wohlgeboren unsern Schech, den von uns geliebten, den reinen, den verehrten, den geachteten, den auf-
richtigen N. N. Sohn des N. N. den N. N. Es behüte dich der allmächtige Herr und er helfe dir bei
jedem schwierigen Werk, wenn Gott will. Friede sei über dir
und die Barmherzigkeit Gottes und sein Segen. Und danach:
Ich theile dir mit: ich habe eine freudige Nachricht erhalten.
Und ich freute mich sehr, in meinem Herzen bitten wir Gott
er möge dich gnädig zusammentreffen lassen mit Segen und
Gesundheit und Wohlsein und Glück, wenn Gott will, glückliches Geschick und wahrhafte Güte des Herrn der Welten und
auf Gott ist das Vertrauen. Und Gruss von deinem Geliebten,
dem sich an deine Wohlthaten und deine Güte erinnernden,
den vor Gott dem Allerhöchsten geringen N. N. Sohn des N. N.,
den N. N.

Datum das und das.

XXIX.

Begleitbrief zu einer Sendung von 1000 Kokosnüssen und 620
Lemonen; Angabe wo dieselben aufbewahrt und wie sie eventuell
verkauft werden sollen. Wahrscheinlich aus der Gegend von
Bagamoyo.

*Ila jenab ilmashaikh¹ ilmuhebb ilkeram ilakh Ahmed bin
Ali walukht Beshare binti Shekh bin Nasib il Muafiye. Sala-
makum Allah inshallah.*

*Salaam aleik wa rahmet Ullahi wa barakatahu. Ama
baado: Nawaarifu, wawasiliya khadimu zenu Kheiri na Mamiacha
na nazi elfu na malimau 6 mia wa asherin. Waweke katika
nyumba ya fundi Jumaa na vitu vyake, hatta nije mwenyewe.*

Na nazi ikipata mia reale mbili fordhani, uza, uwasazie nazi kadri ya miateen. Waweke jumbani, uuze rezareza, baa isipopata mia reale mbili, na waweke duka hatta nije nwenyewe. Na mkizva na mtu jumbani mwa fundi Jumaa, na atoke; maana jumba ya fundi Jumaa ni yetu wala hana amri;[2] na mkizva na mtu, na fahamu ya kwamba atatoa ku'udi mbele ya lizvali. Na hazva watumzva wenu Kheiri na Mamiacha, shauri kubzva na mdogo kwenu nyinyi. Wassalaam min ilhakir Ullahi taala akhikum Ahmed bin Ali bin Othman bijedihi. Salaam aleikum ukhtekum binat Abdallah wa binat Shekh wa hadimtak Senur wa kafa ilhadimat. Tarikh 23 min sheher ilhaj sene 1302.

[1] *mashaikh* ist der arabische Plural von *Shekh*, hier für den Singular der Ehre halber gebraucht. [2] statt عمر ist vielleicht امر zu lesen. عمر selbst könnte vielleicht: Gebäude bedeuten.

UEBERSETZUNG.

An Seine Wohlgeboren den Schech den geliebten, den geehrten, den Bruder Ahmed Sohn des Ali und die Schwester Bischara die Tochter des Shekh Sohn des Nasib ilMuafiye.

Es behüte euch Gott, wenn Gott will. Friede sei über euch und die Barmherzigkeit Gottes und sein Segen. Aber danach: Ich theile euch mit, es kommen zu euch eure Knechte Cheiri und Mamiacha mit tausend Kokosnüssen und sechshundert und zwanzig Lemonen. Setzt sie in das Haus des Meister Jumaa mit seinen Sachen, bis ich selbst komme. Und verkaufe die Kokosnüsse, wenn das Hundert zwei Thaler in Fordani erreicht, und lasse für sie ungefähr zweihundert übrig. Setze sie in das Haus und verkaufe (sie) im Detail. Wenn der Verkauf nicht zwei Thaler erreicht, so setze sie in einen Laden, bis ich selbst komme. Und wenn im Hause des Meister Jumaa jemand ist, so soll er herausgehen; denn das Haus des Meisters Jumaa ist unsers, er ist ohne Auftrag; und wenn dort ein Mensch ist, so soll er verstehen, dass er Miethe vor dem Gouverneur zahlen wird. Und was diese eure Knechte Cheir und Mamiacha anbetrifft, (so steht) der Beschluss (über) klein und gross bei euch. Und Gruss von dem vor Gott dem Allerhöchsten geringen,

— 53 —

eurem Bruder Ahmed bin Ali bin Othman mit seiner Hand.
Friede über euch (wünscht) eure Schwester die Tochter Abdallahs
und die Töchter des Schech und eure Dienerin Senur und die
Gesammtheit der Dienerinnen. Datum den 23. vom Monat
Ilhadj. Jahr 1302.

XXX.

Schreiben eines Häuptlings in Mrima(?) an einen Stationschef.
Bitte um Sicherheit. Betheurung der Friedfertigkeit und des Gehorsams.

Bism Illah irrahmani irrahimi.

*Ila jenab ilakram ilahsham ilmuwedi eudna bwana mukubwa.
Salamahu Allah taala insha Allah. Salam aleik wa rahmat
Ullahi wa barakatahu. Wa baadu: Aarrafak: Wamekuwasilia
watoto wangu kuja kwako akuambia, mimi nataka amana na
watoto wangu wote. Nami mimi hukuniletea amri yako nika-
kukhālifu.¹ Umeniletea vita kwa ghafla. Nami hakimbia
wala nisipige bunduki yangu. Na hizo bunduki zilizopigwa ni
watu wenginewe, Wahiao, ni watu wapumbafu. Wa ama mimi
na watoto wangu wote hapana aliyepiga bunduki. Na hawo
watoto wangu wape amani, mimi sina da'awa na mtu yoyote,
mimi maskini ya Muungu. Kazi yetu ni makulima, wa ama
da'awa ya vita simo. Na cheti na bendara yako wakabithi hawo
watoto wangu, wauiletee. Nami ningalikuja wa ama watoto
wangu wamepoteapotea.² Bassi ni katika jitihadi ya kuwatafuta.
Ndio khabari yangu, kwani mimi hali ya diwani Mambosasa,
nami kathalika; nami sina shauri na mtu yoyote, ila shauri
nasikiza kwako. Nawe ukinijia kwa ghafla. Ndipo watu waki-
poteapotea. Bassi khabari ni hiyo. Wassalaam. Walhakir il-
fakir iddiwani Lasibari bin Muyaka bijedihi. Betarihh 16 Rebia
ilawwal 1307.*

Adresse.

*Ila jenab ilakram ilakhsham bwana mkubwa. Salamahu
Alla taala.*

¹ statt mit dem Relativum ist mit *ka* fortgefahren. ² *potea*
hier: auseinanderlaufen, so dass man sie nicht wieder bekommen
kann. *Watoto* sind überhaupt die zum Dorfe gehörigen Leute.

UEBERSETZUNG.

Im Namen Gottes des Gnädigen, des Barmherzigen.

An Seine Wohlgeboren den sehr geehrten, den bei uns
geliebten grossen Herrn. Es behüte ihn Gott der Allerhöchste, wenn Gott will.
Friede sei über dir und die Barmherzigkeit Gottes und sein Segen.
Und danach: Ich theile dir mit: Es sind meine Kinder bei dir
angekommen um zu dir zu kommen, und er sagt zu dir: Ich
bitte um Sicherheit mit allen meinen Kindern. Und ich, was
mich anbetrifft, so hast du mir keinen Befehl zugesandt, dem
ich widersprochen hätte. Du hast mich unversehends mit Krieg
überzogen. Und ich bin nur weggelaufen, sodass ich mein
Gewehr nicht abgeschossen habe. Und jene Gewehre, welche
abgeschossen sind, das sind andere Leute gewesen, Wajao,
das sind unverständige Leute. Was aber mich und meine
Kinder anbetrifft, da ist keiner, welcher ein Gewehr abgeschossen
hat. Und nun gieb diesen meinen Kindern Sicherheit, ich habe
keinen Streit mit irgend Jemand, ich der Arme Gottes. Unser
Geschäft ist der Feldbau, und eine Veranlassung zum Kriege
ist nicht vorhanden. Und übergieb diesen meinen Kindern einen
Pass und eine Flagge, dass sie mir sie bringen. Und ich würde
gekommen sein, aber meine Kinder haben sich ganz verlaufen,
und ich bin jetzt voll Eifer sie zu suchen. Das sind die Nachrichten von mir, denn ich bin im (selben) Zustande wie der
Rathsherr Mambosasa, ich bin ganz ebenso und ich berathe
mich nicht mit irgend einem Menschen, sondern ich höre nur
auf deinen Rath. Und du bist so unversehends über mich gekommen. Darüber ist es, dass die Leute auseinanderlaufen.
Und dieses sind die Nachrichten. Und Gruss. Und der geringe,
arme Rathsherr Lasibari bin Mujaka mit seiner Hand. Datum
den 16. Rebia ilauwal 1307.

Adresse.

An Seine Wohlgeboren den sehr geehrten grossen Herrn.
Es behüte ihn Gott der Allerhöchste.

XXXI.

Schreiber hat einige weggelaufene Leute wieder einfangen lassen.
Jetzt ist aber die dafür deponirte Summe verbraucht, und er muss
mehr Geld haben, um diejenigen zu bezahlen, die die Deserteure
einbringen. Auch braucht er Kost und Ketten für die Gefangenen.
Aus Pangani.

Bemanihi taala.

*Ila jenab mista H. hadahu Allah taala amina. Wa baadu:
Nakuarifu,¹ ya kuwa tokea umesafiri hatta leo nimepata watu²
sabaa, na fetha ulioniatia rupia khamstashara nimetoa; killa
aliokuja na mutu nimempa rupia mbili kwa amri yako wewe,
na hao watu watafuta kwa tamaa, na killa unayompa tamaa;
ndio anayokwenda kunitafutia mutu. Nami sasa fetha sina, na
watu walio gerezani hawana chakula hawana. Nao hawana
budi chakula, nami nawapa chakula kichwa pesa sitta. Nime-
taka fetha kwa Saidi wa Mbeja, alipo anambia killa linapoona³
mtu, si na budi nitatoa fetha. Na gereza haina wasaa.⁴ Bassi
lete majibu upesi, tutafute jumba nyingine; ama utakuja kiribu,⁵
maana gereza hili khatari, marra watu wanafanza homa. Na
watu wawili wanakuja, mmoja Khamisi na huyu Juma, nimem-
leta upesi, aje atwae munyororo upesi, anidarike na chakula
upesi Juma Mafaka. Aida baruti aliopewa bin Said mwana
wa Oswald emetwaa juma ya tatu kwenda Mazinde, na bwana
mkuu yuko kwa Mgumi. Wa salaam. Wa katabahu mektubu
hadim Muhammed bin Khamus.*

¹ Im Text fehlt das *ju.* ² die entlaufenen Träger, auf deren Einfangen eine Belohnung gesetzt war. ³ Der Ausdruck ist hier nicht ganz klar, vielleicht ist zu lesen أنـبـرُوْنَ *enapooma* wenn einer findet. ⁴ *wasaa* freier Raum. ⁵ Vielleicht ist كـرِب ein Unglück zu lesen.

UEBERSETZUNG.

Durch die Gnade des Allerhöchsten!

An Seine Wohlgeboren Mr. H., es geleite ihn Gott der Allerhöchste wahrhaftig. Und danach: Ich theile dir mit, dass seitdem du abgereist bist, bis heute habe ich sieben Leute bekommen, und das Geld, das du mir zurückgelassen hast, die fünfzehn Rupien, habe ich ausgegeben. Und jedem, welcher mit einem Manne kam, habe ich zwei Rupien auf deine Rechnung gegeben. Und die Leute suchen (deshalb) mit Verlangen, jeder dem ich Verlangen eingeflösst hatte; das ist es, warum er für mich nach einem Manne suchen geht. Und jetzt habe ich kein Geld, und die Leute, welche im Gefängniss sind, haben nichts zu essen. Sie haben nichts. Und sie müssen durchaus etwas haben, und ich habe ihnen zu essen gegeben, auf den Kopf sechs Pesa. Ich habe Geld von Saïdi des Mbeja (Sohn) gefordert, da er mir gesagt hat, für jeden, welcher einen Menschen findet, muss ich durchaus Geld zahlen. Und das Gefängniss hat keinen Raum. So schicke mir geschwinde Antwort, damit wir nach einem andern Hause suchen, oder du wirst in die Nähe kommen. Denn dieses Gefängniss ist etwas gefährliches, mit einem Male bekommen die Leute das Fieber. Und zwei Leute kommen, einer Chamis und dieser Djumaa, ich habe ihn schnell geschickt, dass er komme und die Kette hole, damit mir Djuma Mafaka auch bald Proviant besorge. Ferner das Pulver, welches Bin Said von dem jungen Herrn Oswald empfangen hat, hat er am Montag mitgenommen, um nach Masinde zu gehen, und der grosse Herr ist in Mgumi. Und Gruss. Und geschrieben hat die Schrift der Knecht Muhammed Sohn des Chamis.

— 57 —

XXXII.

Nachstehender Brief, der von ungeübter Hand mit vielen
offenbaren Fehlern geschrieben ist, kam in einem bereits sehr
ramponirten Zustande in meine Hände. Im folgenden habe ich
nach Möglichkeit versucht, das fehlende zu ergänzen; wo mir der
Sinn undeutlich geblieben ist, habe ich ein Fragezeichen beigesetzt.
In der Stelle, die im arabischen Texte zwischen Klammern gesetzt
ist, ist in dem Originalbriefe ein Loch, so dass manche diakritische
Punkte und ein Theil der Buchstaben selbst unwiederbringlich
verloren waren. Ich habe dennoch den Brief, der wohl aus der
Gegend von Pangani stammt, hier veröffentlicht, weil die Orthographie manches curiose enthält, das für den Gebrauch be-
merkenswerth ist.

Der Schreiber kann das gewünschte Geld nicht geben, er hat selbst
leihen müssen, hat auch bereits gesagt, dass er seine Reisenden
erwarten muss. Wenn diese ankommen, wird er schreiben, dann
möge man zu ihm kommen. Zwei Rupien hat er übrigens bereits
den jungen Leuten gegeben.

*Ila jenab ilmuhebb ilaziz ilakh ilweled Makata bin Kambia
salamahu Allah taala.*

*Wabaado nakuarifu hali zetu chema, nawe kuwa katha-
lika ilafya. Wa baado, barua yako imewasilia, hasoma, hafa-
hamu kadiri umeniarifu ..... mimi ni babayo, nilijikarithi[1]
fetha hiyo kwa matumaini. Mbona waniletea kashifu. Kwanza
walimleta jumbe. Hamjibu: sina fetha sasa, nasaburi wasafiri
wangu mfunguo nane ama mfunguo tissia, wajapo ntaleta barua
nikuagize, uje, utwae wanawili(?) watu kwa ijara. U na hakika
ninazo fetha? Nikuwua na nguo? Siujikazi(?) si yangu. Na
nyinyi wanangu wataka nijulinge(?), ni watu watesio. Wasalaam.
Jumbe Mkombe wa Tembo aniagizia na watoto wote nisalimie
wake kwa waume, Na hawo vijana nimewakabithi rupia mbili.
Hali thaifu. Wasalaam. Wakatabahu mualim Mansur bin
mwenyi Kamba.*

Adresse.

*Ila jenab ilmuhebb ilaziz ilakh ilweled Makata bin Kambia.
Salamahu Allah taala.*

8

¹ كرض im Text statt قرض leihen. ² vielleicht vom arabischen كشف entblössen. ³ im Text wohl ein Schreibfehler.

UEBERSETZUNG.

An Seine Wohlgeboren den geliebten, den theuren, den Bruder, den Sohn Makata, Sohn des Kambia, es behüte ihn Gott, der Allerhöchste.

Und danach: ich theile dir mit: unser Zustand ist gut und du sei gleicher Weise von Gesundheit. Und danach: dein Brief ist angekommen, und ich habe ihn gelesen und ich habe verstanden, gemäss (dem wie) du mir mittheilst . . . . . . Ich bin dein Vater, ich habe dieses Geld im Vertrauen geliehen, warum hast du mich entblösst (offenbar gemacht). Zuerst hast du den Häuptling geschickt. Und ich habe ihm geantwortet: ich habe jetzt kein Geld, ich warte jetzt auf meine Reisenden im achten oder neunten Monat (nach dem Ramadhan); wenn sie kommen, werde ich einen Brief schicken und dir auftragen, dass du kommest und zwei Leute(?) als Lohn mitnehmest. Hast du denn Recht (wenn du sagst): ich habe Geld. Habe ich dir ein Kleid ausgezogen? . . . . . . es ist nicht mein. Und ihr meine Kinder, ihr verlangt, dass ich . . . . . . ihr seid Leute, welche plagen. Und Gruss. Der Häuptling Mkombe (der Sohn) des Tembo hat mir Auftrag gegeben und alle Kinder, ich soll euch grüssen, Frauen und Männer. Und die jungen Leute haben zwei Rupien empfangen. Der Zustand ist schwach.¹ Und Gruss. Geschrieben hat es der Lehrer Mansur, Sohn des Herrn Kamba.

Adresse.

An Seine Wohlgeboren den geliebten, den theuern, den Bruder, das Kind Makata, Sohn des Kambia. Es behüte ihn Gott der Allerhöchste.

¹ Mir geht es schlecht.

XXXIII.

Anfrage, wie sich Adressat zu den Deutschen stellt.
Aus der Gegend von Pangani.

Bism Illah irrahman irrahimi.

Ila jenab ishshekh ilmuhebb ilakram ilmukarram ilahsham ilmuwedd ilaziz eththike ilwalid baba[1] *Hamaidi. Salamahu Allahu taala, insha Allah.*

Salaam aleik wa rahmat Ullahi wa barakatuhu. Wa zaidi ya khabari zetu chema. Thamma nawe kuwa kazalika wa afia, alhamdi Illlahi rabb ilalamina. Wa zaidi ya khabari: Nasikia mimi huko Mrima Mukwaya unaambiwa mutu wa mdashi, kweli khabari hiyo ao uwongo? Tafathali kama ni kweli khabari hiyo tafathali niarrifu kwa upesi, ao kama ni uwongo niarrifu kwa upesi. Kwa maana mimi na nyinyi mimi naona hali moja. Na sasa kama humpendi kuja huko Mukwaja ni wajibu kuniarrifu. Kwa maana mimi siyawakuingia[2] *kwa mudashi. Kwa maana Mwasema mwarabu. Bassi mwarabu wayawasia: Mimi na mutu anaye wakaficha pahali hasiingiziwe mengi, huwambiwa hatukutaki Mujizimato.*[3] *Na mimi nataka kuja walakini nangojca jawabu ya barua yangu. Wa salaam. Na watoto wote wakushikamoo*[4] *na bibi binti Mas'ud bin Sa'id salaam sana. Na muinyi baba salaamu. Na ndugu zangu wote salaamu. Na mwanao Mas'ud bin Mubarak akushikamoo. Wasalaam. Katabahu mimi mwanao Ali bin Mubarak bin Khalfan bijedihi. Tarikh jom 5 min sheher Rebia ilauwal sene 1307.*

Adresse:
Ilwalid baba yangu Hamaidi mahal bender[5] *Mukwaya.*

Die arabische Schrift dieses Briefes zeichnet sich durch einen eigenthümlichen Gebrauch der Vocalzeichen, sowie des ﺝ und ع aus. Möglicher Weise ist dadurch der besondere Dialect des Briefschreibers ausgedrückt. In der Umschrift ist auf diese Besonderheiten nicht weiter Rücksicht genommen.

[1] *ilwalid* drückt arabisch dasselbe aus wie das Suaheliwort *baba*. [2] *ingia* wörtl.: hineingehen, hier übergehen. [3] Die Con-

struction ist nicht ganz deutlich, und es bleibt fraglich, ob ich den Sinn getroffen habe. So ist auch zweifelhaft, ob *Mwasema* und *Mjisimato* wirklich Namen sind, wie ich angenommen habe. Das richtige liesse sich nur dann herausbringen, wenn man die näheren Umstände kennen möchte. [4] vgl. Brief XVII. [5] *bender* wörtl. Hafen, wird oft überhaupt für den Bestimmungsort des Briefes gebraucht, vergl. *bender Unyanyembe* in Brief V.

UEBERSETZUNG.

Im Namen Gottes des gnädigen, des barmherzigen.

An seine Wohlgeboren den Schech, den geliebten, den sehr geehrten, den geliebten, den theuern, den aufrichtigen, den Erzeuger, Vater Hamaidi. Es grüsse ihn Gott, der Allerhöchste, wenn Gott will.

Friede sei über dir und die Barmherzigkeit Gottes und sein Segen. Und was mehr ist von unsern Nachrichten ist gut, und auch du mögest von gleicher Gesundheit sein. Lob sei Gott dem Herrn der Welten. Und was mehr ist von Nachrichten: Ich höre dort in Mrima: in Mukuaja sagt man von dir, dass du ein Mensch der Deutschen bist; ist diese Nachricht wahr oder eine Lüge. Bitte, wenn diese Nachricht wahr ist, bitte melde es mir geschwinde; oder wenn es Lüge ist, theile es mir geschwinde mit. Nämlich ich denke, ich und ihr (wir sind in) einer Lage. Und da du jetzt nicht hierher nach Mukwaja zu kommen wünschest, ist es (wohl deine) Pflicht mich zu benachrichtigen. Denn ich bin noch nicht zu den Deutschen übergegangen. Denn Mwasema ist ein Araber. Gut, der Araber hat Befehl ertheilt: ich und der Mann, welcher sie an einem Ort versteckt hat, er möge nicht in vieles hineingebracht werden, man pflegt uns zu sagen, wir wünschen nicht den Mjisimato. Und ich will kommen, aber ich erwarte die Antwort auf meinen Brief. Und Gruss. Und alle Kinder erfassen dir die Füsse, und die gnädige Frau die Tochter des Mas'ud Sohn des Sa'id lässt viel mal grüssen. Und der Herr Vater lässt grüssen. Und alle meine Brüder lassen grüssen. Und das Kind Mas'ud Sohn des Mubarak erfasst dir die Füsse. Und Gruss. Und geschrieben hat es: ich dein Kind Ali Sohn des Mubarak Sohn des Khalfan mit seiner Hand. Datum den 5. Tag des Monats Rebia ilauwal 1307.

Adresse:

Dem Erzeuger, meinem Vater Hamaidi, Ort der Hafen Mukwaja.

XXXIV.

Adressat möge sich nicht durch Verläumdungen über den Charakter des Schreibers täuschen lassen. Derselbe ist ein Freund der Deutschen. Er würde schon längst einen Ochsen als Gastgeschenk übersandt haben, wenn nicht ein anderer Reisender ein solches abgelehnt und damit den Schreiber beschämt hätte. Vom Kilimandscharo.

Bismi taala.

Ila jenab ilmuhebb ilaziz ilakram ilmukarram ilmuhebb daktari. Salamahu Allah taala.

Salaam aleik wa rahmat Ullahi wa barakatuhu. Wa baadu nakuarifu: hali yangu njema wa thama nawe kathalika ilafia. Na barua yako imeniwasilia, yaliomo nimefahamu. Nami ni mtu' wenu wa zamani, nawe usishike fitina za watu, kwani mtu neno huona mweuyewe. Nami nimeonana ua mzungu daktari; alikuja hapa kwangu tukauhudiana² sana, na katika buku³ tazama; utauiona sultani Mandara. Wasalaam. Nami nataka kukuleta takula,⁴ walakini naoua haya,⁵ maana alipokuja mzungu huyu aliopo Taveta, nimemletea ugombe. Akanukataa ngombe wangu akamregeza. Bassi, uami nikaona haya kukuleta takula, nawe kuniregezea. Bassi, nami ni mtu mkubwa kumpa mtu kwenda kuniregezea, sioni vema. Nami kuwataka Madashi, maana ni na amani yenu, naliopewa na rafiki yangu daktari na katika buku yenu tazama. Utaniona amana⁶ yenu. Bassi, ntaiweka hatta lini hiyo amana yenu. Nanyi hamtaki kuja hapa kwangu kuiona amana yenu. Mushika maneno ya watu wasiojua khabari za watu. Aalam bithalik.

Wasalaam katabahu ilbarua Sultan Mandara bin Sultan Ditiya bijedihi.

[1] *mtu wenu* wörtl. euer Mann, hier:—euer Angehöriger. [2] ـصع wohl statt ـصع. [3] *buku*, das europäische Wort. [4] *takula* ـ*chakula*. [5] vor einer etwaigen Abweisung. [6] *amana* kann ebensowohl Unterpfand, wie Freundschaftsvertrag oder Vertrauensmann bedeuten. Wie es scheint, wechseln hier in dem Briefe wortspielartig die Bedeutungen. In der deutschen Uebersetzung liess sich das nicht gut nachahmen.

UEBERSETZUNG.

Im Namen des Allerhöchsten.

An Seine Wohlgeboren den geliebten, den theuren, den sehr geehrten, den geliebten Doctor. Es behüte ihn der allerhöchste Gott. Friede sei über dir und die Barmherzigkeit Gottes und sein Segen. Und nach diesem theile ich dir mit: Mein Zustand ist gut, und gleicher Weise mögest auch du gesund sein. Und dein Brief ist bei mir angekommen; was da drin steht, habe ich verstanden. Und ich bin von alten Zeiten euer Freund, und du, nimm nicht die Verleumdung (anderer) Leute an, denn ein Mensch pflegt eine Sache selbst anzusehen. Und was mich anbetrifft, so bin ich (schon) mit einem Europäer, einem Doctor, zusammengetroffen; er kam hier zu mir, und wir haben uns sehr gut mit einander vertragen, und siehe in dem Buche nach, da wirst du mich, den Sultan Mandara finden. Und Gruss. Und ich wollte dir etwas zu essen schicken, aber ich schäme mich. Es ist nämlich der Europäer hierher gekommen, der in Taveta war; ich habe ihm einen Ochsen geschickt, er hat meinen Ochsen abgelehnt und ihn zurückgeschickt. Gut, jetzt schäme ich mich, dir etwas zu essen zu schicken, und du möchtest es mir zurücksenden. Und ich bin doch ein grosser Mann; einem Menschen (etwas) zu geben, dass er hingeht und es mir zurückschickt, das finde ich nicht schön. Und ich habe die Deutschen gern, denn ich habe euer Unterpfand, das ich von meinem Freunde dem Doctor bekommen habe, und siehe in eurem Buche nach. Du wirst mich mit eurem Unterpfande finden. Gut, bis wie lange soll ich dies euer Unterpfand weglegen. Und ihr wollt nicht hierher zu mir kommen euer Unterpfand zu sehen. Ihr haltet euch an Worte anderer Leute, die doch nichts von den Geschichten anderer Leute verstehen. Wisse dieses. Und Gruss. Geschrieben hat den Brief Sultan Mandara Sohn des Sultan Ditiya, mit eigener Hand.

XXXV.

Einladung zu kommen. Vom Kilimandscharo.

Bism taala.

Ila jenab ilmuhebb ilaziz ilakram ilmukarram ilmuhebb dakta M. wa akida barwan, ahadakum Allah taala. Salaam aleikum wa rahmat Ullahi wa barakatuhu. Wa baado nawaarifu: hali yangu njema wa thama nanyi kuwa kathalika ilafia. Wa baadu: barua yenu mlioniletea imuwasili, nayaliomo nimeyafahamu. Nami nimesikia mmekwenda Marangu. Bassi, kesho watu wangu watatoka waenda zao Taveta. Bassi nanyi endani Taveta. Msikae Marangu. Kwani hawo watu wangu wametukua[1] zawadi zenu mlizoniagiza. Bassi endani, wapate kurudi upesi. Nanyi ndoni[2] tuonane, kwani nataka kujibu barua ya dakta P. iliyotoka Unguja. Naye aliniandikia maneno mengi. Bassi sikupata kumjibu kwa maana sikuonana nawe. Bassi injo kwa upesi, tupate kujibu barua Allah Allah thama Allah ya dakta P. Wa salaam. Awasalimu karani yangu Muhammed bin Habib.

Wa salaam. Katabahu ilbarua Sultan bin Sultan Mandara bin Ditiya bijedihi. Bitarikh jom ithnën fi 4 sheher ilKaada sene 1304.

---

[1] *tukua = chukua.*   [2] *ndoni = njooni.*

UEBERSETZUNG.

Im Namen des Allerhöchsten.

An seine Wohlgeboren den geliebten, den theuern, den sehr geehrten, den geliebten Doctor M. und den Officier Baron. Es geleite euch Gott der allerhöchste. Friede sei über euch und die Barmherzigkeit Gottes und sein Segen. Und danach theile ich dir mit: mein Zustand ist gut und möget ihr auch von gleicher Gesundheit sein. Und danach: Euer Brief, den ihr mir geschickt habt, ist angekommen, und ich habe, was darin steht, verstanden. Und ich habe gehört, ihr seid nach Marangu gegangen. Gut, morgen gehen meine Leute fort, sie gehen nach Taweta. Und ihr, geht doch auch nach Taweta. Bleibet nicht in Marangu. Denn jene erwähnten Leute von mir, haben die für euch bestimmten Geschenke, die ihr bei mir bestellt habt, mitgenommen. Gut, gehet hin, damit sie schnell zurückkommen können. Und ihr kommt doch (her), damit wir einander sehen, denn ich will den Brief des Doctor P., der aus Sansibar gekommen ist, beantworten. Und er hat mir viele Worte geschrieben. Ich habe ihn noch nicht beantworten können, ach Gott, ach Gott, nochmals ach Gott, den Brief des Doctor P. Und Gruss. Es grüsst auch mein Secretair Muhammed Sohn des Habib.

Und Gruss. Und geschrieben hat den Brief der Sultan, Sohn des Sultan, Mandara Sohn des Ditiya mit eigener Hand. Datum am 2. Tage (Sonntag) den 4. im Monat ilKaade des Jahres 1304.

XXXVI.

Begleitschreiben zu einer Sendung von Waffen und Tabak nebst
Einladung zum Besuch. Vom Kilimandscharo.

Bism taala.

*Ila jenab ilmuhebb ilaziz ilakram ilmukarram ilmuhebb
dakta M. na akida bahon E. Salamahu Allah taala.
Salaam aleikum wa rahmat Ullahi wa barakatuhu. Wa
baado nakuarifu: anakuwasilia akida wangu, labtani[1] na karani
wangu Muhamed bin Habib. Takabathini mikononi kwao ngozi
moja ya tui[2] na ngao moja na tumbako mabumba manne 4
na sime[3] moja, mpeni dakta M., aalam bithalik. Na fumu[4]
moja na sime moja na ngao moja, mpe akida bahon E.
Nanyi ndoni tuonane. Nataka kuandika barua kumpelekea dakta P.
na zawadi zako, aalam bithalik. Na maneno yangu atacleza
Muhamed ben Habib na lautani; mtakaowauliza, yote atawae-
leza Muhamed. Wa salaam. Katabahu ilbarua Sultan ibn
Sultan Mandara bin Ditiya bijedihi. Tarikh jom ilarbaa fi sheher
ilkaada, sene 1304.
Na bwana mdogo Meli bin Sultan Mandara awasalimu.*

[1] wohl aus dem englischen *lieutenant* verstümmelt.   [2] *tui*
= *chui*.   [3] *sime* Massaischwert.   [4] *fumu* Lanze der Djagga mit
breiter Klinge.

UEBERSETZUNG.

Im Namen des Allerhöchsten.

An seine Wohlgeboren den geliebten, den theuern, den
sehr geehrten, den geliebten Doctor M. und den Officier Baron E.
Es behüte ihn Gott der Allerhöchste.

Friede sei über euch und die Barmherzigkeit Gottes und
sein Segen. Und danach theile ich dir mit: Es kommt zu dir
mein Officier, mein Lieutenant und Secretair Muhammed Sohn
des Habib. Empfange aus ihren Händen ein Leopardenfell
und einen Schild und vier Tabakballen und ein Massaischwert.

9

Gebet es dem Dr. M. Wisse dieses. Und eine Djaggalanze und ein Massaischwert und einen Schild gieb dem Officier Baron E. Und ihr, kommt doch, damit wir einander sehen. Ich will einen Brief schreiben und ihn an Dr. P. schicken und die Geschenke sind dort. Und meine Worte wird Muhammed . Sohn des Habib erklären und der Lieutenant; was ihr fragen wollt wird euch Muhammed alles erklären. Und Gruss. Geschrieben hat den Brief der Sultan Sohn des Sultans, Mandara Sohn des Ditiya mit eigener Hand. Datum der vierte Tag im Monat ilkaada, im Jahr 1304.

Und der junge Herr Meli Sohn des Sultan Mandara grüsst euch.

XXXVII.

Begleitschreiben zu einer Sendung Waffen und Vieh. Vorwürfe, dass sich Adressat mit Mandara eingelassen habe und dem Schreiber dieses nichts davon gesagt. Vom Kilimandscharo.

Ila jenab ilmuhebb ilakram ilmukarram ilmuatham ilaziz endna Dashi sahibu yangu, hadahu Allahu taala insha Allah.

Salaam aleik wa rahmat Ullahi wa barakatuhu. Wa baado nakuarifu: Takabathi ngao une zilizokwisha. Na hizo tatu zitakuja pamoja na mafumu yako. Nawe takabathi kondoo kitoweo chako. Wa baado nakuarifu: nimekasirika sana, kuna neno kwako usinambie mimi? Kwa nini silijui. Kuletewa barua ya Mandara, usinambie; tena ukampa bunduki, usinambie. Alihasibu ntakunyanganya? Bassi mimi wazungu siwezi kuwafanya uwongo, maana nawapenda sana. Nami labuda nilikukasiri, udipo usinambie. Neno lako nataka sifange nti thalathin za ashura.[1] Nami nasikia wita kwa Mandara, kwani[2] usinambie, hajua.[3] Wakathalik, mtu akikupenda mpende nawe. Maana mimi kukutaradia na kuwana kama ndugu yako sihasibu. Huu uchungu yako. Nawe msuri[4] kwani mzungu kukasirika usinambie. Na khabari za kizungu wazijua wewe. Wa salaam. Wa katabahu sultan Marcale bijedihi.

Na ilakh Shaibu bin Adinani awasalimu jazil.

Salamu bwana mkubwa na mdogo salamu sana.

Adresse.

Beminhu Allah ta.la

8426⁵

Ila jenab ilaziz sahibu yangu dashi hadahu Allah taala.

¹ Diese Worte kann ich nicht erklären. ² *kwani=kwa nini.* ³ *hajua=nikajua.* ⁴ *msuri* vielleicht=.*Mr.* ⁵ Ähnliche Zahlen ٨٢٤٢ 8242 finden sich auch am Schlusse eines Briefes aus Zanzibar bei Bresnier, Chrestomathie arabe. pag. 211. Br. giebt dazu pag. 331 folgende Erklärung: ٨٢٤٢ 8242. Il a ici une erreur du texte: il faut lire ٨٦٤٢ (8642). Ces chiffres sont la valeur numérique représentative des lettres بريد dans l'ordre antique de l'Abadjed. Ces lettres réunies forment le mot cabalistique بريد qui serait, dit-on, le nom d'un ange chargé de la surveillance et de la protection du service de la poste aux lettres en ce monde. C'est pourquoi le mot بريد (suivant cette tradition) est placé sur l'adresse des lettres, ou derrière, au bas du cachet, comme une recommendation au plus diligent des facteurs ailés. Ce talisman, qui paraît avoir en effet pour but de protéger la correspondance, est très souvent employé en Orient; il s'écrit indifféremment avec les lettres ou avec les chiffres, qui les représentent, et qui se rangent par la droit ou par la gauche: 8642 ou 2468. — Il y a bien d'autres explications sur ce mot inconnu, comme il y en a sur toutes les choses que l'on ignore. Auch sonst werden diese Zahlen öfters auf den Briefadressen in Ostafrika gebraucht, um eine glückliche Ankunft des Briefes zu sichern.

UEBERSETZUNG.

An seine Wohlgeboren den geliebten, den sehr geehrten, den hohen, den bei uns theuern Deutschen, meinen Freund. Es leite ihn Gott der allerhöchste, wenn Gott will.

Friede sei über dir und die Barmherzigkeit und sein Segen. Und nach diesem theile ich dir mit: Nimm vier Schilde in Empfang, die fertig geworden sind. Und die andern dreie werden zusammen mit deinen Djaggaspeeren kommen. Ferner nimm ein Schaf in Empfang, als Zuspeise für dich. Und nach diesem theile ich dir mit: Ich bin sehr böse geworden, da ist etwas bei dir, was du mir nicht sagst. Warum soll ich es nicht wissen. Da ist ein Brief von Mandara gebracht, du hast mir nichts davon gesagt; ferner hast du ihm ein Gewehr gegeben, ohne mir etwas zu sagen. Denkst du, ich werde dich berauben? Ich kann die Europäer nicht belügen, nämlich ich liebe sie so sehr. Aber vielleicht habe ich dich erzürnt, das ist es warum du mir nichts sagst. Dein Wort ist: ich will . . . . Und ich höre von einem Kriegszuge bei Mandara, warum hast du mir nichts davon gesagt, so hätte ich es gewusst. Und gleicher Weise, wenn dich jemand liebt, so liebe auch ihn. Nämlich ich bin dir immer gefällig gewesen, dass ich im gegenseitigen Verkehr wie dein Bruder gewesen bin, rechne ich nicht. Da liegt deine Bitterkeit. Und du bist ein Mister, denn du bist ein Europäer, so böse zu sein, dass du mir nichts sagst. Und die Geschichten der Europäer kennst du wohl. Und Gruss. Und geschrieben hat es der Sultan Mareale mit seiner Hand.

Und der Bruder Schaibu Sohn des Adinani grüsst euch viele mal. Vielen Gruss dem grossen und dem kleinen Herrn.

Adresse.

Durch die Gute des Allerhöchsten

8426

An seine Wohlgeboren den theuren Deutschen, unsern Freund. Es geleite ihn Gott, der allerhöchste.

XXXVIII.

Dank über übersandte Geschenke. Anmeldung der als Gegengeschenk geschickten Waffen, Bitte um ein Gewehr, welches 25 mal schiesst, wenn es ein solches giebt. Vom Kilimandscharo.

Ila jenab ilmuhebb ilakram ilmuatham endna mister data M. konsul dashi, hadahu allah taala inshAllah. Salamu aleik wa rahmat Ullahi wa barakatuhu. Wa baada nakuarifu, mtu wako amewasili. Ahsanta, nimefurahi sana kwani nataka hishima kama kwetu. Na baadu takabathi mikuke mitatu yako, na miwili zawadi yako mdogo na mkubwa na ngao nne. Nami sasa sina mkuke wa kumpelekea baba yako. Lakin Boraafya hana mwaka mungine. Na baadu nasikia, kwenu kuna bunduki ya ramia khamsa wa asherini; bassi, kama iko, nataka kwa thamani. Wa salaam. Wa katabahu sultan Mareale bijedihi. Innahar 13 ilkaade fi sene 1304. Na Shaibu akusalimu salamu sana na bwana mdogo.

Na ukiondoka niarifu khabari nijue. Allah Allah.

UEBERSETZUNG.

An seine Wohlgeboren den geliebten, den sehr geehrten, den bei uns erhabenen Mister Doctor M., den Konsul, den Deutschen. Es leite ihn der allerhöchste Gott, wenn Gott will. Friede sei über dir und die Barmherzigkeit Gottes und sein Segen. Und danach: ich theile dir mit: Dein Mann ist angekommen, danke schön, ich habe mich sehr gefreut, denn ich wünsche ein Ehrengeschenk wie bei uns. Und danach: nimm in Empfang deine drei Speere, und zwei sind Geschenke für dich, der kleine und der grosse, und vier Schilde. Und ich habe jetzt keinen Speer, um ihn deinem Vater zu schicken. Aber Boraafya hat nichts im anderen Jahr. Und danach: Ich höre, bei euch giebt es Gewehre mit fünfundzwanzig Schüssen; wenn solch eines da ist, so wünsche ich es mit Verlangen. Und Gruss. Und geschrieben hat es der Sultan Mareale mit eigener Hand. Am dreizehnten Tage des ilKaade im Jahr 1304. Und Schaibu lässt dich und den kleinen Herrn sehr vielmal grüssen.

Und wenn du aufbrechen willst, so theile mir die Nachricht mit, damit ich es weiss. Um Gotteswillen.

XXXIX.

Bitte um baldige Nachricht über das Ergehen des Adressaten. Dieser aus Witu stammende Brief enthält mehr arabisch als die Sansibarbriefe, auch seine Orthographie ist etwas anders als sie bei jenen zu sein pflegt.

Bism Illah irrahman irrahimi.

Ila jenab ilmuhebb ilaziz ilakram ilmukarram bwana W., hadak Allah taala. Wa bado hukuarifu[1] tangu kusafiri kwako sioni waraka wako wala salama yako. Lis ilwajib minak; fa'asi ilmenanca 'in yekün kheir.[2] Nami nalikuuliza na bwana Gustav akanambia, wewe huketi pamoja na bwana Gustav. Tumeona raha, kwani bwana Gustav ni mtu wetu sana rafiki. Na wewe ukiketi pamoja na bwana Gustav, sisi na wewe zaidi rafiki. Wa salaam. Wala tekota ittaarif an halak eshsherif ma kil gharad tebdi min tarafina ilishara minak.[3] Wa dum salaam.

Wa katabahu ilhakir fumu Bakari bin sultan Ahmed.

Sheher 7 Ramathan sene 1304.

[1] *hukuarifu* für *tukuarifu* ist in Witu gewöhnlich. [2] arabischer Satz. [3] Dieser arabische Satz ist wohl etwas corrumpirt: *tekota* schneide ab, *it taarif* die Benachrichtigung, *an* von, *halak* dein Zustand, *sherif* ehrwürdig, *ma* mit, *gharad* Sache, Angelegenheit, *min* von, *tarafi na* unsere Seite, *ishara* Zeichen, *min ak* von dir.

UEBERSETZUNG.

Im Namen Gottes des gnädigen des barmherzigen!

An seine Wohlgeboren den geliebten, den theuern, den sehr geehrten Herrn W. Es leite dich der allerhöchste Gott. Und danach theilen wir dir mit: Seit deinem Fortreisen bekomme ich weder Brief noch Gruss von dir zu sehen. Das ist doch nicht Pflicht von dir, aber vielleicht ist der Hinderungsgrund etwas glückliches. Und ich habe nach dir bei Herrn Gustav gefragt; und er hat mir gesagt: du wohnst zusammen mit Herrn Gustav. Da haben wir Beruhigung empfunden, denn

Herr Gustav ist sehr befreundet mit uns, und wenn du mit
Herrn Gustav zusammen wohnst, so sind wir und du noch
grössere Freunde. Und Gruss. Und nicht schneide ab die
Nachricht über deinen geehrten Zustand, bei jeder Angelegenheit ist, was uns anbetrifft, von deiner Seite nur ein Zeichen
nöthig.¹ Und der Friede bleibe beständig.
Und geschrieben hat es der geringe Herrscher Bakari, Sohn
des Sultan Ahmed. Am siebenten des Monats Ramathan des
Jahres 1304.

¹ d. h. wir unsererseits sind bereit, alles nöthige für dich
zu thun, sobald du nur ein Zeichen von dir giebst.

XL.

Bitte eines Unterdrückten, ihm beizustehen. Die Adresse fehlt.
Die Orthographie ist sehr unregelmässig. Aus Wito.

. . . . *wa baado hukuarifu: Ni mimi Kamna. Ni futiwe
na sheikh Abdalla mwezi mba¹ tatu huno. Nami ni hadimu
ya fumu Bakari; kisa² kuniona barani, alinishika nakunifunga.
Bassi nisimamia, niingie sheriani, na mimi mbwako³ tangu
nimezepokuya.⁴ Maanaye miye . . . . . . mbwako. Nisimamia
bwanangu; nina na zitu⁵ zangu kaza wa kaza nimepokwa,
nami ni mgeni; huzikataa uti, hunena: nimemjiba⁶ mtumwake.
Nisipomwona, naweza kula yamini⁷ ya kuwa simyui,⁸ si mtumwa huyu. Na bwana fumu Bakari ayua, amekuya kunitaka
na watum . . . . ,⁹ akawapa na nyaraka kuya nazo wakampa
kazi. Kheir unitake, niwe kwako, niyue niliopo. Hallah, Hallah.
Huzimi, kheiri kuwa mikononi mwako kama kuwa gerezini.
Na mashaka haya na haya: Mimi kuya hapa nalikuya kuuza
mpire kwa bwana pembe, nikamwuliza kwa reale saba, na mimi
nikaya na reale nane, na zote nimepokwa; nali na upanga wa
reale kumi, nimepokwa. Hallah, hallah bwanangu, nisimamia
uniokoe, nami katika ziki¹⁰ bwanangu. Wa salaam.*

[1] *mbwa = wa.* [2] *kisa = akiisha.* [3] *mbwako = wako.* [4] *nimeze = nimekwisha,* vgl. Brief XXI. *ya = ja.* [5] *situ = ritu.* [6] *jiba = iba* stehlen. [7] wörtl. einen Eid essen, weil an Stelle des Eides früher das Gottesurtheil durch einen Zaubertrank verlangt wurde. [8] *yua = jua.* [9] die Stelle ist unverständlich. [10] *ziki = taabu.*

UEBERSETZUNG.

. . . . Und danach theile ich dir mit: Ich bin Kamna. Ich bin vom Schech Abdallah jetzt im dritten Monat festgehalten. Und ich bin ein Vasall des Fumu Bakari. Als er mich auf dem Festlande angetroffen, hat er mich ergriffen und gebunden. Und nun stehe mir bei, dass ich vor Gericht komme, und ich bin dein (Knecht) seit dem ich angekommen bin. Denn ich bin dein . . . . Stehe mir bei, mein Herr. Vielerlei Sachen habe ich, deren ich beraubt bin, ich bin ein Fremder; er verweigert sie mir, er sagt: ich habe ihm seinen Sclaven gestohlen. Da ich ihn doch nicht gesehen habe, und ich kann einen Eid schwören, dass ich ihn nicht kenne, dieser ist auch kein Sclave. Und der Herr Fumu Bakari weiss es, er ist gekommen und seine Boten . . . . Er hat ihnen auch Briefe gegeben um damit zu kommen und sie geben sie dem Richter. Am besten ist es, du verlangst nach mir, damit ich bei dir sei, dass ich wisse wo ich hingehöre. Bei Gott, bei Gott. . . . . Besser ist es, in deinen Händen zu sein als im Gefängniss. Und die Streitpunkte sind die und die: Als ich hierher kam, kam ich, um Kautschuk bei dem Elfenbeinhändler zu verkaufen, ich habe es ihm für sieben Thaler verkauft, und ich kam (schon) mit acht Thalern, und alles ist mir abgenommen; ich hatte auch ein Schwert für zehn Thaler, es ist mir abgenommen. Bei Gott, bei Gott mein Herr, stehe mir bei, errette mich, ich bin im Elend, mein Herr. Und Gruss.

XLI.

An einen Vater, der seine Frau zurückgelassen und dem jetzt ein Kind geboren ist. Abrechnung über allerlei Auslagen. Bitte um einen Brief. Aus Wito.

Bism Illah irrahman irrahim.

Ila jenab ilmuhebb ilakram ilmukarram ilakhsham Nasib. Salamahu Allah taala amina insha Allah. Salaam aleik wa rahmet Ullahi wa barakatuhu. Ama baadu nakuarifu: hali zetu jema wa thama nawe kuwa kazalik ya afia. Wa zaidi ilkhabari: tangu uliposafiri sipati khabari zako wala salamu wala waraka wako wala si wajibu wako. Wa zaidi ilkhabari: amani nimetakabathi pesa 4[1] arbaini mikononi mwa Hamadi Musu. Aida kwetu nimezotumilia katika uzuri[2] wa mke wako, mafuta na asali na msio rupia. Ilhasil ni reali mbili wa robo na mapesa ya kulla haja, naliokitoa ni mimi kama ginsi walioniagiliza, rio[3] nifanyayo. Na sasa sitoi tena kitu, kwani mali haya si yangu, nda[4] watu. Na hiyo rupia waliomuatia, alikula kabla asiyazaa, hakusaliwa na chochote. Zote alitumia, asiyazaa umbiwoni dawa zamda na zinginizi,[5] naliotaka ni mimi. Bassi maneno ni kama hayo. Wa salaam jezil salaam. Na mke wako Amani akusalimu na mwanao akuenzi.[6] Wa salaam jezil salaam. Bassi siwate kuniletea waraka. Na huyu ni mwanao, hana shaka, hatta katiti sura ndako[7] wewe. Nimepata khabari, amba umepotewa na kondoo ethnashara, ni kweli ama ni maneno ya watu? Wa salaam.

Wa katabahu ilbarua mke Ramathani, khadimati bwana Muawiya bin Muhammed bin Abubakari ilMuawiyi be tarikh jom ilhamis min sheher ramathan 4 sene 1307.

---

[1] 4 statt 40. [2] Im Text wohl verschrieben. [3] *rio* = *ndio.*
[4] *nda* — *ya.* [5] Es sind wohl allerlei Arzeneien hier aufgeführt. Ob ich alles richtig gelesen, bleibt zweifelhaft. [6] *enzi* ahnen.
[7] *ndako* = *yako.*

UEBERSETZUNG.

Im Namen Gottes des gnädigen, des barmherzigen.

An seine Wohlgeboren den geliebten, den sehr. geehrten, u. s. w. Nasib. Es behüte ihn der allerhöchste Gott, wahrhaftig, wenn Gott will. Friede sei über dir und die Barmherzigkeit Gottes und sein Segen. Aber danach theile ich dir mit: Unser Zustand ist gut und mögest du von gleicher Gesundheit sein. Und was mehr ist von Nachrichten: Seitdem du abgereist bist, erhalte ich weder Nachricht noch Gruss noch Brief von dir, und so ist es doch nicht deine Pflicht. Und was mehr ist von Nachrichten: Ich habe das Depositum 4 vierzig Pesa aus der Hand des Hamadi Musu empfangen. Ferner habe ich (hier) bei uns an Specerei für deine Frau: Oel, Honig, Msio, eine Rupie ausgegeben. Danach sind es zwei Rupieen und ein Viertel (Thaler) und das Geld für jeden Bedarf, welches ich ausgegeben habe; wie du mir aufgetragen hast, so habe ich gethan. Und jetzt gebe ich nichts weiter aus, denn dies Geld ist nicht mein, es gehört andern Leuten. Und die Rupie, die du ihr hinterlassen, hatte sie bereits verzehrt, ehe sie geboren hatte. Sie war ohne irgend etwas zurückgeblieben. Alles hat sie ausgegeben, ehe sie geboren hatte, für Umbioni, Dawa, Samda und Singinisi. Der es verlangt, bin ich. Gut, das habe ich zu sagen. Und Gruss, vielen Gruss.

Und deine Frau Amani lässt dich grüssen, und dein Kind ähnt nach dir. Und Gruss, vielen Gruss. Unterlasse es doch nicht, mir einen Brief zu schicken. Und dieses ist dein Kind, daran ist kein Zweifel, bis aufs Kleinste ist es dein Ebenbild.

Ich habe die Nachricht erhalten, dir sind zwölf Schafe verloren gegangen, ist es wahr oder ist es nur ein Gerede der Leute? Und Gruss.

Und geschrieben hat den Brief die Frau des Ramathan, die Dienerin des Herrn Muawiya, Sohn des Abubakari des Muawiyi am Datum Donnerstag den 4. Tag des Monates Ramathan im Jahre 1307.

XLII.

Ein Absageschreiben. Aus Wito.

Ila jenab ilmuhebb ilakram Jusuf. Hadak Allahu. Ama baadu hukuarrifu[1] huyu hadimu yako Hamadi Ambari umeozca kiyakazi kwangu Mizibani. Hapiti wala hana kula wala hana nguo. Nimekushitaki, na niwate[2] kula na nguo; au kwamba hana. Na mtu wangu ni huyu Muhammadi bin Khamisi. Namburai[3] mahari ao wate isaalo huyu. Nami kwangu nimekwisha, hapana maregeo. Na mahari yake ni reale kumi. Wasalaam. Wa katabahu ilbarua Sharifu bin bwana Makami ilAwi.

[1] vergl. Br. XXXVIII.   [2] *niwate=niache.*   [3] *namburai=sitaki.*

UEBERSETZUNG.

An seine Wohlgeboren den geliebten, den sehr geehrten Joseph. Es leite dich Gott.

Und danach theile ich dir mit: dieser dein Knecht Hamadi Ambari hat ein Mädchen bei mir in Misibani verheirathet. Er kommt nicht vorbei, auch hat sie nichts zu essen, noch zu trinken. Und ich klage nun bei dir, er möge mir Kost und Kleider lassen, oder er hat nichts. Und mein Mann ist dieser Muhammed, Sohn des Khamisi. Und ich will nichts von dem Brautschatz oder es lasse dieser, was er gethan. Und ich an meinem Theil bin fertig, da ist keine Umkehr. Und ihr Brautschatz sind zehn Thaler. Und Gruss. Und geschrieben hat den Brief Sharifu Sohn des Herrn Makami, der Awi.

XLIII.

Bericht über einen Angriff der französischen Flotte auf Angazidya.
Von ebendaselbst.

*Alija¹ saade w'addestur ilafham wa sham irrajel Cl. D.
Wa baada: waraka wako umewasili, tumesoma, tume-
fahamu yaliomo yote. Walakin khabari ya huku Angazija:
Wafransa wamekuja, wametupiga kwa mizinga, wamevunda
majumba, wameua watu. Marra ya kwanza wakataka sharti
sisi tuwe katika taa ya Ali wa Omari, kiisha tuandikie makatibu ya kuwa wao. Tumekataa, wakaenda zao. Ali wa Omar
akafanya vita kwenda nazo Bajini kumpiga Hashim bin Sultan
Ahmed, naye Hashim akamshinda Ali akamfukuza hatta Mroni,
wakafa watu kathawakatha² wake. Ali wa Omar akaingia
katika ngomeni: Ali akapeleka khabari Mayote, zikaja marikebu
Shindini bandari ya Hashim, zikapiga mizinga ya makombora
mengi mno haina adada. Akamtaka Sultani Hashim asimpate.
Akaenda zake. Ndipo Sultani Hashim akatuma shemegi yake
Alawi bin Muhammed kuja Unguja kwa Konsul iddashimani³
kutaka urafiki kwa watu Wadashi na kutaka hamani yetu
kwao. Khalafu akarudi yeye Alawi pamoja na mzungu daktari
S., tukathani ya kuwa yeye na wewe ni watu wamoja, na mradi
wetu ni kutaka hamani⁴ kwenu. Tukathanni maneno yake thabiti.
Tena hutosha. Ndipo tukatia mikono yetu katika makatibu ya
Hashim, ama mimi Fumu wa Muhanda na Haji Nufum na
Mafume wa Majwani, na Mbafume wa Bwana sote. Wakili
wetu ni wewe D., sote na mawaziri, tokea wakati niliokuja
Unguja mimi na Haji na Hamadi wa Mashangama na Mu-
hamadi Saidi na Said bin Ali na Saleh bin Bwana tume-
kuwakili utufanyizie urafiki kwa Sultani mkubwa wa Dashi.
Bassi, tulipoona huyo daktari, tukathanni, atoka kwenu, maneno
yake thabiti. Ndio maana tukakiri, akaweka bendera Bajini.
Na sasa imekuwa khalafu. Wala yeye labuda si Dashi, kwani
twasikia Dashi ni watu wa kweli, wa na nguvu sana, hawakubali
kuniwa na mtu. Bassi tu na Mfransa, amekuja amekata bendera
yake kwa risasi, ameweka yake, amemchukua Sultan Hashimu*

na Alawi kwenda wafungwa. Nasi tumekimbia tumeingia
mwituni, hatta sasa wanatutafuta. Wafransa wameingia mji
wa Fumboni hatta hatta Fungu killa kitu. Wameshusha asikari
themani mia kupigana. Nasi hatuwezi pigana na Wafransa,
wameingia mji wa Fumboni, na merakebu huvunzia bahari tusi-
pate kusafiri. Hiyo ndio khabari yetu. Na sasa hatu na mtu
illa wewe. Weye ndio wakili wetu sote wafalume pamoja na
mawaziri wetu Ahmed bin Mashangama, Muhammed Saidi
na Bajini vivyo na Hashimu amutakia shifa kwao Wafransa
ao waje naye kwake. Ama sisi Mfransa hatutaki kuweka
bendera katika nchi yetu abadan. Wala tena hatutaki khabari
ya kwenda nakurudi. Kwani maneno kweli. Na ije marikebu
na mtu upesi atudirike, kwani tunao ogofya, illa hatutaki Mfransa.
Wala hatuna kiume. Maneno ni hiyo, tena umesikia, wewe ni
mtu wakili.

Tarikh 26 fi jemad ilakher 1304. Allah Allah.

(*L. S.*)

¹ Es sind hier eine Anzahl hochtönender aus dem persischen,
arabischen u. s. w. stammender Ehrentitel vorangeschickt.
² *katha wa katha*, arabisch, wörtl.: wie diese und wie diese,
wird für: viel gebraucht. ³ Dies Wort ist aus *german* verstümmelt.
⁴ Im Text steht wohl durch einen Schreibfehler nur *hama.*

UEBERSETZUNG.

An den erhabenen u. s. w. Herrn Cl. D.

Und danach: Dein Brief ist angekommen, wir haben ihn
gelesen, wir haben, was darin stand, alles verstanden. Aber
die Nachrichten von hier, von Angazidja (sind diese): Die
Franzosen sind gekommen, sie haben uns. mit Kanonen beschossen, sie haben die Häuser zerstört, sie haben die Menschen
getödtet. Das erste Mal verlangten sie, wir sollten durchaus
uns in den Gehorsam des Ali Omars Sohn begeben, zuletzt: wir
sollten Schriften unterschreiben, dass wir die ihrigen wären. Wir
haben es abgelehnt, da gingen sie ihre Wege. Ali des Omar
Sohn sammelte (dann) Kriegsschaaren, um mit ihnen nach Bajini
zu gehen um den Haschim den Sohn des Sultans Ahmed zu

schlagen. Aber er, der Haschim überwand den Ali und verfolgte ihn bis nach Mroni, dabei fielen viele Leute. Ali Omars Sohn zog sich in die Burg zurück. Ali schickte Botschaft nach Mayotte, und es kamen die Schiffe (der Franzosen) nach Schindini, dem Hafen des Haschim, und sie beschossen ihn mit sehr vielen Granaten ohne Zahl. Und er (d. h. der Franzose) suchte nach dem Sultan Haschim, aber er bekam ihn nicht; und er ging seine Wege. Deswegen sandte der Sultan Haschim seinen Schwager Alawi den Sohn des Muhammed nach Sansibar zu dem deutschen Konsul, und er suchte nach Freundschaft mit den Deutschen und wollte Schutz für uns bei ihnen. Danach kam er, der Alawi, zurück zusammen mit einem Europäer, dem Doctor S., und wir dachten, er und du, ihr wäret zusammengehörende Leute, und unser Wille war, von euch Schutz zu begehren. Und wir dachten seine Worte wären zuverlässig, ferner genügende. Deshalb haben wir unsere Unterschrift unter die Schrift des Haschim gesetzt, nämlich ich Fumu des Muhanda (Sohn) und der Hadji Nufum und Mafume des Majuani (Sohn) und Mbafume des Bwana (Sohn), wir alle. Unser Vertreter bist du, D., von uns allen und den Wesiren, seit der Zeit dass ich nach Sansibar kam, ich und Hadji und Hamadi des Maschangama (Sohn) und Muhammed Saidi und Said Sohn des Ali und Saleh Sohn des Buana, haben wir dich zu unserm Vertreter bestellt, dass du für uns Freundschaft machest mit dem grossen Herrscher der Deutschen. Nun gut, als wir jenen Doctor sahen, dachten wir, er käme von euch und seine Worte seien zuverlässig. Das ist der Grund, warum wir zustimmten, und er zog in Bajini die Flagge auf. Und jetzt ist es hinterher (so) geworden. Aber vielleicht ist es kein Deutscher, denn wir haben gehört die Deutschen sind die Leute der Wahrheit, sie haben grosse Gewalt, sie wollen niemanden betrügen. Und jetzt haben wir den Franzosen, er ist gekommen, er hat seine (des Dr. S.) Flagge mit Kugeln weggeschossen und hat seine aufgepflanzt, hat den Sultan Haschim und Alawi gefangen mitgenommen. Und wir sind entflohen und haben uns in den Wald zurückgezogen, und noch jetzt suchen sie nach uns. Die Franzosen sind in die Stadt Fumboni eingezogen, bis nach Fungu überall. Achthundert Soldaten haben sie gelandet um (mit uns) zu fechten. Und wir können nicht mit den Franzosen Krieg führen, sie sind in die Stadt Fumboni eingezogen und die Schiffe halten die See blockirt, so dass wir nicht reisen können. Und das sind unsere Nachrichten. Und jetzt haben wir niemand als dich. Du bist unser Vertreter, von uns allen, den Fürsten zusammen mit unsern Wesiren Achmed Sohn des Maschangama und Bajini ebenfalls, und für den Haschim wünscht er Beistand gegen die Franzosen oder er möge zu ihm kommen. Ferner wir wollen nicht, dass der Franzose seine Fahne in unserm Lande jemals aufziehe. Desgleichen wollen wir nicht (bloss) Nachrichten vom gehen und wiederkommen. Denn die Worte (sollen) Wahrheit (sein). Und es möge ein Schiff schnell kommen und ein Mann der uns zurecht bringe, denn wir fürchten uns. Aber den Franzosen wollen wir nicht. Jedoch wir haben keine Kraft. Das sind die Worte. Nochmals: du hast es gehört, du bist (unser) Vertreter.

Datum d. 26. im Monat Jemad ilakher 1304. Um Gottes willen.

(L. S.)

XLIV.

Dieser Brief ist von Angazidya und betrifft denselben Angriff der Franzosen, wie der vorige.

Bism Illah irrahman irrahimi!

Ila jenab ishshekh ilmuhebb ilaziz ilakram ilmukarram ilahsham innasih endna ilakh Abdallah bin Wezir bin Mauzimillah. Salamahu Allah taala, inshallah. Salaam aleik wa rahmet Ullahi wa barakatuhu. Wa ama baado nakuarifu, ya kwamba Mfransa wamekuenda Angazija, amewatwaa sultani Hashim na sultan Abdallah na said Bakari. Wamewapeleka Mayote, ametiwa chomboni Hashim. Amekataa kutia sahihi kiria. Na said Bakari wametia mikono, Hashim amefungwa. Ndio khabari. Nami nimekuletea nyaraka katha wa katha; nami ruguye[1] siwakufutia[2] baba yako na mama yangu, mtu ruguye na jumba wangu Ali bin Mauzimillah.

Wa katabahu Muhammed bin Jusuf bin Sleman. Min sheher jemad ilauwal.

Der arabisch geschriebene Text dieses Briefes giebt genau die Orthographie der von einem Angazija-Mann angefertigten Abschrift des Originals. Wieviel von dieser Orthographie auf den Abschreiber, wieviel davon auf das Original kommt, kann ich nicht beurtheilen.

[1] *rugu = ndugu.* [2] *siwakufutia* ich habe sie nicht weggeführt, gesichert. Man beachte die Form statt *sikuwafutia.*

UEBERSETZUNG.

Im Namen Gottes des Gnädigen, des Barmherzigen.

An Seine Wohlgeboren den Schech den geliebten den sehr geehrten u. s. w. den bei uns anerkannten Bruder Abdallah Sohn des Wésir Sohn des Mausimillah.

Es behüte dich der allerhöchste Gott, wenn Gott will. Friede sei über dir und die Barmherzigkeit Gottes und sein Segen. Aber danach: ich theile dir mit, dass der Franzose nach Angasidja gekommen ist, er hat den Sultan Haschim und den Sultan Abdallah und den Said Bakari weggenommen. Sie haben sie nach Mayotte gebracht. Haschim wurde auf ein Fahrzeug gebracht. Er weigerte sich sein „richtig, einverstanden" hinzuzusetzen.[1] Und Said Bakari hat unterschrieben. Haschim wurde gefesselt. Und ich habe dir viele Briefe geschickt. Und ich sein Bruder ich habe deinen Vater und meine Mutter nicht in Sicherheit bringen können, seinen Bruder und meinen Hausgenossen (?) den Ali Sohn des Mauzimillah.

Und geschrieben hat es Muhammed Sohn des Jusuf Sohn des Sleman. Vom Monat Djemad il auwal.

[1] Zu dem vorgelegten Vertrage.

XLV.

Berichtet über einen vermissten Mann, der ermordet aufgefunden
wurde. In Sansibar von einem Comorenmanne geschrieben.

*Ila shekh ilmuhebu ilazizi ilakrami ilmukaramu ilahshami
cudna Beja ilwazir. Salamahu Allah taala insha Allah.
Salaam alcik wa rahmat Ullahi wa barakatuhu wa azika
tahiyahu. Wa baadu nakuarifu hali yangu jema wa thama na-
we kuwa kazalika ilafya; ilhamdu Illlahi rabb ilalamina.
Wa ama baadu nakuarifu siku aliyotoka Abdallah Mdukha bin
Ju uf amepotea siku sabaa. Wangazija wameruka kumtaka
kwa said Ali. Naye amconckana aida sitaka pake kuti nusuru.[1]
Wale mkononi kwa daktari S. anakuja Saadani. Wa katabahu
Haji bin Mualamu. Amekusalimu Salih bin Weziri. Salamu.*

[1] Diese Worte kann ich nicht erklären.

UEBERSETZUNG.

An den Schech den geliebten, den theuern, den sehr geehrten u. s. w. unsern Bruder Beja ilwasir. Es behüte ihn Gott
der Allerhöchste, wenn Gott will.

Friede sei über dir und die Barmherzigkeit Gottes und
sein Segen und er gebe dir langes Leben. Und danach theile ich
dir mit: Mein Zustand ist gut und mögest du von gleicher
Gesundheit sein. Lob sei Gott dem Herrn der Welten. Und
danach theile ich dir mit: An dem Tage, an welchem Abdallah
fortging, ist Mdukha Sohn des Jusuf für sieben Tage verloren
gegangen. Die Angasidjaleute sind losgesprungen ihn von Said
Ali zu fordern. Und er kam danach zum Vorschein . . . .
Jene sind in der Hand des Doctor S. Er ist nach Saadani gekommen. Und geschrieben hat es Hadji Sohn des Mualamu.
Es lässt dich grüssen Saleh der Sohn des Wasir. Gruss.

XLI.VI—LII. Geschäftspapiere, Schuldscheine, Verkaufs-
urkunde, Heirathscontract, Bescheinigung über geleistete Zahlung.
Die meisten dieser Schriftstücke stammen aus Bagamoyo und Um-
gegend. Es ist mir nicht möglich gewesen mehr in die Hände
zu bekommen. Doch möchten schon diese wenigen Blätter manche
neue Aufschlüsse über das geschäftliche Leben der Eingebornen
Ostafrikas zu bringen im Stande sein, da ähnliches meines Wissens
noch nicht publicirt ist.

XLVI.

Schuldschein über einen geliehenen Sclaven, in ungefüger Schrift
und Sprache (aus der Gegend von Bagamoyo).

*Khati yangu Sukini bin Ghughudu kabila Mfimbizi ina
aleihi:[1] Nimeandikia Shabusu bin Bazifinga: Ananiwia mtumwa
mke wa ama mume, na rahani[2] nafsi yangu na killa kazi
kwake bila hesabu. Dhamana[3] mimi Mudiri bin Mpira, dhamana gharimu,[4] rahani yakifa yakikimbia; mali lazima kwangu
muda mwaka kusalimu mtumwa. Shahidi Mangati bin Kibafu
kabila Mukenga. Wa katabahu diwani Fimbombili bin diwani Dusi.*

Tarikh nahar 28 muharram 1300.

    [1] *ina aleihi* arab. wörtl. dass auf ihm.   [2] *rahani* Pfand.
[3] *dhamana* Bürge.   [4] *gharimu* zur Zahlung verpflichtet.

UEBERSETZUNG.

Meine Handschrift (nämlich) des Sukini Sohn des Ghughudu, aus dem Stamm Ufimbizi, zu seinen Lasten. Ich habe

11*

für den Schabusu Sohn des Basifinga geschrieben: Er hat
mir einen Sclaven oder eine Sclavin geliehen, und Pfand bin
ich selbst mit jeglichem Geschäft ohne Anrechnung.[1] Bürge
bin ich Mudiri Sohn des Mpira. Der Bürge ist zahlungspflichtig,
wenn das Pfand stirbt oder wegläuft. Es ist nothwendig mir
das Gut nach der Zeit eines Jahres (wiederzugeben), den Sclaven
abzuliefern. Zeuge ist Mangati, Sohn des Kibafu vom Stamme
Mukenga. Und geschrieben hat es der Rathsherr Fimbombili
Sohn des Rathsherrn Dusi.
Datum den 28 Tag des Muharram 1300.

[1] Der Schuldner will eventuell die Schuld abarbeiten.

XLVII.

Schuldschein in ähnlicher Sache, wie er von gebildeten Leuten,
die recht deutlich schreiben wollen, ausgestellt werden würde.

Bismika ya Karim.

*Nimekiri nimekubali mimi ilhakir ila rabbihi Sukini bin
Ghughudu Mfimbizi kwamba nina hakki ya Shabusu bin Bazifinga, kwamba yeye ananidai mtumwa mwana'me ao mwanamke;
na rahani mimi nafsi yangu, na kwa killa kazi yake mimi ni
mtu wakufanya bila hesabu, hatta tuishe hoja hii mimi naye,
na muda wetu miaka mitatu kumkabithi mtumwa mwana'me
ao mwanamke. Na damini Mdira bin Mpira naye damini
gharim katika hoja hii; nendapo nikifa ama nikiugua ama
nikitoroka ama nikisafiri, Mdira bin Mpira damani katika hoja
hii. Nimekiri nimekubali nafsi yangu mimi Sukini bin Ghughudu Mfimbizi. Tarikh jom 28 Muharram sene 1300.*

*Nimekiri kwamba damini gharimu Fulani bin Fulani
katika hoja ya Fulani bin Fulani.*

*Mimi ilhakir Fulani bin Fulani nimeshuhudia mimi jumbe
Fulan bin Fulan.*

Innahu sahihi thabiti min el Wali Fulan bin Fulan bijedihi.

UEBERSETZUNG.

In deinem Namen o Gütiger.

Ich habe es anerkannt: Ich, der vor seinem Herrn geringe Sukini Sohn des Ghughudu Mfimbisi, ich erkenne an, dass ich in der Schuld des Shabusu Sohn des Basifinga bin, nämlich er hat von mir einen Sklaven oder eine Sklavin zu fordern. Und Pfand bin ich selbst, und bei allen seinen Geschäften bin ich derjenige, der es ohne Anrechnung thun (muss), bis wir, ich und er, mit diesem Geschäfte fertig sind. Und unser Termin sind drei Jahre, ihm den Sklaven oder die Sklavin zu übergeben. Und Bürge ist Mudira Sohn des Mpira, und zwar ist er zahlungspflichtiger Bürge in dieser Sache; wenn ich fortgehe, wenn ich sterbe oder wenn ich krank werde oder wenn ich weglaufe oder wenn ich wegreise, so ist Mudira Sohn des Mpira Bürge in dieser Sache. Ich habe es anerkannt ich selbst Sukini Sohn des Ghughudu Mfimbisi. Datum am 28 Tage des Muharram 1300. Ich habe es eingestanden, dass ich zahlungspflichtiger Bürge bin N. N. Sohn des N. N. in der Sache des N. N. Ich der geringe N. N. Sohn des N. N. ich bezeuge es, ich der Graf N. N. Sohn des N. N. Dass dieses richtig, Bestätigung von dem Wali N. N. Sohn des N. N. mit eigener Hand.

XLVIII.

Bescheinigung, dass N. N. sein Grundstück an den genannten Neubesitzer verkauft hat. In ungefüger Schrift und Sprache. Aus der Gegend von Bagamoyo.

Khati yangu diwani Ngendaika bin diwani Sigamba ina aleihi: Nimeandikia Shabusu bin Bazifinga: nimemuliza shamba Badari[1] kwa reale tano fetha; ilmaghribi jirani binti mwenyi Kondo bin Mbaranguru, ilmashariki jirani nakhodha Mtwana

hadim ya Liko. Hapana mtu wa kumtaaradiya [2] *kwa ajiri* [3]
ya shamba. Wa katabahu diwani Fimbombili bin diwani Dusi.
Tarikh nahar 2 ilkaada sene 1299.

[1] **Badari** (Vollmond) Name des Grundstücks.　　[2] *taaradiya*
hindern, Einspruch erheben.　　[3] *kwa ajiri = kwa ajili* wegen.

UEBERSETZUNG.

Meine Handschrift nämlich des Rathsherrn Ngendaika Sohn
des Rathsherrn Sigamba, zu seinen Lasten: Ich habe es für
den Schabusu Sohn des Basifinga geschrieben. Ich habe ihm
das Landgut Badari für fünf Thaler Silber verkauft; im Westen
ist Nachbar die Tochter des Herrn Kondo Sohn des Mbaranguru,
im Osten ist Nachbar der Kapitän Mtwana Knecht des Liko.
Es ist niemand vorhanden um gegen ihn in Betreff dieses Land-
gutes Einspruch zu erheben. Und geschrieben hat es der Rathsherr Fimbombili Sohn des Rathsherrn Dusi.

Datum am 2 Tage des ilKaade im Jahr 1299.

—————— -

XLIX.

Schuldschein über einen geliehenen Sclaven.

Khati yangu Sidi bin [1] *Kerubi ina alcihi: Nimeandikia
Shabusu bin Bazifinga Mlubungi: aniwia mtumwa nakawa
kijakazi wa ama kitwana nakawa, na rahani nafsi yangu na
killa kazi kwake bila hesabu, rahani makbuthu, muda miaka
milatu kusalimu mali. Dhamani Mtwa bin Bazi Shiriri.
Shahidi mwenyi Hamisi bin Ditira. Wa katabahu diwani
Fimbombili bin diwani Dusi.*

Tarikh nahar 16 sheher Shaaban sene 1301.

[1] بِن ist *bün* oder *bin* zu sprechen. wie كُلَّ *külla* oder *kil'a.*

UEBERSETZUNG.

Meine Handschrift nämlich des Sidi Sohn des Kerubi, zu seinen Lasten: Ich habe es für den Shabusu den Sohn des Basifinga Mlubungi geschrieben: Er hat mir eine tadellose, junge Sclavin oder auch einen tadellosen Jungen geliehen, und Pfand bin ich selbst mit jeder Arbeit ohne Anrechnung, also Faustpfand, in Zeit von drei Jahren ist das Besitzstück abzugeben. Bürge ist Mtwa Sohn des Basi Schiriri. Zeuge ist der Herr Hamisi Sohn des Ditira. Und geschrieben hat es der Rathsherr Fimbombili Sohn des Rathsherrn Dusi. Datum den 16 Tag des Monats Schaaban im Jahr 1301.

L.

Heirathscontract. Der Ehemann verpflichtet sich seine Frau nicht mit sich auf die Reise zu nehmen. Thut er es doch, so hat er damit die Scheidung seiner Frau ausgesprochen. Ebenso soll die Frau als geschieden gelten, wenn es sich herausstellt, dass der Mann Sclave ist. Aus Bagamoyo.

Khati yangu mimi Halfani bin Mangulmani kabila Muhehe: Nimeandikia Kalapaka bin Lungumi: Ananioza nduguye; si na ithini ya kumchukua mke kwenda nayo kwetu, ila mke huyu atakaa hapa zamani. Nitakapo kumchukua mke talaka. Shahidi mwenyi Muhammad bin iddiwani Dusi. Wakazalik shahidi mwenyi mkuu Antakaye bin iddiwani Jutukuu. Na khati ikirari yangu mwenyewe Halfani ben Mangulmani. Betarikh 21 Safar senne 1305.

Wa kathalika na zamani yatokeapo bwana wangu kama ni mtumwa, mke talaka. Tamat.[1]

[1] *tamat* arab. es ist fertig, abgemacht. Beliebtes Schlusswort.

UEBERSETZUNG.

Meine Handschrift nämlich des Halfani Sohn des Mangulmani nach Abstammung ein Muhehe. Ich habe es für den Kalapaka Sohn des Lungumi geschrieben: Er hat seine Schwester an mich verheirathet, ich habe keine Erlaubniss die Frau mitzunehmen und mit ihr in meine Heimath zu gehen, sondern die Frau wird immer hier bleiben. Wenn ich sie mitnehmen will, so ist die Frau (damit eo ipso) geschieden. Zeuge ist der Herr Muhammed Sohn des Rathsherrn Dusi. Und gleicher Weise ist Zeuge der Herr Antakaje Sohn des Rathsherrn Djutukuu. Und die Handschrift ist mein eigenes, des Halfani Sohn des Mangulmani, Zugeständniss. Datum den 21 Safar im Jahre 1305.

Und gleicher Weise und jeder Zeit, wenn mein Herr erscheinen sollte, (nämlich) dass ich ein Sclave bin, ist die Frau geschieden. Abgemacht.

Anm. Man sieht hieraus, wie vorsichtig sich die schwarzen Leute in Ostafrika verklausuliren, wenn ein Fremder, über dessen Vergangenheit und Zukunft man nicht ganz sicher ist, eine Verwandte heirathen will.

LI.

Bescheinigung, dass ein Erbtheil ausgezahlt ist. Zanzibardialect.

Bism Illah irrahmani irrakhimi.

Nimeshuhudia kwamba Abdijalla Muhammed ilBulushi imetwaa hakki[1] yake alioacha ndugu yake aliokufa mulla Mahamudu bin Abdirrashid ilBulushi katika mkono wa Maddi Khan bin Muhammad ilBulushi, wala haikubaki hakki kwake ya kumdai. Nimeshuhudia kwamba akampa hakki yake yote. Ameandika maskini wa Muungu Zahor Sleman bin Muhammad bin Ali Albusaidi kwa mkono wake katika siku mwezi tatu mlisho mwaka 1299 bijedihi.

[1] *hakki*, alles was einer rechtmässiger Weise zu fordern hat: Lohn, Schuld, hier das Erbtheil.

UEBERSETZUNG.

Im Namen Gottes des Gnädigen des Barmherzigen.

Ich habe es (hiermit) bezeugt, dass der Beludsche Abdidjalla Muhammed seinen ihm rechtmässig zukommenden Antheil, den ihm sein verstorbener Bruder der Beludsche Mulla Muhammed Sohn des Abdirraschid hinterliess, aus der Hand des Beludschen Maddi Chan Sohn des Muhammed, entnommen hat. Und es ist nichts von seinem Antheil zurückgeblieben, was er noch einfordern könnte. Ich habe es bezeugt, dass er ihm alles, was ihm zukommt, gegeben hat. Es hat es geschrieben der Arme Gottes Sahor Sleman Sohn des Muhammed Sohn des Ali der Albusaide mit seiner Hand am dritten Tage des Monats Mlisho im Jahre 1299 eigenhändig.

LII.

Formular eines Creditbriefes.

Bemanehi Allah taala.

Min Zenjibar.

Min Fulan bin Fulan.   *Ila nahwi jenab Fulan bin Fulan. Amefika kwako Fulan bin Fulan amehawali kwetu hawala kaza wa kaza wa tafadhal mkabithi kiasi kaza wa kaza. Betarikh nehar kaza wa kaza sene kaza wa kaza. Sahihi min Fulan bin Fulan.*[1]

[1] Wörtl. „richtig" (dies rührt her) von N. N.

UEBERSETZUNG.

Durch die Güte des allerhöchsten Gottes.

Von Sansibar.

Von N. N. Sohn des N. N.   An die Firma von seiner Wohlgeboren des N. N. Sohn des N. N. Es ist N. N.

der Sohn des N. N. zu dir gekommen, er hat bei uns einen Wechsel über so und soviel entnommen, und bitte lass ihn den Betrag von so und soviel empfangen. Datum den und den Tag, das und das Jahr. Für richtig befunden von N. N. Sohn des N. N.

Rechnung eines Banianen über gelieferte Zeuge, in suahelisirtem Arabisch abgefasst.

Hauwal thalik themani korjat rikoi banyai	29
lihaki themani korjat barasati nagina	44
lihaki themani korjat barasati[1] sarīr abu fatakain[2]	44
lihaki themani korjat tauziri Kach sariri	40
lihaki korjatēn kaniki wastani	57
lihaki khamsa korjat kaniki pagazi	39
lihaki korja kaniki kipini bamba kisua	15½
lihaki 30 toka[3] ulaiti kabimbi mali pagazi	35

lihaki = auf die Schuld vergl. Br. 50. Was die Zahlen bedeuten, ob Thaler oder Rupien ist nicht angegeben.
[1] Zu ergänzen ist *babu*. [2] In Doppellagen. [3] *toka* arabisch für *gora* (ein Stück Zeug c. 30 m).

UEBERSETZUNG.

Zuerst solchergestalt acht Kordja Banyanen-Lendentuche	29
für Rechnung acht Kordja Barasati nagina	44
für Rechnung acht Kordja Barasati sarir abu fatakeen	44
für Rechnung acht Kordja Tausiri Katsch sariri	40
für Rechnung zwei Kordja Wastani Blaudruck	57
für Rechnung fünf Kordja Träger-Blaudruck	39
für Rechnung eine Kordja Kipini bamba kisua Blaudruck	15½
für Rechnung 30 Stück. Ulaiti Kabimbi, Trägergut	35

Geographisches und Ethnographisches. Beschreibung von Usango, Ruemba und andern Reichen im südwestlichen Theile von Deutsch-Ostafrika.

Mimi nalikwenda barra ya Usango kwa Sultani Mirere. Nami nimechukua mali kadri ya reale khamsa mia. Na watu wengine tumefuatana safari moja. Nikawasili Usango katika milki yake Mirere. Milki kuu mno ya ajabu na nti yake njema, haina magonjwa, ina afya sana, na nti yake haina mwitu, nyeupe, mtu ajapokuwa mwendo wa saa tano utamwona, haina majani. Na mtu ajapokuwa hawezi sana, akienda huku hupona. Nayo nti yake maji tele, na riziki ya vyakula nyingi sana. Na wao hupenda wageni sana, hawana shari nao. Wanatoa vitu sana kuwapa wageni. Ujapokaa miaka kumi kamma huna kitu watakupa chakula, huna hesabu.

Na wao mno wapenda nguo zao kaniki na ushanga ufungenjara na mojo vipia na maguu ya uzige, hiyo ndiyo namna wanaoipenda: Na mno wao huvaa ushanga, wake kwa waume. Na waanawaume wanakwenda utupu, hawavai nguo, na waanawake akiwa kijana, hajavunda ungo, hataki nguo, huenda utupu. Na kula mbegu ya chakula iko: mtama, mhindi, mboga, mawele, ulezi, kunde, mbazi, choroko, maherangi, sawawa, viazi, kulla kitu kiko.

Na biashara ya pembe tele na ngombe wa mji wengi mno, mtu maskini apata ngombe arbamia.[1] Na hawo wanaokaa nti[2] ya sultani ghalibu wao hawalimi; shughuli yao vita. Wanaolima waanawake na watu wazima anayokuwa mzee hawezi kupigana, hawo hulima. Na nti hiyo mgeni, ajapokuwa miaka mia, hutamwona mtu kushika selaha kukuelekeza wewe mgeni. Kwao vibaya vikubwa mno watu walio milkini mwake kuelekezana kwa selaha. Tena, afanyayo khabari hiyo, hutoa mali mengi akampa sultani na baado akapata adabu.

---

[1] Diese Angabe ist nicht misszuverstehen. Es handelt sich hier offenbar nicht um Angabe des Besitzes von Sclaven und Arbeitern, sondern der freien Bauern, von denen niemand weniger als 400 Rinder hat. [2] *nti—nchi—chini* unter.

Na wao hawajui kusoma wala hakuna malim kwao, hawana wanalojua jema wala baya, hakuna neno wanalokiwaza ila vita. Na mtu anayokufa haifi bigheiri ya vita, kuao huna khasara walakin mtu akafa vitani fakhari[1] kubwa mno; issifa yake husifiwa zaidi ya miaka arbain.

Hakuna walichokiona bora kupita ngombe; astahabu kumpigia mtoto wake kamma kumpigia ngombe wake. Na wao ngombe wanalala nao pamoja majumbani, kwa ginsi wanao waona bora.

Na wao wakienda vitani, sultani hawambia raya zake, ya kamma nakuenda pigana mhali fulani; huwaambia mkutano mhali fulani, kamma ataka kuenda kupigana, kunakotokea jua upande wake ulio makhasimu zake, wao huwelekea upande unakokuchwea jua; walakin maraya wote hawajui wanayokwenda mpiga, hiyo ndiyo sirri ilioko. Wa baado akiondoka kuna madege mutupus[2] humfuata sultani na jeshi yake, watu wanakwenda chini na ndege wanaruka kwa juu; na hayo madege, akiuawa mtu, ndege hula watu wanaokufa; na wao hawakimbii watu, wala watu hawathubutu kuwapiga; imepigwa rufaka sultani, hapana awezayo kuwampiga. Na watu wake wengi sana wapata khamustasher laki. Wa baado na wakti wa kurudi vita wataona ndege kwanza, watajua ya kamma sultani anarudi; wa baado wataona vumbi la watu mwendo wa saa sita. Marra utajua ya kamma vita vinarudi. Na wakati wanaokwenda vitani hapo huvaa nguo hujifunga kiunoni na jokho hizi khafifu huwaa maongoni na ushanga huvaa shingoni, na uselaha zao mikuke mivili wa amma mitatu na ngao ya ngozi ya ngombe.

Alhasil katika barra naliyokwenda tangu Zaramu hatta Kutu hatta Usagara kwa Kiringawana hatta Maruru na Duduma hatta Yanzua hatta Ndiwero wa kwa Manzangara hatta Kimioko sikuona nti nzuri kamma Usango.

Anm.: Es folgt hier eine Aufzählung von einzelnen Orten und Landschaften, deren Namen zum Theil in der Handschrift nicht völlig zu entziffern waren. Es ist deshalb hier eine Lücke im Text gelassen.

[1] *fakhari* Stolz, Ruhm.   [2] *mutupus* wohl eine Art Geier.

Hiyo ndiyo maarifu ya milki yake. Wa baado, raya zake hapana awezayo kuuza pembe hatta ijapokuwa man¹ mbili, hapana rukhsa. Na auzapo pembe, akapatikana khabari na sultani, hupeleka askari akaenda akamwita. Likatolewa jiwe lipatalo frasila, likapigwa moto hatta likawa jekundu akafungwa. Khalafu akawekwa kichwani akaugua hatta akafa. Hiyo ndiyo hukumu ya mtu anayokuuza pembe.

Wa baado, kama mvua imekawia kunyisha katika milki yake, huenda mawaziri wakubwa wakamwambia sultani, ya kamma nchi haina mvua, majani hamna, hapana; wanayofanyiza hivi kukataza mvua ni hawa wazee wanayokawia kufa; ndio wanayokataza mvua, wanataka ngombe wafe; na majani hamna, ngombe wanakula mchanga. Bassi huitwa wazee wote wakapewa mwahi, kamma wamefanyiza uchawi kukataza mvua hakika. Wakiisha kunywa mwahi, huanguka marra hufa. Wa ama hawakufanyiza huanguka mudda wa saa na huko wanatapika, khalafu hupewa dawa yakupoa; wakiisha kunywa marra utaona wakaondoka.

Wa baado kama khabari yakulima, wakati wa mwaka kulla mji lipo shamba lake sultani, hulima raya kasid shamba lake. Hapana asiomlimia sultani, wote hulima. Ajapokuwa nduguye wa mama moja hulima, hapana asiolima, illa sultani nafsi yake na wakewe, hawo ndio hawafanyizi kazi. Wa baado wakati wa vyakula vikawivia², hapana atakayoweza kwenda kulimbua katika shamba lake, illa kwanza wende katika mashamba yao wakavunje mhindi watie katika vikapo wapeleke kwa sultani. Na kadri kilicho shamba kilichowivia wapeleke kwa sultani. Ndipo na wao waweze kula; wa ama kamma hawakufanyiza kamma hivyo hawawezi kufanyiza mingine.

Wa baado kamma wamekwenda vitani wakakimbia raya zake, huuliza upande gani waliokwanza kuvunjavunja, na upande huu walikuwa wa mahali gani, alikuwa akida gani, hatta watu wakavunja upesi kabla ya wenzi wao. Maana roho zao wanaziona bora sana kupita wenzi wao. Akamjua, bassi. Wakarudi mjini, watu hao wakapewa nguo za waanawake, na

---

wao chakula hupakuliwa chini kamma mbwa, hupewa na majumba wakijenga huchukua na mawe yakusagia, ndipo adabu yao.

Wa baado kamma mtu anataka kuoa mke, huenda katika mji kutembea hatta akaona mwanamke mzuri mhali aliompendeza. Huuliza yule mwanamke, mtoto wa nani. Akamjua wazee wake, huenda kwa sultani akamwambia ya kamma nimeona mwanamke mahali fulani, mwanamke mzuri sana, mtoto wa fulani. Atamjibu sultani kamma wamtaka nenda ukamtwae. Alhasil atawaambia askari wenzi wake, kadri ya watu kumi. Watakwenda wakafika katika niji. Watafikia jumba ya yule mwanamke ya wazee wake. Alhasil watakaa wazumgumze kwa ujanja. Na wale hawana khabari wazee wa mwanamke hatta khalafu watataka maji kunywa. Ataondoka mwanamke kwenda kuwapa maji wageni. Akileta maji mwanamke akanyosha mkono kuwapa maji, marra mmoja atamkamata. Atapiga makelele. Marra katika watu kumi mawili watamchukua mwanamke. Waliobaki watawazuia mamaye na babaye, maana hawakubali mtoto wao kuondoka. Itakuwa kupigana na kwanza watampiga mamaye mwanamke na babaye, na wao wanapiga kelele watakuja majirani zao kukimbilia kelele wakaja watasimama na fimbo, wapigana hatta wakajua wakati huu wamekwwa mbali mwanamke na jamaa zao.. Khalafu watakwenda mbio hatta assubui wale wazazi wa mwanamke watafanyiza unga wa mtama wa amma mhindi na kuku wapeleke kwa mkwe wao. Hiyo ndiyo tabia yao, hapana kurithi wazee wake mwanamke.

Wa baado nikaenda Ruemba kwa sultani Kitumkuru. Nti yake si nzuri sana, baridi nyingi na vyakula vyao ulezi,[1] hapana kitu chingine na wao wanalima katika mapori mnamo miombo. Lakin hukumu yake kali sana, mtu akaokota pembe hawezi kuuza, na akiuza atauawa. Na mtu mwongo hukata mdomo na pua na mashikio. Na mtu akafanyiza mambo mabaya kwenda kuzini na wakeo hukatwa mboro yake na mikono yake; khalafu akatiwa unga wa ulezi. Na kama imekwenda borini imeokota nyama aliyoyote punda wa mwituni wa amma mbungu wa amma povu aliyokufa, kamma hakumleta kwa sultani huyu adabu yake hutolewa macho yake yote mawili, akawa kipofu. Khalafu

---

[1] **ulezi** eine Art ganz kleiner mawele (Pennisetum).

akiisha kutolewa macho huwekwa katika mlango karibu ya sultani akamsifu. Ni kamma ana nduguze na watoto wake kadiri aliomkhusi wote watakuzua, habaki mtu katika tumbo lake.

Na baado sultani haendi kwa miguu yake, huchukuliwa na watu juu ya mabega, wala raya hamkuzuia sultani na wakitaka kumwamkia huanguka chini wakapiga kofi. Wa baado anapobarizi, hapana anayoweza kutema mate wala kukohoa wala kwenda vyasa. Naye sultani akitaka kukohoa wale maraya walio barzani wote huanguka kwa ginsi wanavyomwogopa. Wa baado akitaka kwenda vitani huchukuliwa na watu juu na ngoma wanapiga akafika vitani; wakipigana huwaambia watu wake, killa mtu humpa mshare mmoja; huwaambia, mshare wangu mnakupa shurti uniletee kichwa cha khasimu yangu, wa ama ulete mshare wangu, ujapokwenda wapi mimi sijui. Na wao selaha zao mishare na vishoka vidogo.

Na wao mtu ajapokuwa emewawa mwendo wa mwezi walikokuenda kupigana, vichwa huchukua katika mji wake sultani. Na wao vichwa huvitia katika matunda, killa tundu vine, wakachukua mpiko watu wawili wawili, hufanyiza miti katikati. Na wakafika mjini vile vichwa huvitundika juu ya boma na vile viti watu wakubwa huvichonga wakatoa vizio wakavitundika boma la ndani karibu yake sultani. Na baado hunuka, hapana awezayo kutema mate, hatta ajapokuwa mungwana watoka pwani.

Wa baado akifa mwenyewe sultani hukaa jumbani mudda wa mwezi mitatu hatta akaoza, na watu tayari askari wanangojea hatta afuje usaha. Na watu wanapangusa usaha[2] na funza kwa mikono. Wanatia katika buyu, hunuka mji mzima. Hapana awezayo kula chakula katika mji nawe huthubutu kutembea hatta yakabaki mafupa matupu. Tena humchukua katika makaburi yao mwendo wa siku asherini yale mafupa, huenda wakatundika. Hiyo ndiyo tabia zao Waruemba. Tamat haza ilkhabar.

Wabaado nikaenda sultani mwengine Wiwa kwa Kawimbi. Nchi yake i na baridi na wao hawana vyakula na nchi yake

---

[1] *ni* wohl verschrieben für *na*.　[2] *usaha* eigentlich Eiter, hier die faulende Flüssigkeit in der Leiche.

ina miti mingi miombo. Nao hulima katika miombo ulezi. Ha-
pana kitu chingine isipokuwa ulezi. Na tabia yao wakati
wa kuwuna uyakula vipya, huchcza ngoma mudda wa siku ar-
bain. Na tena sultani hufanyiza watu kumi, wakacnda kutc-
mbea katika mji wakiona mtu humkamata wakamua hatta wa-
katimia watu sabaa, tena wale watu wakiisha uawa hatta siku
ya mwisho hutwaa mwanzi mkubwa wakafunga vile vichwa wa-
kawitua nje ya mji na ngoma na watu wote katika milki yake
hukutana na mwenyewe sultani huwapo. Khalafu wakiisha
cheza mudda wa saa hurudi mjini. Ndipo wakakusanya uya-
kula vipya kadiri vilivyolimwa wakapika chungu kimoja. Aka-
piwa sultani akala walakin min gheiri yakufanyiza hiuyo sul-
tani hali kitu abadan. Hiyo ndiyo tabia yao.

UEBERSETZUNG.

Ich bin in das Land Usango zu dem Sultan Mirere gereist.
Und ich hatte Güter ungefähr für fünfhundert Thaler mitgenom·
men. Und andre Leute gingen mit uns in derselben Karawane
mit. Und ich kam nach Usango in das Reich der Mirere.
Dieses Königreich ist wunderbar gross und sein Land ist schön.
Es giebt dort keine Krankheiten, es ist sehr gesund. Und das
Land ist ohne Wald, (alles ist) klar, wenn ein Mensch fünf
Stunden gegangen ist, wirst du ihn (noch) sehen. Auch ist
dort kein (hohes) Gras. Und wenn ein Mensch sehr krank ist,
wenn er dort hin kommt, wird er gesund. Und in seinem
Lande ist viel Wasser und sehr viel zu essen. Und sie (die
Einwohner) lieben die Fremden sehr, sie sind nicht feindlich
gegen sie. Sie holen viele Sachen hervor um sie den Fremden
zu geben. Bleibst du auch zehn Jahre, wenn du nichts hast,
so werden sie dir ohne Anrechnung etwas zu essen geben.

Und sie lieben für ihre Kleider den Blaudruck sehr und
an Perlensorten: Ufungenjare und Mojo wipya und Maguu ja
nsige, das sind die Sorten, die sie lieben. Und sie tragen sehr
viel Perlen, Frauen wie Männer. Und die Männer gehen nackt,
sie tragen keine Kleider, und die Weiber, so lange sie jung und
noch nicht mannbar sind, gehen ebenfalls nackt. Und es ist

viel Korn als Speise da: Negerhirse, Mais, Kürbisse, Pennisetum, Ulesi, Bohnen, Erbsen, Linsen, Maherangi, Sauawa,
Bataten, alles ist vorhanden.

Und der Elfenbeinhandel ist bedeutend, und in den Dörfern
sind sehr viele Rinder; wenn einer arm ist, hat er vierhundert
Rinder. Und die unter dem Sultan stehen, die ackern meistens
nicht, ihr Geschäft ist der Krieg. Die, welche den Acker bebauen,
das sind die Frauen und von den erwachsenen Männern, wenn
einer alt ist und nicht mehr in den Krieg gehen kann, solche
bestellen das Feld. Und wenn in dieses Land ein Fremder
kommt, auch wenn er hundert Jahre dort ist, so wirst du dort
keinen Menschen sehen, der eine Waffe gegen dich erhebt.
Das ist bei ihnen etwas sehr schlimmes, für die Leute, welche
in seinem (des Mirere) Reiche sind, gegen einander die Waffen
zu erheben. Ja wohl, wenn einer solche Geschichten macht,
muss er viele Güter hervorholen und sie dem Sultan geben
und darnach beträgt er sich anständig.

Und sie verstehen nicht zu lesen, auch giebt es keine
Lehrer bei ihnen. Sie verstehen weder gutes noch schlechtes,
es ist auch kein Ding. über welches sie nachdenken, als der
Krieg. Auch stirbt bei ihnen niemand ausser im Kriege, bei
ihnen gilt dies als Schade (falls jemand ausser dem Kriege stirbt),
wenn aber jemand im Kriege stirbt, so ist das ein Ruhm.
Sein Lob wird länger als vierzig Jahre lang gepriesen.

Es ist nichts, was sie für vortrefflicher halten, als ihre Rinder;
sie werden lieber ihr Kind erschlagen als ihre Rinder. Und
sie schlafen mit ihren Rindern zusammen in den Häusern,
für so vortrefflich halten sie sie.

Und wenn sie in Krieg ziehen, so sagt der Herrscher
seinen Unterthanen nicht in welcher Gegend man kämpfen
wird. Er pflegt ihnen (nur) zu sagen, da und da ist der Ver-
sammlungsort. Wenn er nach Osten ziehen will, nach der Seite,
wo seine Feinde sind, dann beordert er sie nach Westen. Aber
die Unterthanen wissen nicht, wohin sie schlagen gehen. Das
ist eben das Geheimniss, das dabei waltet. Und wenn er los-
marschiert, so sind die Mutupus · Vögel da, sie pflegen dem
Sultan und seinem Heere zu folgen, die Menschen gehen unten

und die Vögel fliegen oben. Und was diese Vögel anbetrifft,
wenn ein Mensch getödtet wird, so fressen die Vögel die ge-
tödteten auf; und sie laufen vor den Menschen nicht weg,
noch wagen die Leute sie zu schlagen, es würde (sonst) ein
Freund des Sultan geschlagen werden, es ist niemand, der ihn
schlagen darf. Und seine Leute sind sehr viele, fünfzehn mal
hunderttausend. Und danach, zur Zeit, wenn das Kriegsheer
zurückkehrt, wird man die Vögel zuerst sehen, dann wird man
wissen, dass der Sultan zurückkommt, und danach wird man
den Staub der Leute auf sechs Stunden weit sehn. Dann wird
man mit einem male wissen, dass das Kriegsheer zurückkehrt.
Und zur Zeit, wenn sie in den Krieg ziehen, dann tragen sie
Kleider um die Lenden und solche leichte Wollenröcke tragen
sie auf den Rücken, und ihre Waffen sind zwei oder drei Speere
und Schilde von Rindshäuten.

Danach bin ich auf dem Festlande gereist bis Saramo,
bis Kutu, bis Usagara nach Kiringawana, bis Maruru und
Dudmua und Duduma, bis Jansua, bis Ndiwero und bei Maw-
sangara bei Kiriko, ich habe kein so schönes Land gesehen wie
Usango u. s. w.

Dies ist der Bericht über sein Königreich. Und danach:
Von seinen Unterthanen darf niemand Elfenbein verkaufen, und
seien es auch nur zwei Man, es ist keine Erlaubniss. Und
wenn einer Elfenbein verkauft und der Sultan davon Nachricht
erhält, so schickt er einen Soldaten, der geht und ruft ihn.
Und es wird ein Stein genommen, der eine Frasila schwer ist,
der wird ins Feuer gelegt und erhitzt, bis er roth ist, und er
(der Übelthäter) wird gebunden. Darauf wird er ihm auf den
Kopf gelegt, und er wird gebrannt, bis er stirbt. Das ist die
Strafe eines Menschen, der Elfenbein verkauft.

Und danach: wenn der Regen in seinem Königreich aus-
bleibt, dann gehen die grossen Wesire und sagen dem Sultan:
das Land hat keinen Regen, es giebt kein Gras mehr; die dies
gethan haben, den Regen zurückgehalten, das sind die Alten,
welche mit dem Sterben zögern; darum halten sie den Regen
zurück, sie wollen, dass die Kinder sterben; und Gras ist keins
mehr da, die Kinder fressen den Sand. Gut, dann pflegt man

alle Alten zu rufen und dann bekommen sie den Zauber-
gifttrank, ob sie Zauberei getrieben haben wirklich den Regen
zurückzuhalten. Und wenn sie das Zaubergift getrunken haben,
dann fallen sie hin und manchmal sterben sie. Wenn sie es
nicht gemacht haben, fallen sie für die Zeit einer Stunde hin
und dann erbrechen sie, nachher wird ihnen eine Medicin gegeben,
sie zu heilen, wenn sie die getrunken haben, so fühlen sie mit
einemmal, dass sie wieder aufstehen (können).

Und danach, was die Geschichten des Feldbaus anbetrifft.
zur Zeit der grossen Regen, so ist bei jedem Dorfe ein Landgut des Sultans, die Unterthanen bebauen ausdrücklich sein
Landgut. Da ist niemand, der nicht für den Sultan ackert,
alle ackern sie. Auch wenn einer ein Bruder (des Sultans) von
derselben Mutter ist, so ackert er doch. Es ist niemand, der
nicht ackert, nur der Sultan selbst und seine Frauen, das sind
die, die keine Arbeit thun. Und darnach, zur Zeit wenn das
Getreide reif wird, da ist niemand, der etwas von seinem Gute
kosten darf, sondern zuerst müssen sie auf ihr Gut gehen, und
Mais abbrechen und in die Körbe legen und es dann dem
Sultan bringen. Und demgemäss etwas auf dem Gute reif wird,
sollen sie es dem Sultan bringen. Unter dieser Bedingung
dürfen sie dann auch essen. Aber wenn sie nicht so, wie gesagt,
thun, dürfen sie nichts anderes thun.

Und danach: wenn seine Unterthanen in den Krieg ziehen
und weglaufen, dann pflegt er zu fragen: auf welchem Flügel
sie angefangen haben auszubrechen und aus welchem Orte die
Leute auf jenem Flügel waren, wer der Officier gewesen ist,
dass die Leute so rasch vor ihren Kameraden ausgebrochen
sind. Nämlich sie denken, dass sie durch ihren Geist (und Muth)
ihre Gefährten übertreffen. Und er (der Sultan) kennt ihn dann,
gut. Und wenn sie in ihre Stadt zurückkehren, so bekommen
solche Leute Frauenkleider und das Essen wird für sie auf die
Erde geschüttet wie für die Hunde, man lasst sie auch Häuser
bauen und sie müssen die Mühlsteine tragen, das ist ihre
Strafe.

Und danach: wenn jemand eine Frau heirathen will, dann
pflegt er in einer Stadt herumzuspazieren, bis er ein schönes

Mädchen an dem Orte findet, das ihm gefällt. Er fragt dann, wessen Tochter das Mädchen ist. Und wenn er ihre Eltern weiss, dann geht er zum Sultan und sagt zu ihm, ich habe an dem und dem Orte ein Mädchen gefunden, ein sehr schönes Mädchen, die Tochter von dem und dem. Und der Sultan wird ihm antworten, wenn du sie willst, so gehe und nimm sie dir. Darauf spricht er mit einigen Soldaten, seinen Kameraden, ungefähr zehn Mann. Und dann werden sie gehen, bis sie in die Stadt kommen. Und sie werden bei dem Hause jenes Mädchens, (nämlich) ihrer Eltern ankommen. Danach werden sie sich dort aus List zur Unterhaltung hinsetzen. Und jene, nämlich die Eltern des Mädchens, wissen von nichts. Endlich werden sie Wasser zum Trinken verlangen. Und das Mädchen wird aufstehn um den Gästen Wasser zu geben. Wenn das Mädchen das Wasser bringt und die Hand ausstreckt um das Wasser zu geben, dann ergreift sie der eine mit einem mal. Sie wird dann schreien Sogleich werden zwei von den zehnen das Mädchen wegbringen. Die übrigen werden den Vater und die Mutter zurückhalten, nämlich diese wollen nicht, dass ihr Kind fortgehe. Dann kommt es zu einer Schlägerei und sie werden die Mutter des Mädchens und ihren Vater schlagen. Und diese erheben ein Geschrei, dann werden die Nachbaren auf dies Geschrei herbeilaufen und wenn sie gekommen, halten jene dann mit Stöcken Stand, bis sie wissen, jetzt ist das Mädchen mit den Genossen weit weg. Dann werden sie nachlaufen; am andern Morgen machen dann die Eltern des Mädchens Mehl von Hirse oder Mais und (nehmen) Hühner und bringen das zu ihrem Schwiegersohn. Das ist eben ihre Gewohnheit, da ist kein Werben um die Gunst der Eltern des Mädchens.

Und danach bin ich nach Ruemba zu dem Sultan Kitumkuru gegangen. Sein Land ist nicht schön, es ist sehr kalt und ihre Speise ist Ulesi; es giebt nichts anderes. Und sie ackern in der Wildniss, wo die Muombo-Bäume sind. Aber ihr Gesetz ist sehr scharf; wenn jemand Elfenbein auffindet, so darf er es nicht verkaufen, und wenn er es verkauft, so wird er getödtet. Und einem Lügner werden die Lippen und die Nase und die Ohren abgeschnitten. Und wenn ein Mensch etwas böses thut

und mit ihren Frauen Unzucht treibt, dem werden die Geschlechts-
theile und die Hände abgeschnitten; danach thut man Ulesimehl
hinauf. Und wenn jemand in die Wildniss geht und irgend ein
Thier aufliest, entweder einen wilden Esel oder einen Mbungu
oder ein gefallenes Thier, wenn er es nicht zum Sultan bringt,
so ist dies seine Strafe: es werden ihm alle beide Augen ausgerissen und er wird ein Blinder. Danach wenn ihm die Augen
ausgerissen sind, wird er an die Thüre nahe beim Sultan
gesetzt und er lobt ihn dann. Und wenn er Geschwister hat
und seine Kinder, die ihm besonders zugehören, so werden alle
verkauft, es bleibt niemand in seiner Familie übrig.

Und danach: Der Sultan geht niemals zu Fuss, er wird
von den Leuten auf der Schulter getragen, auch dürfen die
Unterthanen den Sultan nicht aufhalten, und wenn sie ihm eine
Visite machen wollen, dann fallen sie vor ihm auf die Erde
und klatschen in die Hände. Und danach: Wenn er Audienz
giebt, dann darf niemand ausspucken noch husten noch niesen.
Und wenn er, der Sultan, husten will, dann fallen alle seine
Unterthanen in der Versammlung nieder, nach der Art wie sie
ihn fürchten. Und danach: Wenn er in den Krieg gehen will,
so wird er von Leuten hoch getragen, und sie schlagen die
Trommeln und so kommt er in den Krieg; und wenn sie
kämpfen, so pflegt er zu seinen Leuten zu sagen — jedem
Mann giebt er einen Pfeil — er pflegt ihnen zu sagen: ich habe
dir einen Pfeil gegeben, es ist nun nothwendig dass du mir den
Kopf meines Feindes oder meinen Pfeil bringst; wo du hin-
gehst, weiss ich nicht. Und ihre Waffen sind Pfeile und kleine
Äxte.

Und wenn ein Mensch getödtet ist, (auch) wenn sie einen
Monat weit zum Kampfe gegangen sind, so werden die Köpfe
in die Stadt des Sultans gebracht. Und diese Köpfe stecken
sie in (eine Art) Vogelkäfige, in jeden Käfig vier, und sie
tragen sie am Stock je zwei Mann, indem sie einen Stock mitten
durchstechen. Und wenn sie in die Stadt kommen, so werden
die Köpfe oben an die Mauer gehängt, und jene Pflöcke (?)
schneiden die grossen Leute zurecht und sie nehmen Wisio
und sie hängen sie (die Köpfe) an der innern Mauer nahe beim

Sultan auf. Und danach riechen sie, es ist da niemand, der (vor Gestank) ausspucken kann, selbst wenn es ein Sansibarit von der Küste ist.

Und danach: wenn der Sultan selbst gestorben ist, so bleibt er drei Monate lang im Hause, bis er verfault ist, und bereit stehende Soldaten bewachen ihn, bis die faulende Flüssigkeit abgetröpfelt ist. Und die Leute wischen die Fäulniss und die Maden mit den Händen ab, sie legen es in Calabassen; dann stinkt die ganze Stadt. Da ist niemand, der in der Stadt essen mag, und du wagst es nicht auszugehen, bis die blossen Knochen übrig sind. Dann bringen sie diese Knochen in ihre Gräber einen Weg von zwanzig Tagen, sie gehen und hängen sie auf. Das ist die Sitte der Waruemba.

Diese Geschichte ist zu Ende.

Und dann bin ich zu einem andern Sultan Wiwa in Kawimbi gegangen. Sein Land ist sehr kalt, und die Leute haben nichts zu essen, ihr Land hat viele Muombo-Bäume. Und die Leute pflanzen Ulesi zwischen den Muombo-Bäumen. Ausser Ulesi giebt es nichts anderes. Und es ist ihre Sitte, wenn sie das neue Getreide erndten, so tanzen sie vierzig Tage lang nach der Trommel. Und dann beordert der Sultan vierzig Leute, die gehen in der Stadt herum, und wenn sie einen Menschen finden, so binden sie ihn und tödten ihn, bis sie die Zahl sieben erfüllt haben. Wenn dann jene Leute mit dem Tödten fertig sind, so nehmen sie am letzten Tage ein grosses Bambusrohr und binden jene Köpfe daran und legen sie ausserhalb der Stadt unter Trommelklang nieder, und alle Leute in seinem Königreich kommen dann zusammen, und der Sultan ist auch da. Danach wenn sie eine Stunde lang getanzt haben, kehren sie in die Stadt zurück. Auf solche Weise sammeln sie das neue Getreide ein, welches sie gebaut haben und sie kochen einen Topf. Davon bekommt dann der Sultan und er isst dann davon, aber ohne dieses zu thun, isst der Sultan nichts davon. Solches ist ihre Sitte.

Bism Illah irrahman irrahim.

*Aida fahamu hiyo kawaida ya watu wa Unguja. Aida
akiwa akifiwa na mama yake ao na ndugu yake ao na dada yake ao
na shangazi lake ao na mjomba wake ao na bibi yake ao na
mkewe ao na mwanawe ao na ahali zake, fahamu kwamba watu
wambao sahibu zake na majirani yake na watu anaosema na
uzima, watu wakisikia kwamba fulani akafiwa, lazim huenda wote
katika nyumba aliofia yaani huncna mazikuni. Bassi. Fahamu
watu waliokwenda hukaa kitako wakangojea mayiti hatta yatoke.
Hiyo ndio khabari ya watu wanaokwenda katika mazishi.
Aida khabari ya mtu aliofiwa. Akiona mzee wake eme-
kufa ao ndugu ao mtu katika ahali zake waliompasa, lazim
huandika barua akapeleka kwa jamaa zake yaani waliompasa.
Aida hutoa barua ile, jina lake tanzia yaani barua ya msiba.
Bassi. Fahamu kwamba jamaa zake wote huja katika mazishi. Aida mtu aliofiwa ikiwa hana vifaao yaani vitu vinavyo
hitajia katika mazishi, fahamu, kwenda madukani akanunua
vitu vya mazishi. Aida sasa tunauliza, vitu gani vifaayo vya
mazishi, fahamu, kwamba hununua kwanza vitu vya lazima.
Aida tunauliza vitu gani vya lazima katika mazishi. Aida
fahamu vitu vya lazima katika mazishi 1) auwali bafuta yaani
kitambaa cheupe huitwa saanda 2) ubao huitwa kiunza 3) pamba
yaani hutiwa katika mashikio ya mayiti. Aida ubani hufukizwa mayiti anopokoshwa. Aida hufukizwa na saanda akiisha
kushonwa. Aida hutwaa buhuri lakin jina la kiarabu. Bassi,
fahamu vitu hivyo lazima katika mazishi, wAllahu aalam.*

Aida khabari za vitu vyote vinavyohitaji katika mazishi, l'ingi sana. Fahamu kwamba saanda, kiunza, manukato. Aida tunauliza manukato gani ya mazishi. Fahamu kwamba ya hitajia sandali, uudi, dalia, mabuba, garufuu mayiti, marashi, uvumba, ubani, majani ya mkunazi. Aida vitu hivyo vinahitaji, katika mazishi.

Aida tunauliza hufanyaje vitu hivyo katika maiti. Fahamu kwamba saanda nguo ya maiti, na kiunza mlango wa mayiti. na sandali hushughulikwa maiti anapokoshwa, na uudi na ubani buhuri ya maiti, anayofukizwa. Aida dalia na mabuba na garofuu maiti manukato ya maiti hutiwa yaani uzuri mithili ya pambo, aida marashi mithili ya maji. Hiyo ndiyo khabari ya vitu hivyo, wAllahu aalam.

Aida khabari ya mtu maiti, akiwa amekufa, lazima hui-twa mtu, ambaye ajuaye kwosha maiti ajaye amoshe. Aida hu-shimbwa shimo kadiri ya mtu aliokufa. Likiisha shimo huwe-kwa kitanda juu ya shimo na maiti juu ya kitanda, akaja mwo-sha akamwosha na maji yale anayokoshewa yanaingia katika lile shimo. Aida na majani ya mkunazi. Fahamu kwamba huoshewa hatta akatakata; tena huoshwa kwa sandali yaani mithili kama husingwa; akiisha hutiwa tohara yaani husome-zwa. Mwisho khabari ya mwosha.

Aida khabari ya pambo. Fahamu kwamba maiti ikiwa anamwoshwa na watu wengine hushona sanda. Akiisha mwo-sha, huenda mtu ambaye ajuaye kupamba maiti huweka akam-pamba. Aida auwali humtia pamba katika kichwa humtia dalia katika mwili wake, kiisha hutoa dalia na manukato ma-ngine baathi ya manukato akavuruja pamoja na marashi akatia katika sanda. Kiisha akatia uudi katika chetezo na moto aka-mfukiza maiti. Kiisha akafukiza na sanda. Kiisha akamvi-ka sanda. Kiisha akamtia katika mikeka yaani huitwa fumba yaani mkeka wa fumba; hushonwa methili ya mfuko. Hiyo ndiyo khabari ya mpambaji.

Aida khabari ya mtu mfanya tusi yaani jenenza. Akiwa mtu maiti anapambwa lazima nje ya nyumba watu wanapa-mba tusi yaani kitanda anachotiwa maiti. Hufunikwa kwa nguo zambazo nzuri mithili ya shela ndeuli ao kitambi bora ao ma-

sunafu ao kitambi debwani au lasi. Aida nguo zilio kubwa hufu-
nikiwa jeneza. Aida akiwa maiti mwanamke lazima nguo katika
jeneza zifungwe mkaja wa kisuto, maana dalili watu wapate
kujua kwamba maiti mwanamke. Hiyo ndiyo khabari ya jeneza.
Aida khabari ya kaburi. Ikiwa mtu amekufa, lazima
watu humpima kimo cha mti kwa urefu na unene, watu wa-
kashimba kaburi kwa kiasi. Aida hushimba shimo kiasi hatta
kitofu ikiwa maiti mwanamke, ikiwa mwanamme huchimba
haddi ya kiuno. Kiisha hutia mwanawadani yaani katikati
ya kaburi, kiisha hutoka watu wote ndani ya kaburi lakin mmoja
hatoki maana haifai kuacha kaburi pekeyake bila mtu. Fahamu kwamba hubaki katika kaburi mtu aliompasa maiti, hatta
afike maiti katika kaburi, wеAllahu aalam. Hiyo ndiyo khabari
ya kaburi.
Aida khabari ya maiti. Ikiisha pambwa hutiwa katika
jeneza na watu wane 4 wakachukua jeneza, killa moja hushi-
ka mguu wa jeneza. Na watu wengine hufuata nyuma na watu
wengine mbele na maalimu huwa mbele ya jeneza; yaani
maalimu husoma tahlil na watu huitikia hatta meskitini.
Wakifika katika meskiti watu hutua jeneza, watu wambao
maalimu husali maiti, wakiisha huchukua jeneza watu wane 4
na wangine wanaitwaa kipokee, na mwalimu anasoma tahlil,
hatta wafike katika ziara yaani kaburini. Wakiisha fika katika kaburi humtoa maiti katika tusi wakamshusha ndani ya
kaburi. Aida hushuka watu wane 4 ndani ya kaburi, na
watu 2, watu wambao waliompasa maiti pamoja maalimu yaani anasoma tahlili. Fahamu wakiisha kumshusha maiti katika
kaburi humtia katika mwanawandani. Wakiisha humfunika
ubao yaani huinua kiunza. Wakiisha humfukia, na watu wa-
nasoma tahlili hatta waishe. Aida wakiisha kumfukia hufu-
kua katika mwisho wa kaburi yaani katika kichwa shimo dogo
yaani wakiisha kufukua hutia maji jina lake maji ya shahada.
Wakiisha husoma maalimu yaani humlakinia. Wakiisha killa
mtu ambaye ajnaye husoma Ya Sini moja. Wakiisha bassi
wamekwisha kuzika. Hiyo ndiyo khabari ya mziko.
Aida khabari ya mtu aliyefiwa. Akiisha kuzika hurudi
katika nyumba yake na watu waliozika kazalika hurudi hatta

nyumbani kwa mtu aliyefiwa yaani kwenda mpa mkono wa msiba. Aida hunena: bi rabi zako, hujibu: zimepita. Lakini siku hizi watu hunena kwa lugha ya kiarabu: ahsana Allahu azzaka. Hujibu: Ulah ilbakaa wa dawwamu. Hiyo ndiyo. khabari ya watu wa Unguja. Aida mtu aliyefiwa lazima hufanya matanga siku tatu, yaani, hutala watu chini hatta siku ya tatu hufanya khitima yaani hupika wali, watu wakala. Aida fahamu kwamba watu wengine wanaokaa mbali wakisikia kwamba fullani bin fullani kafiwa. lazima watu kwenda kumhani[1] yaani kumpa mkono. Muda wa siku arbaini huisha msiba. Na watu wengine siku sabaa na watu wengine siku tatu na waanawake hukaa na msiba miezi mitano, walakin kawaida siku 40 arbaini. weAllahu aalam bisawabu. Tamat.

UEBERSETZUNG.

Im Namen Gottes des Gnädigen des Barmherzigen.

Ferner verstehe: dies ist die Sitte der Leute von Sansibar. Ferner: Wenn jemand seine Mutter oder seinen Bruder oder seine Schwester oder seine Tante oder seinen Onkel oder seine Grossmutter oder seine Frau oder sein Kind oder (sonst) einen Verwandten durch den Tod verloren hat, verstehe: die Leute. die seine Freunde und Nachbaren sind, und die Leute, mit denen er bei Lebzeiten umgegangen, wenn sie es hören, dass bei dem N. N. jemand gestorben ist, die müssen alle nach dem Haus dessen, bei dem (der betreffende) verstorben ist, gehen, nämlich man sagt darauf *Mazikuni* (Trauerhaus). Gut, verstehe: alle Leute, welche gegangen sind, setzen sich hin und warten bis die Leiche herauskommt. Das ist der Bericht über die Leute. welche zum Begräbniss gehen.

Ferner der Bericht über den, der jemand durch den Tod verloren. Wenn er sieht, dass einer seiner Eltern gestorben ist, oder der Bruder oder (sonst) jemand von seiner Familie, wo

---

[1] *hani* trösten.

er es thun muss, dann muss er einen Brief schreiben und ihn seinen Verwandten, nämlich denen es zukommt, zusenden. Ferner so sendet er den Brief aus, der *Tanzia* genannt wird, nämlich die Traueranzeige. Gut. Verstehe seine ganze Verwandtschaft kommt zu dem Begräbniss. Ferner, wenn derjenige, dem jemand gestorben, nicht die nöthigen Dinge (vorräthig) hat, das heisst, das was zum Begräbniss nothwendig ist, verstehe, so geht er in den Laden und kauft die Dinge zum Begräbniss. Weiter, jetzt fragen wir, was sind das für Dinge, die zum Begräbniss gebraucht werden. Verstehe, dass man zuerst die nothwendigen Dinge kauft. Weiter, verstehe, die Dinge die zum Begräbniss nothwendig sind, sind 1) *Báfuta* (Schirting), das heisst weisses Zeug, welches *Sanda* (Leichentuch) genannt wird 2) Ein Brett, welches *Kiunza* genannt wird 3) Watte, das heisst sie wird in die Ohren des Verstorbenen gesteckt. Weiter Weihrauch, um die Leiche zu beräuchern, wenn sie gewaschen wird. Weiter, es wird auch das Leichentuch beräuchert, wenn es genäht wird. Weiter nimmt man auch *Buhuri*, aber das ist der arabische Name. Gut, merke: dies sind die Dinge, welche zum Begräbniss nöthig sind. Und Gott weiss es am besten.

Weiter, der Bericht über alle Dinge, welche bei dem Begräbniss gewünscht werden. Es sind sehr viele. Verstehe: das Leichentuch, das Leichenbrett, die Wohlgerüche. Weiter fragen wir, welche Wohlgerüche für das Begräbniss? Verstehe, man wünscht Sandelöl, Aloe, Dalia, Mabuba, Kampfer, Rosenwasser, Ufumba, Weihrauch, Blätter des Mkunasi. Weiter, dies sind die Dinge, welche beim Begräbniss gewünscht werden.

Weiter fragen wir, was macht man mit diesen Dingen bei der Leiche? Verstehe, die *Sanda* (das Leichentuch) ist das Gewand der Leiche; und die *Kiunza* (das Leichenbrett) ist die Thür der Leiche; und mit dem Sandelöl wird die Leiche behandelt, wenn sie gewaschen wird; und Aloe und Weihrauch ist das Räucherwerk der Leiche, womit sie beräuchert wird. Ferner die Dalia und Mabuba und der Kampfer sind Wohlgerüche der Leiche, sie werden zur Verschönerung beigelegt, als Schmuck. Ferner das Rosenwasser (wird) wie Wasser gebraucht. Dies ist der Bericht von den benannten Dingen, und Gott weiss es besser.

Weiter der Bericht von dem verstorbenen Menschen (selbst). Wenn er gestorben ist, so muss man jemand rufen, der die Leiche zu waschen versteht, dass er sie zu waschen kommt. Ferner wird eine Grube gegraben nach dem Maass des Menschen, welcher gestorben ist. Wenn die Grube fertig ist, dann setzt man die Bettstelle über sie und legt die Leiche auf die Bettstelle, und dann kommt der Wäscher und wäscht sie; und das Wasser, mit welchem sie gewaschen wird, das fliesst in jene Grube hinein, ferner (legt man) die Mkunasi-Blätter (drauf). Verstehe, dass sie gewaschen wird, bis sie rein ist; dann wird sie mit Sandelöl gewaschen, nämlich wie wenn sie damit eingesalbt wird. Darauf wird sie (ceremoniell) gereinigt, das heisst man lässt über sie (die Gebete) lesen. Ende des Berichts über den Wäscher.

Ferner der Bericht über das Ausputzen der Leiche. Verstehe: während nämlich die Leiche gewaschen wird, nähen andere Leute die *Sanda* (das Leichentuch). Wenn man sie fertig gewaschen hat, dann geht jemand, der das Ausputzen der Leiche versteht, und legt sie (zurecht) und putzt sie aus. Weiter, zuerst steckt er ihm Watte in den Kopf[1], danach legt er Dalia auf (oder in) ihren Körper, dann nimmt er Dalia und einige andere Wohlgerüche und rührt sie mit dem Rosenwasser zusammen und legt es in das Leichentuch. Dann legt man Aloe in ein Rauchfass mit glühenden Kohlen und beräuchert die Leiche. Darnach beräuchert er auch das Leichentuch. Dann bekleidet man sie mit dem Leichentuch, darnach legt man sie in eine Matte, die nämlich *Fumba* genannt wird, sie wird wie ein Sack zusammengenäht. Das ist der Bericht über den Ausputzer.

Ferner die Nachricht über den, der die *Tusi* d. h. die Bahre (zurecht) macht. Wenn die Leiche ausgeputzt ist, dann müssen die Leute draussen (vor) dem Hause die Bahre zurechtmachen d. h. das Bett, auf welches die Leiche gelegt wird.

---

[1] d. h. in die Nase und in die Ohren.

Es wird mit schönen Tüchern bedeckt, wie z. B. mit Shela
Deuli oder noch besserem Zeuge entweder Masnufu[1] oder Debuani-
zeug oder Lasi. Ferner wird die Bahre mit grossen Tüchern
zugedeckt. Ferner wenn die Leiche (die einer) Frau ist dann
muss als Tuch an die Bahre auch noch eine Mkadja[2] von
Kisutozeug angebunden werden, das ist nämlich das Zeichen,
damit die Leute wissen können, die Leiche sei (die einer) Frau.
Dies ist der Bericht von der Bahre.

Ferner der Bericht von dem Grabe. Wenn ein Mensch
gestorben ist, dann müssen die Leute ihn mit einem Maassstock
nach Länge und Breite ausmessen, und dann graben sie das
Grab nach dem Maass. Ferner graben sie die Grube nach dem
Maass, bis an den Nabel, wenn es die Leiche einer Frau ist,
und wenn es ein Mann ist, bis an die Lenden. Wenn es fertig
ist wird die *Mwana wa ndani* zurecht gemacht d. h. wenn das
Grab fertig ist, dann steigen alle Leute aus dem Grabe heraus,
aber einer steigt nicht heraus, d. h. es taugt nicht, wenn das
Grab sich selbst überlassen wird ohne (dass) ein Mensch (es
beaufsichtigt). Verstehe, es pflegt einer, der dem Todten gegenüber verpflichtet ist, im Grabe zurückzubleiben, bis die Leiche
kommt. Und Gott weiss es (besser). Dies ist der Bericht von
dem Grabe.

Ferner der Bericht von der Leiche. Wenn sie fertig ausgeputzt ist, dann wird sie auf die Bahre gelegt, und vier Leute
tragen die Bahre, jeder einzelne fasst den Fuss der Bahre an;
und einige Leute folgen hinten nach und andere gehen voran.
Und der *Maalim*[3] ist vorne vor der Bahre, d. h. der Maalim
liest den Tah'lil[4] und die (übrigen) Leute respondiren dazu bis
in die Moschee. Wenn sie in der Moschee angekommen sind,
dann setzen die Leute die Bahre nieder, und die Gelehrten
beten bei der Leiche. Wenn sie fertig sind, dann tragen vier
Leute die Bahre, und andere nehmen sie um sie abzulösen.

---

[1] *Masnufu* wörtl. geändertes. [2] *Mkaja* ist die Leibbinde der
Frauen. [3] *Maalim* d. h der Gelehrte, der die üblichen Gebete
hersagen kann. [4] *Tah'lil* ist das Hersagen des muhammedanischen
Glaubensbekenntnisses: Es ist kein Gott ausser dem (einen) Gott.

Und der Maalim liest den Tah'lil, bis sie an die *Siara* kommen
d. h. bei dem Grabe. Wenn sie beim Grabe angekommen
sind, so nehmen sie die Leiche von der Bahre und lassen sie
in das Grab hinab. Darnach steigen vier Leute in das Grab
hinein, drei Leute, die dem Verstorbenen verpflichtet sind
zusammen mit dem Maalim d. h. (dieser) liest den Tah'lil.
Verstehe wenn sie die Leiche ganz hinunter gelassen haben,
dann legen sie sie in die inwendige Nische (Mwanawandani).
Wenn sie damit fertig sind, so bedecken sie ihn mit einem
Brett[1] d. h. sie richten die Kiunza (vergl. Seite 107) auf. Wenn
sie damit fertig sind, dann schütten sie zu. Und die Leute
lesen den Tah'lil, bis es fertig ist. Weiter wenn sie völlig zu-
geschüttet haben, dann graben sie am Ende des Grabes d. h.
am Kopfe eine kleine Grube d. h. wenn sie diese fertig gegraben
haben, so schütten sie Wasser hinein, welches Zeugnisswasser
heisst. Wenn sie fertig sind liest der Maalim d. h. er bringt
ihm (das Glaubensbekenntniss) im Gedächtniss. Wenn sie fertig
sind, so liest jeder Mensch, der lesen kann eine (Sure) Ya Sin.[2]
Wenn sie damit fertig sind, gut, so sind sie damit fertig ihn
zu begraben. Dies ist der Bericht vom Begräbniss.

Weiter der Bericht von dem Menschen, der den Todesfall
erlitten. Wenn er mit dem Begräbniss fertig ist, kehrt er in
sein Haus zurück, und die Leute, welche begraben haben,
gleicherweise bis in das Haus dessen, der den Todesfall erlitten
d. h. um zu gehen und ihm die „Hand der Trauer" zu reichen.

Ferner sagt man (zu dem Hausherrn): Zu deinem Herrn.
(Darauf) antwortet er: Sind sie vorbeigegangen. Aber heut
zu Tage sprechen es die Leute in arabischer Sprache: Möge
Gott deine Kraft aufrichten; man antwortet: Gott (allein) ge-
bührt Unvergänglichkeit. Das ist der Bericht über die Leute
von Sansibar. Weiter der Mensch, der den Todesfall erlitten,
muss drei Tage die Trauerzeit aushalten d. h. er liegt bis zum
dritten Tage auf der Erde und macht *Chitima* d. h. er lässt
Reis kochen und die Leute essen. Weiter verstehe: andere

[1] d. h. sie verschliessen die Nische damit. [2] Die *Sure Ya
Sin* ist die 36. des Koran.

III

Leute, welche fern ab wohnen, wenn sie hören, dem N. N. ist jemand gestorben, müssen ihn trösten gehen d. h. ihm die Hand geben. Nach einer Zeit von vierzig Tagen endet die Trauer. Und einige Leute (beenden die Trauer) in sieben Tagen und andere in drei Tagen, und die Frauen halten die Trauer fünf Monate lang, aber das gewöhnliche sind vierzig Tage. Und Gott weiss es besser. Ende.

Mährchen.

LVI.

Geschichte eines Sultans, der die Allmacht Gottes bezweifelt und der nun Unglück über Unglück erleben muss, bis er die Allmacht Gottes anerkennt. Dann ist ihm Gott wieder gnädig.

Bcmauihi.

Hii hadithi ya sultani mwenyi markebu asharat alaf.
Alikaa sultani katika milki yake yeye na mawaziri zake na askari zake. Hatta siku moja akapita katika mdarsa ya wanawazuoni.[1] *Malim anashomesha*[2] *wanafunzi wake, naye ameksudia kwenda kutembea nje ya mji, akamsikia maalimu anawaambia wanafunzi wake, kama neno analolitaka Muungu marra moja hutendeka. Yule sultani akafanyiza ujba moyoni mwake. Al hasil akafika alikotaka kwenda akakaa muda wa siku kumi katika milki yake. Hatta*[3] *siku moja akaondoka ataka kwenda nje ya mji, alipowasil nje ya mji akasema; Muungu hawezi kuiondoa milki yangu. Kwa marra moja Muungu aljaal akamsawir faras kama mithli ya farasi wake, na farasi huyu hakubali mtu illa mwenyewe sultani na mchunga wake, walakiu mtu mwingine hawezi kumshika wala kumpanda. Alhasil alipomwona yule farasi, wale askari wakamjua ya kamma*

---

[1] *wanawazuoni = wana wa vyuoni* Schüler. [2] *anashomesha = anasomesha.* Man beachte hier das Tempus. Es drückt auch die Dauer in der Vergangenheit aus. [3] *hatta* dient hier nur zur Fortführung der Erzählung.

farasi wa hakim, wakaenda askari kumkamata watu wawili, wasimweze, wakaenda kumi wasimweze, khatima Sultani alipomrwona faras hawezikani kwa watu waliomendea akawaambia askar: mwacheni, maana najua tabia yake faras huyu hamwezi mtu illa mimi mwenyewe. Aliposema hakim maneno yale, askar wakamwacha faras akamshika mkononi hatta mjini. Alhasil akampanda, alipompanda, faras akamrufaisha, hatta alipofumua macho sultani imeangukia katika milki ya mtu mwingine mbali, yapata mwendo wa mwaka. Na faras hakumwona.

Akataaya, hana la kutenda. Akashukuru[1] Muungu. Khalafu akatafuta jumba ya kupanga mwisho wa mji akapata kijumba cha udongo thaifu na mwenyewe mwanamke kizee, umri yake miaka themanin. Akamwambia yule mzee, ya kamma mimi mgeni sijui mtu katika mji, nataka unipangishe hii nyumba yako. Akajibu kamma yakufaa nyumba tayari. Alhasil akatezama: mimi sina masrufu wala sikuchua[2] pesa hatta moja. Akavua kilemba chake akauza akatumia. Zikiisha fetha.

Tena akatoa saa ya dhahabu akampa dalali akatumia. Zikiisha fetha, alhasil akatoa vitu vyake pambo liliokuwa katika maungo[3] yake, halikubaki hatta kitu kimoja.

Akabaki kanzu na kofia; khalafu akamwambia yule mzee ya kamma nazime[4] nguo, nifanye niuze kanzu yangu, akamazima. Akampa dalali nguo zake, akaenda akauza; khatima akanunua kanzu ya ulaiti na kitambaa na shuka.

Alhasil yalipokwisa mapesa, akaingia mjini kufanyiza kazi kuchukua mizigo mwa matajir siku kathawakatha. Hatta. siku moja akamwambia yule mzee jumbani, ya kamma mimi nimechoka mizigo ya kutafuta, maana sina tajir ma'lumu, walakin kesho assubui ntakuenda kwa Mhindi tukakatibiane mimi naye nijue kazi ma'lumu kwa mtu. siku ya kuugua nipate walau[5] pesa ya nji kwa hesabu.

Alhasil akalala hatta saa ya nane ya usiku akataka kuwa hamma[7] nafsi yake katika dukani kwa Mhindi. Baadu

---

[1] d. h. er sagte *ithamdu lillah*, was jeder Moslem unter allen Umständen zu thun hat, ehe er einen Entschluss fasst. [2] *sikuchua* wohl verschrieben aus *sikuchukua*. [3] *maungo* Glieder. [4] *nazime* für *na azime*. [5] *walau* wenn auch, obgleich, hier wenigstens. [6] für *amelala*. [7] *hamma* ‏هم‎ für ‏حم‎.

ungali usiku[1] kurudia jumbani, akaona ni mbali, akasema nitakaa hatta assubui hapa barazani pa Mhindi. Alipokaa ukampata usingizi akalala. Wakaja wezi wakavunja jumba ya Mhindi wakachukua jamia ya mali. Naye imelala barazani. hatta alipoamka Mhindi akaona jumba yake imevunjwa na mtu imelala barzani pa Mhindi.[2] Ya kamma wewe ndiyo uliovunja jumba yangu. Yule akakana, wakachukuana kwa hakim, ikambidi[3] kukatwa mkono. Alhasil akakatwa kwa amri yake hakim. Alhasil hawezi kuchukua mizigo, ikawa akatafuta mkoba[4] akaomba. Ndio kazi yake.

Na yule sultani wa katika mji ana duguye mwanamke. Hatta siku moja yule maskini akapita katika jumba ya duguye sultani akakaa chini ya jumba akasoma.[5] Akafungua dirisha binti sultani akamwona maskim anasoma kwa sauti nzuri naye kijana mzuri. Akamwambia mtu mjakazi wake, mwite maskini aje huku juu. Alipofika juu akampa vyakula vingi, akala. Khatima akamwambia, ya kamma sasa hapana haja kuomba mjini. kulla siku njoo hapa, ntakupa riziki yako, hapana haja kuathibu nafsi yako. Ikiwa kulla siku anakwenda.

Hatta siku moja akamwambia maskini: Nataka neno kwako; nataka wende kwa dugu yangu ukanipose unioe, maana mimi sina mume. Akamjibu maskini: ya saidi. neno siliwezi kumkabil sultani kunawambia. Akamwambia: huna bundi,[6] kamma hutaki, ntaamru watu. wakuchinze. Akarithi. Akampa khati yake bint elmuluki, walakin amwambia: khati kampe waziri kwanza.

Akapokea khati akaenda hatta kwa waziri akamwambia waziri: Ya sheikh nimekuja kwako, nataka kukuambia neno, lakin nataka, unipe ahadi ya Muungu, usinithuru. Waziri akampa ahadi. Akavua khati akampa. Aliposoma khati waziri akamwambia maskini, ya kamma laula kamma sikukupa ahadi, ningalikuua, walakin haithuru. Akachukua khati waziri hatta kwa sultani akamwambia: Ya said, nataka kukuambia

---

[1] als es in der Nacht Zeit gewesen wäre nach Hause zu gehen. [2] zu ergänzen: und der Inder sagte. [3] ikambidi man verurteilte ihn. [4] mkoba Ranzen [5] er las im Koran, bez. betete ihn auswendig. [6] bundi suahelisierte Form für buddi.

neno, walakin nipe ahadi usinithuru mimi wala mwenyi kutaka neno. Akampa ahadi. Akatoa khati akampa sultani. Akasema: ndugu yangu hakuna wana waume kathawakatha watoto wa mawaziri na wa makathi na malwani wote hawamkutosha illa huyu maskini, walakin haithuru; mwambie akitaka mume huyu maskini, na auze mali yake yot: naye atoke katika milki yangu; na mudda nimempa siku tatu.

Akaenda waziri akamwambia. Akakubali kuhama akauza milki yake akaenda akapanga kijumba za makuti mwisho wa mji. Khatima akamwambia maskini: tafuta malimu akuoze. Akaoa. Khalafu mwanamke akachukua mimba akazaa.

Na maskini ipooza ule mkono wake. Hatta siku moja akamwambia mkewe ya kamma, bibi nataka mapesa ninunue kitambaa cha merikani asili mfanyize mshipa nivue pwani yuani. Alhasil akampa mapesa akanunua alichotaka akavua kwa miguu. Halafu mtoto wake mkubwa. Hatta siku moja akamambia mkewe ya kamma mtoto na taka kwenda naye mwanwebani, maana huenda nikapata samaki akaleta jumbani. Akaenda na mtoto wake. Muungu akajaali akapata samaki akampa mtoto wake: chukua samaki, peleka jumbani. Yule mtoto alipofika ujiani anakwenda pana dindi¹ akazama. Akamtazama mtoto wake, hamwoni, marra akaenda mbio. Alipofika katika dindi akasema: neno analotaka Muungu huwa. Marra moja akajaali, mtoto wake akamvua na mkono wake Muungu akamrudisha asipate kuvua.

Akarudi kuwasili nyumbani. Alipomwona mkewe, mumewe ana mikono miwili, akaingia ndani akafunga mlango. Akipiga mlango: ya binti illhalal fungua mlango. Akajibu: sifungui, maana wewe si mume wangu. Mume wangu mkono wake moja, wewe miwili. Alhasil akampa kisa vilivyompata Akafungua.

Alhasil wakakaa na mkewe, hatta siku moja imekaa pwani kwake na jumba karibu na pwani akaona, merkebu mbili zinakuja. Akamwambia mkewe: Bibi, merkebu zinazokuja zangu. Mwanamke akamwambia: ya kamma leo unafanyiza wazimu;

---

¹ dindi ein tiefes Loch in der Korallenbank.

mwenyi merkebu haibi akakatwa [1] *mkono. Alhasil marra zikaja nyingine. Akamwambia vilevile. Hatta zikatia nanga merkebu. Wakashuka mawaziri kuuliza katika mji: Sultani wetu amekuja hapa? Akasema: hakuja, maana hawamjui. Mji ule ndio wa mwisho; miji yote wimetafuta.*[*] *Alhasil wakashuka wakasema: tutarudi. Wakatoka vitwana vyake vya mlangoni kutembea mwisho wa mji. Wakasadivyo jumba yake, akamwambia mkewe: bibi, vitwana vile vyangu. Akamwambia: leo unafanyiza wazimu, unajithikaki, huna vitwana kama vile. Ngoja. Wakija wenyewe karibu, takuja, wambia waje wakuazire.*[3] *Hatta walipofika karibu wakamwona bwana wao wakalizana sana. Mnoja akaondoka kwenda kuwapa khabari mawaziri. Walipopata khabari mawaziri wakapiga mizinga mingi mno ya ajabu.*

> [1] *Ka* nimmt auch die Negation auf. [*] vielleicht verschrieben *wametafuta.* [3] *asira* schimpfen.

UEBERSETZUNG.

Durch seine Gnade.

Dies ist die Geschichte eines Sultans, des Herrn von zehntausend Schiffen.

Es war ein Sultan in seinem Reiche, er und seine Wesire und seine Soldaten, bis er an einem Tage an einer Schule von Schülern vorbeiging. Der Lehrer war dabei die Schüler lesen zu lassen, und er (der Sultan) hatte die Absicht gehabt ausserhalb der Stadt spazieren zu gehen und er hörte, wie der Lehrer zu den Schülern sagte: Was Gott thun will, das ist mit einem Male geschehen. Darauf kam er dahin, wohin er gehen wollte und er war (etwa) zehn Tage in seinem Königreich. Und an einem Tage stand er auf und wollte aus der Stadt gehen. Als er ausserhalb der Stadt war, sagte er: Gott kann mir nicht mit einem Male mein Königreich wegnehmen. Und der allmächtige Gott bildete ein Pferd gleich wie sein (des Sultans) Pferd. Und dieses Pferd litt keinen Menschen als den Sultan selbst und seinen Wärter, aber kein anderer Mensch konnte es festhalten noch besteigen. Danach als er jenes Pferd sah, da wussten die Soldaten, dass es das Pferd des Herrschers war, und es gingen Soldaten um es zu ergreifen, zwei Mann, jedoch konnten sie es nicht (bezwingen); es gingen zehn Mann, ohne etwas auszurichten. Zuletzt als der Sultan sah, dass das Pferd nicht von den Leuten bezwungen wurde, welche nach ihm gegangen waren, sagte er zu den Soldaten: lasst es sein, ich kenne die Art dieses Pferdes, niemand ausser mir selbst vermag es zu bezwingen. Als der Herrscher diese Worte sagte, da liessen die Soldaten das Pferd los, und der Sultan selbst fasste das Pferd. Und es wurde ruhig, als der Sultan es anfasste. Und er fand es lästig es an der Hand bis in die Stadt zu führen, darauf bestieg er es. Als er das Pferd bestiegen hatte, da trug es ihn in die Höhe weg, und als der Sultan die Augen öffnete, da war er in dem Reiche eines anderen Menschen niedergefallen, weit weg, eine Jahresreise weit, und von dem Pferde sah er nichts mehr.

Und er war völlig bestürzt und wusste nicht, was zu thun. Und er pries Gott. Darnach suchte er nach einem Miethshause. Und am Ende der Stadt fand er ein elendes Lehmhäuschen; und die Eigentümerin war eine alte Frau, ihr Alter war achtzig Jahre. Und er sagte zu jener alten Frau: ich bin ein Fremder, ich kenne Niemand in dieser Stadt, ich wünsche, dass du mir dies dein Haus vermiethest. Und sie antwortete ihm: wenn das Haus (dir) passt, so steht es bereit. Darnach überlegte er: Ich habe keine Mittel, noch habe ich einen Pesa mitgenommen. Und er nahm seinen Turban ab und verkaufte ihn und gab (das Geld) aus. Als das Geld zu Ende war, nahm er die goldene Uhr heraus und gab sie dem Krämer, und er verbrauchte (das Geld). Als das Geld zu Ende war, da nahm er alle seine Schmuckgegenstände, die an seinen Gliedern waren; es blieb ihm nicht ein einziges Ding übrig.

Und er hatte nur noch das Hemde und die Mütze und das Lendentuch übrig. Darauf sagte er zu der alten Frau: leihe mir ein Tuch, damit ich mein Hemde verkaufen kann, und sie lieh es ihm. Und er gab seine Kleider dem Krämer und .

der ging hin und verkaufte sie, schliesslich kaufte er ein Hemde von Ulaiti' und ein Tuch (Schuka).

Als darauf das Geld zu Ende war, ging er in die Stadt hinein um sich den Lebensunterhalt zu erwerben, nämlich um Lasten bei einem Kaufmann zu tragen; (so that er) viele Tage, bis er eines Tages der alten Frau im Hause sagte: Ich bin es müde, (immer) nach den Lasten mich umzusehen, nämlich ich habe keinen bestimmten Kaufmann (für den ich arbeite); aber morgen frühe will ich zu einem Indier gehen, damit wir mit einander (einen Vertrag) niederschreiben, damit ich eine bestimmte Beschäftigung bei jemand wisse, damit ich, wenn ich krank werde, wenigstens einen Groschen zur Suppe auf Rechnung bekomme.

Darnach schlief er bis um die achte Stunde der Nacht und dann wollte er selbst zu den Laden eines Indiers umziehen. Darnach als es in der Nacht (Zeit) gewesen wäre nach Hause zurückzukehren, fand er, dass es zu weit war, und er sagte: ich will bis zum Morgen hier in der Vorhalle des Indiers bleiben. Als er dort blieb, fasste ihn die Schläfrigkeit, und er schlief ein. Und es kamen Diebe und brachen in das Haus des Indiers ein und trugen das ganze Eigenthum weg. Und er schlief in der Vorhalle, bis der Indier aufwachte und sah, dass sein Haus eingebrochen war, und dass jemand in der Vorhalle schlief. (Und er sagte): Du bist es, der in mein Haus eingebrochen ist. Und jener leugnete, und sie schleppten einander vor den Richter, und der befahl, ihm die Hand abzuschneiden. Und sogleich wurde ihm die Hand nach dem Befehl des Richters abgeschnitten. Und so konnte er nicht mehr Lasten tragen, und es geschah, er suchte nach einem Ranzen und bettelte. Das war nun sein Geschäft.

Und jener Sultan, nämlich der in der Stadt, hatte eine Schwester. Und an einem Tage kam jener Arme an dem Hause der Schwester des Sultans vorbei und setzte sich unten bei dem Hause hin und las. Und die Tochter des Sultans machte das Fenster auf und sah den Armen, wie er mit schöner Stimme las, und er war ein schöner Jüngling. Und sie sagte zu ihrer Sklavin: rufe doch den Armen, dass er hierher hinauf komme.

Und als er hinauf kam, gab sie ihm viel zu essen, und er ass. Schliesslich sagte sie zu ihm: Du hast jetzt nicht mehr nöthig zu betteln, komme alle Tage hierher, ich werde dir deinen Lebensunterhalt geben, es ist nicht nöthig dich selbst zu plagen. Und es geschah, dass er alle Tage (dorthin) ging.

Und an einem Tage sagte sie zu dem Armen: Ich will etwas von dir; ich will, dass du zu meinem Bruder gehest und um mich anhaltest, mich zu heirathen, nämlich ich habe keinen Mann. Und der Arme antwortete: Ja Herrin, ich kann diese Sache nicht übernehmen, es dem Sultan zu sagen. Sie sagte zu ihm: Du hast keinen Ausweg; wenn du es nicht willst, so werde ich den Leuten befehlen, dass sie dich abschlachten. Und da wurde er einverstanden damit. Und die Königstochter gab ihm ein Schreiben, aber sie sagte zu ihm: Das Schreiben gieb zuerst dem Wesir.

Und er nahm das Schreiben in Empfang und ging zu dem Wesir und sagte zu ihm: O Schech, ich bin vor dich gekommen, ich will dir etwas sagen, aber ich möchte gern, dass du mir vor Gott das Versprechen giebst, dass du mir kein Leid anthust. Da gab ihm der Wesir das Versprechen. Und er wickelte das Schreiben aus und gab es ihm. Und als der Wesir das Schreiben gelesen hatte, sagte er zu dem Armen: Hätte ich dir nicht das Versprechen gegeben, so würde ich dich tödten, aber es schadet nichts. Und der Wesir brachte das Schreiben bis zum Sultan und sagte zu ihm: O Herr, ich will dir etwas sagen, aber gieb mir das Versprechen, dass du weder mir noch dem Bittsteller Schaden zufügen willst. Und er gab ihm das Versprechen. Da holte er das Schreiben heraus und gab es dem Sultan. Und er sagte: Waren nicht so viele Männer, die Söhne der Wesire und der Richter und der Reichen alle da, um meiner Schwester zu genügen, abgesehen von jenem Armen; aber es schadet nichts; sage ihr, wenn sie jenen Armen zum Manne will, so soll sie all ihr Eigenthum verkaufen und aus meinem Reiche fortziehen, und als Zeit habe ich ihr drei Tage gegeben.

Und der Wesir ging und sagte es ihm. Und sie willigte ein fortzuziehen und sie verkaufte ihr Eigenthum und ging hin und miethete ein kleines Haus von Kokosblättern am Ende der Stadt. Und zuletzt sagte sie zu dem Armen: Suche nach einem Gelehrten, dass er dich verheirathe. Und er heirathete. Darnach wurde die Frau schwanger und gebar.

Und jener Arme war an seiner Hand verkrüppelt. Und eines Tages sagte er zu seiner Frau: Gnädige Frau, ich brauche Geld um mir ein Stück Zeug Amerikani asili zu kaufen, damit ich mir eine Angelschnur mache, damit ich am Strande fische. Darnach gab sie ihm Geld, und er kaufte, was er wollte, und fischte mit den Füssen. Darnach wurde sein Kind gross. Und an einem Tage sagte er zu seiner Frau: Ich wünsche mit dem Kinde nach der Klippe zu gehen, und wenn ich Fische bekomme, so soll es sie nach Hause bringen. Und er ging mit seinem Kinde. Und Gott segnete ihn und er bekam Fische und er gab (sie) seinem Kinde: Trage die Fische weg, bringe sie nach Hause. Und als das Kind auf dem Wege war, kam es an ein Wasserloch und versank. Und er schaute nach seinem Kinde und er sah es nicht und er kam sogleich angelaufen. Und als er bei dem Wasserloch ankam, sprach er: alles, was Gott machen will, das ist. Und sogleich segnete er ihn, und er zog sein Kind heraus, und seine Hand hatte ihm Gott wiedergegeben, er hätte es sonst nicht herausziehen können.²

Und er kehrte zurück und kam bei seinem Hause an. Und als ihn seine Frau sah, nämlich dass ihr Mann beide Hände hatte, da ging sie in das Haus hinein und schloss die Thüre zu. Und er klopfte an die Thüre an: O geehrtes Weib öffne die Thür. Und sie antwortete: Ich mache nicht auf, denn du bist nicht mein Mann. Mein Mann hat nur eine Hand, du hast zwei. Und sogleich theilte er ihr die Geschichte mit, wie es ihm ergangen war. Da schloss sie ihm auf.

Darnach lebte er mit seiner Frau, bis er eines Tages am Strande war, und sein Haus war nahe am Strande, und er sah, wie zwei Schiffe ankamen. Und er sagte zu seiner Frau: Gnädige Frau, die Schiffe, welche da kommen, sind die meinigen. Und die Frau sagte zu ihm: Heute bist du nicht bei Verstande, ein Schiffsbesitzer stiehlt nicht, so dass man ihm die Hand abhaut. Und alsbald kamen noch andere. Und er sprach zu ihr in gleicher Weise. Endlich warfen die Schiffe die Anker aus. Und es stiegen die Wesire ans Land um in der Stadt zu fragen: Ist unser Sultan hierher gekommen? Und man sagte: Er ist nicht gekommen; nämlich sie wussten es nicht. Und diese Stadt war die letzte, alle (übrigen) Städte waren bereits durchsucht. Alsbald stiegen sie herab und sagten: wir wollen zurückkehren. Und es gingen zwei von seinen Hofpagen (wörtl. Pagen des Thores), heraus um bis an das Ende der Stadt spazieren zu gehen. Und als sie die Richtung auf sein Haus einschlugen, sagte er zu seiner Frau: Gnädige Frau, diese Knaben sind mein. Und sie sagte zu ihm: Heute bist du nicht bei Verstande, du verspottest dich selbst, du hast doch keine Pagen wie diese. Warte nur, wenn sie selbst näher kommen, werde ich kommen ihnen zu sagen, dass sie herkommen, dir den Kopf zurecht zu setzen. Aber als sie näher kamen, da sahen sie ihren Herrn und weinten sehr über einander. Und einer stand auf um den Wesiren Nachricht zu geben. Und als die Wesire die Nachricht erhalten hatten, schossen sie wunderbar viel Kanonen ab.

(Hier bricht die Geschichte im Manuscripte ab, den Schluss kann man sich leicht ausmalen.)

---

[1] An Stelle des guten gestickten Hemdes kaufte er eins von schlechtem dünnen Zeug. [2] So glaube ich hier *asipate kuvua* nach dem Zusammenhange übersetzen zu müssen. Aber vielleicht liegt hier ein Schreibfehler im Text vor.

LVII.

Der kluge Arzt oder die Todesfurcht als Heilmittel.

Aida katika kadimu izzamani katika Bughdadi alikuwako mwanamke mnene sana, akawa hawezi kwenda kwa hali ya unene. Hatta siku moja katika siku akafanya rai katika moyo wake akaazima kwenda kwa hakim kutaka dawa ya unene.

Akaenda hatta nyumbani kwa hakim. Alipofika, hakim akam-
karibisha akamwambia: karibu. ¡ Akakaa kitako. Akamuliza
khabari, mwanamke akajibu: khabari njema nimekuja kwako
unitazame hali. Akamwambia: u na nini? Akajibu mwanamke
akanena: nataka unifanyizie dawa ya huu unenc nilio nao. Hakimu
akamwambia: Inshaallah, walakin sharti nipige ramli kwanza
nitezame dawa itakayokufaa, nawe sasa rudi nenda zako, kesho
nioo utoe majibu.

Akanena inshaallah akaenda zake͞ mwanamke hatta siku
ya pili akarudi kutoa majibu. Hakim akamwambia: ya bint-
ilhalali, nimetazama katika kitabu, nimeona, baada ya siku saba
utakufa, bassi mimi naomba huna haia kufanya dawa nawe
karibu utakufa baada siku sabaa.

Aliposikia mwanamke maneno ya hakim akafanya khofu
katika moyo wake akawaza atakufa akarudi hatta kwake, asile
wala asinywe, akafanya huzuni sana akakonda sana. Hatta
alipofika siku sabaa asife, siku ya nane asife. Akaenda kwa
hakim akamwambia: leo siku ya nane, nami sikufa. Hakim
akanena: wewe sasa mnene ao mwembamba. Akanena: mwe-
mbamba, nimekonda kwa khofu ya kufa. Hakim akanena: ndio
dawa yako khofu. Mwanamke akamwondoka.
Wasalaam.

UEBERSETZUNG.

Es war einmal in den alten Zeiten in Bagdad eine sehr
dicke Frau, so dass sie nicht gehen konnte, so dick war sie.
Und an einem Tage von den Tagen fasste sie einen Entschluss
in ihrem Herzen und entschloss sich zu einem Arzte zu gehen
um Medicin für ihre Fettleibigkeit zu suchen. Und sie ging bis
zu dem Hause des Arztes. Und als sie dort angekommen war,
lud der Arzt sie ein näher zu treten und er sagte zu ihr: tritt
näher. Und sie setzte sich hin. Und er fragte sie, wie es ginge.
Die Frau antwortete ihm: es geht alles gut, ich bin zu dir gekommen, dass du meinen Zustand ansehest. Und er fragte sie:
was hast du denn? Die Frau antwortete ihm und sagte: ich
wünsche, dass du mir eine Medicin für diese meine Fettleibig-

keit machest. Der Arzt sagte ihr: Wenn Gott will; aber ich muss zuerst das Orakel befragen,[1] damit ich sehe, welche Medicin für dich passt; und du gehe jetzt nach Hause zurück; morgen komme wieder und hole deine Antwort. Und die Frau sagte: Wenn Gott will, und ging nach Hause. Am folgenden Tage kam sie wieder um die Antwort zu holen. Der Arzt sagte ihr: Geehrte Frau, ich habe in dem Buche nachgesehen und habe gefunden, nach sieben Tagen wirst du sterben, gut, so bitte ich dich, du hast keine Medicin nöthig, da du so bald in sieben Tagen sterben wirst.

Als die Frau die Worte des Arztes hörte, fürchtete sie sich in ihrem Herzen und dachte, sie würde sterben, und sie kehrte nach Hause zurück, ass nicht, trank nicht und war sehr betrübt und wurde sehr mager. So erreichte sie nun die sieben Tage, aber sie starb nicht, den achten Tag, aber sie starb nicht. Da ging sie zum Arzte und sagte zu ihm: Heute ist der achte Tag, und ich bin nicht gestorben. Und der Arzt sagte zu ihr: Bist du nun dick oder dünn? Sie sagte: Ich bin dünn, ich bin vor Todesfurcht ganz abgemagert. Der Arzt sagte zu ihr: Das eben war die Medicin, die Furcht. Und die Frau ging von ihm weg.

Und Gruss!

[1] Durch Aufschreiben von allerlei Zahlen und Wörtern im Sande und Ausrechnen gewisser Formeln.

VI.III.

Die Spur des Löwen.

Haza[1] kisa zamani.

Aliondokea sultani na waziri wake akakaa katika mulki wake. Siku nyingi zikapita. Na yule sultani ana masuria yaliyo nyumbani mwake watu mia na mke we mmoja. Hatta siku moja sultani akapanda katika bingile ya chumba yake akafungua dirisha akatupa macho katika chumba chingine akamwona mwanamke panapo dirisha, anachana nywele zake. Sultani alipoona vile akafanya wazimo akashuka mbio hatta akafika chini akawaita mabawabu wake wote.

Wakaja akawauliza: nyumba iliokaa katika na nyumba ya yule Jahudi nyumba ya nani? Mabawabu wakamjibu sultani wakamwambia: nyumba hiyo, sultani, nyumba ya waziri wako sayidina. Akasema sultani: tafadhal na ondoke mtu mmoja, aende akamwite waziri wangu. Akasema bawabu mmoja: Ei wallah, sultani. Akaenda yule bawabu hatta akafika kwa waziri akabisha mlangoni akafunguliwa mlango akaenda hatta kwa waziri akamwamkia akamwambia: Nimetumwa na sultani sasa hivi, unakwitwa, Allah Allah, walau usifanye ajizi. Akamjibu waziri: Ei wallah, sama'an wataathu[2] sultani.

Akatoka waziri hatta hakuwahi kuaga akaenda hatta akafika kwa sultani. Akamwambia: Tafadhal wasiri, nimekwita usafiri uende Basra sasa hivi; nimeletewa habari kama kuna vita, bassi, nataka usafiri. Waziri akasema: Ei wallah. sayidina. Akaondoka waziri akapanda marikebu akasafir, bassi.

Huko nyuma sultani akakaa hatta jua likachwa akavaa pete katika kidole chake inapwaya akavaa na joho jeusi akakaa hatta mazingazinga ya usiku mwenda haendi mrudi harudi. Akatoka akaenda hatta akafika panapo nyumba ya waziri akagonga mlango kidogo kidogo akafunguliwa mlango. Akapita akaenda hatta akafika darini akamkuta yule mwanamke aliyomwona dirishani amekaa kitako. Naye yule mwanamke mke

wa waziri wake aliyomsafirisha kuwasili. Alhasil na yule
mwanamke alipomwona sultani akamkaribisha kwa heshima na
adabu. Sultani akakaa akazumgumza. Hatta karibu na kucha
sultani akaleta maneno ya upuuzi kumwambia; mwanamke akatambua maana yake, anayotaka sultani. Mwanamke akasema:
Ei wallah, sultani; walakin ngojea kwanza, nikupikie kahawa
walau kikombe kimoja sultani unywe. Sultani akasema: Ei
wallah. Mwanamke akapika vyakula, sahani mia, akaleta mbele
ya sultani. Alhasil sultani akatoa kulla sahani kidogo kidogo,
akala akaona vyakula vile vyote namna mbalimbali, walakin
laza yake moja. Akamwuliza: Vyakula hivi namna mbalimbali
walakin laza moja kwa nini? Mwanamke akasema: Nimefanya
maksudi, na kama mtambuzi, tambua. Sultani akatambua.

Akavaa nguo zake akatoka akaenda zake akasahau pete
yake. Alhasil na yule mwanamke asitazame pale mahali alipokaa sultani kama pana pete. Alhasil kwa siku ya kumi akaja
jule waziri aliyosafiri hatta kwa sultani akampa habari zote
za Bughdadi. Tena akaondoka akaenda kwake akaingia ndani
akakaa katika kikao, alikokaa sultani alipokuwako; na ile pete,
aliosahau sultani, ipo palepale waziri akaikalia. Akapeleka
mkono akatazama akaona pete ya sultani akawaza katika roho
yake akasema: Sultani ameniondoa katika mji wake kwa hila,
kuja kufisidi nyumba yangu, walakin ahsanta sultani; asiseme
na mkewe muda wa miezi mitatu.

Mwanamke akaenda kwa babaye akamshitakia khabari
zote zilizo kwake. Babaye akamjibu akamwambia: Namsikia
binti wangu, walakin insha Allah taala kesho atakuacha mu-
meo ao atasema nawe: regea kwangu. Hatta ussubui akaondoka
yule binti akaenda zake. Alhasil kulipokucha assubui akaondoka
baba yake yule binti akavaa nguo zake akaenda hatta sultani
na yule mumewe waziri yako kwa sultani. Akaingia akapiga
salama kwa sultani akakaa mbele ya sultani akamwambia:
Sayidina, nashitaki mtu mmoja; nipe rukhsa niseme maneno
yangu. Sultani akasema: nimekupa rukhsa, sema maneno yako.
Akasema: Katika mulki wako nimefanya bustani nzuri sana,
killa mti nimepanda; akaja waziri wako akatamani kupanga
bustani yangu; na mimi nikampa ile bustani yangu; akakaa

*nayo, siku nyingi ikapita; alhasil hatta siku moja nikapita ku-
tembea katika njia, hatta nikafika kunako bustani yangu nika-
tazama ndani nikaona milango i wazi na miti nilipopanda ime-
kauka wala hapana mngojezi ndani ya bustani; wa salaam;*[1]
ndio maneno yangu, sultani.

*Akaruka waziri akajibu: Mimi sayidina niliyepanga bus-
tani yake huyu sheikhi, walakin sayidina nafahamu siku moja
nalisafir niliporudi nikaona ukucha wa simba uko mlangoni ni-
kachelea kuingia ndani; ndio maana milango kuwa wazi na
miti kukauka.*

*Sultani akatambua akajua, ni kama ukucha wa simba
pete yake. Sultani akaapa yamini: Wallahi, ama simba akaingia ndani, walakin simba hakula matunda, wasalaam, tamat.*

*Waziri akaenda akasema na mke wake kwa kheiri kama
kwanza.*

UEBERSETZUNG.

Dies eine Geschichte aus der Vorzeit.

Es war einmal ein Sultan und sein Wesir, und er lebte in
seinem Reiche viele Tage. Und der Sultan hatte Kebsweiber,
die in seinem Hause waren, hundert Weiber, und eine Frau.
An einem Tage stieg der Sultan auf das Dach[2] seines Hauses
und er öffnete das Fenster und warf seine Augen auf das andre
Haus und erblickte eine Frau an dem Fenster, welche ihre
Haare kämmte. Als der Sultan solches sah, wurde er verstörten
Geistes und stieg eilends herab, bis er unten ankam, und er rief
alle seine Thürhüter.

Und sie kamen, und er fragte sie: Wessen ist das Haus,
das dort bei dem Hause jenes Juden ist? Und die Thürhüter
antworteten dem Sultan und sagten ihm: Dieses Haus, o Sultan,
ist das Haus des Wesirs unseres Herrn. Und der Sultan sagte:
Bitte, es mache sich doch einer auf und gehe und hole meinen

---

[1] Diese Formel wörtl. „und Gruss" wird vielfach beim Schluss
einer Darstellung gebraucht. [2] *bingile* eig. eine Laube auf dem
Dache, in welcher man sich in den heissen Nächten aufhält;
vielleicht aus dem indischen Bungalow.

Wesir. Und es sagte ein Thürhüter: Ja wohl, o Sultan. Und
es ging dieser Thürhüter, bis er zum Hause jenes Wesirs kam,
und er klopfte an die Thüre; und es wurde ihm die Thüre
aufgemacht, und er ging bis zu dem Wesir und begrüsste
ihn und sagte zu ihm: Ich bin soeben von dem Sultan geschickt, du bist gerufen, um Gotteswillen, halte dich nicht auf.
Und der Wesir sagte: Ja gewiss, Hören und dem Sultan ge-
horchen.

Und der Wesir ging heraus ohne Abschied zu nehmen
und ging, bis er bei dem Sultan ankam. Und dieser sagte zu
ihm: Bitte, o Wesir, ich habe dich gerufen, damit du sogleich
nach Basra reisen mögest, ich habe Nachricht erhalten, dass
dort Krieg ist; so will ich, dass du reisest. Und der Wesir
sagte: Ja gewiss, mein Herr! Und es erhob sich der Wesir und
stieg auf ein Schiff.

Der Sultan dahinten wartete, bis die Sonne untergegangen
war, und er zog einen Ring an seinen Finger, welcher lose sass,
und er zog einen schwarzen Tuchrock an und blieb bis um
Mitternacht, ging hin und her; schliesslich ging er hinaus, bis
er dort ankam, wo das Haus des Wesirs war; und er klopfte
ganz leise an die Thür. Und die Thür wurde ihm aufgemacht,
und er ging weiter, bis er in die Wohnräume kam und die Frau
traf, welche er am Fenster sitzend gesehen hatte. Und sie war
die Frau seines Wesirs, den er hatte reisen lassen. Und als
jene Frau den Sultan sah, empfing sie ihn mit allen Ehren und
Anstand. Und der Sultan setzte sich, und sie plauderten mit
einander bis nahe an das Morgengrauen. Und der Sultan fing
an leichtfertig mit ihr zu reden, und die Frau merkte die Bedeutung davon, was er wollte. Und die Frau sagte: Ja gewiss,
o Sultan, aber warte zunächst, bis ich Kaffee gemacht habe
wenn du auch nur eine Tasse, o Sultan, trinkest. Und der
Sultan sagte: Ja gewiss. Und die Frau kochte hundert Schüsseln
Speisen und brachte es vor den Sultan. Und der Sultan nahm
von jeder Schüssel ein wenig und ass. Und er fand, alle diese
Speisen waren verschiedener Art, aber ihr Wohlgeschmack war
ein und derselbe. Und er fragte sie: Alle diese Speisen sind
wohl verschiedener Art, aber warum ist ihr Wohlgeschmack ein

und derselbe. Und die Frau sagte: das habe ich absichtlich gethan, und wenn du ein Verstehender, so verstehe es. Und der Sultan verstand es. Und er zog seine Kleider an und ging hinaus, und er vergass seinen Ring. Auch die Frau sah weiter nicht an der Stelle nach, wo der Sultan gesessen hatte, dass da ein Ring war. Am zehnten Tage danach kam auch jener Wesir, der verreist gewesen war, zu dem Sultan zurück, um ihm alle Nachrichten aus Baghdad mitzutheilen; und dann brach er auf um nach Hause zu gehen. Und er ging hinein nach innen und sass auf demselben Sitze, wo der Sultan gesessen, und der Ring, welchen der Sultan vergessen, war eben daselbst, und der Wesir sass dicht bei ihm. Und er streckte die Hand aus und sah hin und bemerkte den Ring des Sultans und dachte in seinem Geiste nach und sagte: Mit List hat mich der Sultan aus seiner Stadt fortgeschickt, um zu kommen und in meinem Hause böses anzurichten, aber bravo, o Sultan. So sprach er nicht mit seiner Frau drei Monate lang.

Und die Frau ging zu ihrem Vater, um ihm alles zu klagen, was bei ihr im Hause vorging. Und ihr Vater antwortete ihr und sagte: Ich habe es gehört, meine Tochter; aber so Gott will, morgen wird dich dein Mann entlassen oder zu dir sagen, kehre zu mir zurück. Und am Morgen stand jene Tochter auf und ging ihre Wege. Danach als der Tag graute, stand der Vater jener Tochter auf und zog sich seine Kleider an und ging bis zum Sultan, und jener Wesir, ihr Mann, war dort bei dem Sultan. Und er ging hinein und grüsste den Sultan höflich und setzte sich vor ihm nieder und sagte zu ihm: Mein Herr, ich will einen Menschen anklagen, gieb mir Erlaubniss, dass ich meine Worte vor dir sage. Und der Sultan sagte: Ich habe dir Erlaubniss gegeben, sprich deine Worte. Und er sagte: Ich habe in deinem Reiche einen sehr schönen Garten gemacht und alle Bäume hineingepflanzt; und es kam dein Wesir und verlangte meinen Garten zu miethen, und ich gab ihm meinen Garten, und er besass ihn; viele Tage vergingen; danach ging ich eines Tages am Wege vorbei spazieren, und kam dahin, wo mein Garten ist, und schaute hinein und ich sah die Thüren offen und die Bäume, die darin waren, waren verdorrt, auch war kein Wächter drinnen im Garten. Soweit. Dies waren meine Worte.

Und der Wesir sprang auf und antwortete: Ich, mein Herr, bin es, der den Garten dieses Schech gemiethet, aber, mein Herr, ich bemerkte eines Tages, als ich verreiste und zurückkehrte, und sah: die (Spur von den) Klauen eines Löwen war an der Thüre; und ich fürchtete mich hineinzugehen; dies ist der Grund, warum die Thüren offen waren.

Und der Sultan merkte es und erkannte, dass sein Ring die Löwenspur war. Und der Sultan schwur einen Eid: Bei Gott, wahrhaftig, der Löwe ist hineingegangen, aber die Früchte hat der Löwe nicht gegessen. So weit. Damit ist es zu Ende.

Und der Wesir ging und sprach mit seiner Frau im Guten wie im Beginn.

Gedichte.

LIX.

Kal shairi.[1]

1.

Wanaofanyiwa zema ni wengi ulimwenguni,
huenda sahau ndani yaliopita zamani.
Kope na macho na mboni zilikuwaje kuteta?

2.

Jahazi chombo kikuu hakihimili kubisha.
Lataka tanga la kati na pepo za kuelekeza.
Pepo zake nyiminyimi kama unga wa kusaga.
Bibi wanifunga leso, mkufu waniumiza.
Kope na macho na mboni zilikuwaje kuteta?

3.

Mama nipikie wali kwa nazi ya kusukua,
niteremkie mbondeni, maua yanachanua.
Huuzaje marikebu kutumaini mashua?
Kope na macho na mboni zilikuwaje kuteta?

4.

Nilipo kwenda njiani nilisikia parakacha;
hageuka hatazama haona kanga akata.
Kanipendeza wajihi na maungo kutakata
Kope na macho na mboni zilikuwaje kuteta?

[1] arabisch.

5.

Kwetu kujile chombo cha milingote mitatu.
Juu hulia kigoma, chini hulia upato.
Mimi sisemi na wewe kijana wa kitumbatu;
hunena bibi yako mwenyi kikubwa cha afu.
Kope na macho na mboni zilikuwaje kuteta?

UEBERSETZUNG.

Es sagt der Dichter:

1.

Solcher, denen Gutes gethan ist, sind viele in der Welt;
Allmählich vergessen sie im Herzen, was vor Zeiten vorgegangen.
Augenlid und Augen und Pupille, wie können sie mit einander
im Streit sein?

2.

Ein altes Fahrzeug erträgt das Lavieren (wörtl. Herum-
stossen) nicht. Es verlangt das Segel in der Mitte und einen
günstigen (geradeaustreibenden) Wind. Sein Wind muss ganz
fein sein, wie feingemahlenes Mehl. Die gnädige Frau hat mich
mit einem Tuche gebunden; Ketten thun mir weh. Augenlid und
Augen und Pupille, wie können sie mit einander im Streit sein?

3.

Mutter koche mir Reis mit eingeschnittener Kokosnuss,
damit ich in das Thal hinabsteige, wo die Blumen spriessen.
Verkauft man ein Vollschiff, um sich einem Boote anzuvertrauen?
Augenlid und Augen und Pupille, wie können sie miteinander
im Streit sein?

4.

Als ich auf dem Wege ging, hörte ich ein Geräusch; ich
wandte mich um und schaute hin und sah ein schönes Perlhuhn.
Es gefiel mir das Angesicht und die glänzenden Glieder. Augenlid und Augen und Pupille, wie können sie mit einander im
Streit sein?

5.

Zu uns kam ein Fahrzeug mit drei Masten; oben ertönt die Trommel, unten ertönt das Becken. Ich rede nicht mehr mit dir, du junger Mann von Tumbatu. Man redet mit deiner Dame, welche (an der Halsschnur) eine Büchse mit Jasmin-Blumen trägt. Augenlid und Augen und Pupille, wie können sie mit einander im Streit sein?

ERKLÄRUNG.

Vorliegendes Gedicht giebt uns ein Beispiel einer Räthsel-rede, wie die Afrikaner sie so sehr lieben, und die ihnen die Möglichkeit bietet ganz öffentlich vor aller Welt über alle Geheimnisse der Familie und des Staates zu reden. Denn wer nichts von der Sache versteht, versteht eben die blumenreiche Räthselrede nicht, und dem wird die Bedeutung auch nicht gesagt. Und wer das Geheimniss kennt, dem braucht die Sache auch nicht erklärt zu werden, er versteht es eben.

Die einzelnen Wörter und Sätze des Gedichtes sind völlig klar, und man ist über ihren Sinn nicht im Zweifel, aber was soll das Ganze bedeuten? Auch ich will nicht behaupten, dass ich alles erklären kann; aber nach den mir (seitens des Herrn Sleman bin Said) zugegangenen Aufklärungen möchte folgender Sinn unterliegen:

Ein Mann verreist und hinterlässt seine Frau im Schutze seines Bruders. Als er zurückkehrt, beschuldigt die Frau den Schwager, dass er sie zum Ehebruch verführen wollte. Der Schwager vertheidigt sich mit vorliegendem Gedicht:

I.

Nur zu leicht vergisst man der früher erwiesenen Wohlthaten (und glaubt, dass aus Freunden Feinde werden können). Aber was durch natürliche Bande zur innigsten Freundschaft verbunden, wie Augenlid, Auge und Pupille, das kann nicht wider einander streiten.

2.

Der Dichter hat auch keine Lust sich in Abenteuer, die
über seine Kräfte gehen, einzulassen. Er vergleicht sich mit
einem alten Fahrzeug, das nicht mehr mit Wind und Wellen
kämpfen kann, sondern das nur noch bei ganz leichtem günstigen
Winde, welche die Anwendung des Mittelsegels erlauben, fahren
darf. Das Band, das ihn mit der Frau verknüpfte, war nur ein
leichtes Tuch. Eine feste schwere Kette würde ihm nur Un-
annehmlichkeit und Schmerzen bereitet haben.

3.

Was er mit der Frau gesprochen, das sei etwa folgendes
gewesen: Sie solle ihm etwas gutes kochen; aber nicht, dass
er nun nach dem Essen bei ihr bleibe, sondern sein Sinn habe
nach andern Dingen gestanden, nach dem Thale, wo die Blumen
spriessen. Deshalb hat der Bruder Unrecht, wenn er seiner
Frau mehr glaubt, als wie dem (seit der Kindheit) als treu er-
probten Bruder; er handelt wie jemand, der sein grosses Vollschiff verkauft und nun sich einem schwachen Boot für die
Seefahrt anvertraut.

4.

Der Dichter verehrt vielmehr eine ganz andere Dame als
die Frau seines Bruders. Als er ausging (vergl. Vers 3) da hat
er ein schönes Perlhuhn gefunden, das ihm gefiel.

5.

Wie ein stattliches Vollschiff kam diese Dame zu ihm,
von drei Sclavinnen (den drei Masten) begleitet. Wie Musik
von Trommel und Becken erklang der Schmuck der Frau und
ihrer Bedienung. So ist es nicht mehr nöthig mit dem Bruder,
dem thörichten Tumbatu-Knaben zu reden. Höchstens dass er
seine Dame eines Wortes würdigt.

ANMERKUNGEN.

Es fragt sich, ob der Text richtig überliefert ist. Weder
Strophenbau noch Reim ist so regelmässig, wie er sonst in Suaheli-
gedichten zu sein pflegt.

1. *Zema* = *ryema*, nach Art des Lamudialects. *Huenda sahau* für *huenda kusahau; enda* ist wie ein Hilfsverbum construirt.

2. *Bisha* eigentlich, stossen, schlagen, hier vom Winde gesagt, der das lavirende oder mit den Stagsegeln fahrende Schiff heftig treibt.

3. *Sukua* den Kern der Kokosnuss zerschneiden, im Gegensatz zu *kuna nazi* die Nuss reiben.

4. *Parakacha* ist eigentlich nach Lamuart *parakata* zu lesen; dann kommt der Reim richtig heraus.

5. *Kujile* alterthümliches Perfect von *ja* kommen mit der Endung *ile* (wie noch im Kiyao u. s. w.). *Kitumbatu* nach Art von Tumbatu, dessen Einwohner von den Sansibariten oft ihrer Thorheit wegen verspottet werden. *Kikubwa* eine grössere Parfümdose, die von den Frauen an der Halsschnur auf der Brust getragen wird.

Zeile 5 dieser Strophe passt nach Sinn und Reim wenig zu dem übrigen. Ich habe es, so gut es anging zu erklären versucht; besser aber wäre es die Zeile ganz zu streichen.

LX.

Lob einer schönen Frau. In alterthümlicher Schreibweise und Sprache.

Kal shairi.

1.

Abudu ilkawafi nikidiriji,
yazingali nuru kama siraji.
Niwape mfano wa wajiwaji,
na wapulikao wapeni shani.

2.

Niwape khabari zangu mbwenco,
ziwatulilie kama yalio;
walio baidi wapape nyoyo,
na wapulikao wazidikane.

3.

Katika dwara kitipijika,
himwona dura akinandika,
kwa sauti nana akitamuka:
Hujambo, sijambo, nana fulani.

4.

Kinwa maninga kimbusuri,
hiliona anga likithihiri.
Mola kamvua mwana wa kheiri
ito la hasidi na adwani!

5.

Akhi ndiwa Manga mwenyi makama.
Kitwa mviringo chake ngurama.
Yu na nyingi shungi la taazima.
Shani na urembo huzidi shani.

6.

Uso wa muwewa ukinawiri,
uli mduara nussu shubiri;
ukimemetuka kama badiri,
utimimiyeo mdwarani.

7.

Nyusi za kifungo zifungeneo
shani yake Mola aumbiyeo.
Nuru ya haiba yake matao,
kama mwezi kenda wa ramathani.

8.

Mato ya kizinga, mboni na kope,
kiini cheusi huwa cheupe.
Vikizidi mno hutenda lepe,
kama aingiaye usindizini.

9.

Kiumbo cha pua chake makama,
  ili nyanda tatu kwa kuipima.
Nisimamiye kumtazama
haimili kunywa mai katani.

10.

Sifa nda machavu ntawakhubiri:
ni kama mapera ya kukhitari;
akichekacheka kama hariri
hufanya zitobo kwa ulaini.

11.

Midomo mititi kama kasiba.
Yu na mwanya kati wake haiba.
Ndiye mke siti mwenyi mahaba
atiaye watu mu khatarani.

12.

Na mapulike ze yapulikao,
akitia ripini, hutenda tao.
Ndawe na majasi yafuetewo
kama yatokao mkerezoni.

13.

Shingo nda mwanzi hunemanema,
iviringineo mbee na nyuma.
Huoni mshipa kumusimama
shabihi ya tupa ya fransani.

14.

Mikono ya mbinu akiregeza.
hupindika mno kwa kupooza.
Ngazi ya kiuno nyuma huteza
ngoma ya unyago wa kisiwani.

15.

Kifua ni kuti cha kimangaa
kina vitu kati kutangatanga,
mshebaha wake nda koma manga
linawiriyeo bustanini.

UEBERSETZUNG.

Es sagt der Dichter:

1.

Wenn ich, der Diener des Genügeverschaffenden, (ein Lied) verfasse, so flammt es wie eine Fackel. Ich möchtè euch das Abbild eines Blitzes darstellen; und die es hören, sollen Ruhm vermelden.

2.

Ich möchte es euch melden, so wie ich es gesehen; damit es euch deutlich werde, wie es wirklich beschaffen ist, dass denen, die ferne sind, die Herzen klopfen, und denen, die es hören, noch viel mehr.

3.

Wenn sie sich im Reigen dreht, sehe ich die Frau, wie sie mir zuwinkt (?), wie sie mit zarter Stimme zu mir sagt: wie geht es, mir gehts gut, du mein lieber N. N.

4.

Wenn der Mund mit den Lippen mich küsst, scheint es mir, als ob das Licht aufleuchtet. Der Herr behüte dich, liebes Kind, vor dem neidischen und feindlichen Auge.

5.

Meine Schwester ist wie eine Taube von Manga in ihrer aufrechten Haltung. Ihr Kopf neigt sich in die Runde hin und her. Sie hat viele herrliche Locken. Preis und Zierde vermehren den Preis.

6.

Wenn das Falkenantlitz aufleuchtet, ist es ein Kreis von einer halben Spanne, wenn es wie der Mond erglänzt, der sein Rund erfüllt hat.

7.

Die zusammenfliessenden Augenbrauen, die zusammenstossen, sind ein Preis des Herrn, der sie geschaffen. Das schöne Licht ihrer Bogen ist wie der Mond am neunten Tage des Ramadhan.

8.

Wenn sie die Augen herumwirft, Augapfel und Lider, dann wird das schwarze im Auge zum weissen. Und noch mehr wird es, wenn sie schmachtend herumblickt, so als wollte sie einschlummern.

9.

Die Form ihrer Nase ist aufrecht; drei Finger (breit) ist sie beim Abmessen. Wenn ich dastehe um sie anzusehen, (finde ich), dass sie nicht Wasser aus der Kokosnussschale trinken kann.

10.

Das Lob ihrer Wangen will ich euch melden: sie sind wie auserlesene Guavas; wenn sie lächelt, zeigt sie Grübchen wie zarte Seide.

11.

Ihr Schnäbelchen ist klein wie eine Flöte und ihre Zahnlücken sind schön. Das ist die Herrin voll von Liebreiz, die die Leute in Gefahren hineintreibt.

12.

Wenn sie in ihre Ohren, welche (gut) hören, die Ohrringe hineinsteckt, so kommt ihre Wölbung zur Geltung. Die Ohrläppchen und Ohrbommeln passen zusammen, als kämen sie (eben) aus des Drechslers Werkstatt.

13.

Ihr Hals ist wie ein glattes Rohr, vorne und hinten wohl gerundet. Du siehst keine Ader (darin) hervorstehen, (er ist) ganz wie eine französische Feile.

14.

Wenn sie die Ellenbogen nach innen durchdrückt, dann
werden die Arme ganz gebogen, fast bis zum steifwerden. Die
Fülle der Hüften tanzt hin und her wie bei der Frauentanz-
Musik der Inselleute.

15.

Die Brust und die Brustwarze ist nach Art der Manga-
taube. Da sind Dinge drinnen die hin und herschwanken; ihr
Abbild ist der Granatapfel, welcher im Garten erglänzt.

ANMERKUNGEN.

Vorstehendes Gedicht enthält viele alterthümliche und dich-
terische Ausdrücke, deren Bedeutung sich nicht genau feststellen
liess. Man möge also entschuldigen, wenn etwas unrichtiges mit
untergelaufen ist. Der sehr knappe Ausdruck im Suaheli liess sich
im Deutschen oft nur durch Umschreibung wiedergeben.
   1. *Kawafi* soll von der arabischen Wurzel كفى *kafa* genügen
herkommen und ein Beiname Gottes sein: der Genügeverschaffende.
Aber es ist nicht unwahrscheinlich, dass die Schreibung der Worte
عبد الكوفى nur einem Missverständniss ihren Ursprung verdankt, und
vielleicht muss geschrieben werden ابدي القوافِ, dies würde heissen:
ich beginne die Reime. Vergl. hiezu den Anfang des Liongoliedes
in Steere, swahili tales: *Nabudi kawafi takhamisi kidiriji niwathihishe
isagale kama siraji*. *Diriji* vom arabischen درج aufbauen, con-
struiren, wie *kutunga* vom künstlichen Zusammensetzen der Strophen
und Verse gebraucht. *Kusinga*, sich herumwenden, mag hier das
Flackern der Flammen bezeichnen. *Wajiwaji* der Blitz. *Pulika*
dichterisch: hören.
   2. *mbweneo* alterthümliches Perfekt von *wona;* das *ni* der
ersten Person hat sich mit dem *w* des Stammes (wie im *Yao*) zu
mb verbunden; das *o* am Ende ist das Relativpronomen. *Tulilia* —
elea verständlich sein.
   3. *tipijika* soll sich drehen, tanzen bedeuten; vielleicht liegt
das arabische لبّ, das Centrum, die Mitte, die Hauptsache zu
grunde, und es wäre vielleicht zu übersetzen: wenn sie der Mittel-
punkt des Reigens ist. *Dura* soll Frau bedeuten, aber ich weiss
nicht, womit der Ausdruck zusammenhängt.
   4. *ito* alterthümlich für *jicho* Auge.
   5. *Akhi* bedeutet eigentlich mein Bruder. Ich habe es mit:
„meine Schwester" übersetzt, da das Gedicht unstreitig auf eine
Frau geht; wie auch sonst in der orientalischen Poesie ist das
Masculinum für das Femininum gesetzt.

6. *Mwenva* ist mir sonst weiter nicht bekannt, ich habe statt dessen *mwewe* gelesen. Was die zweite Zeile eigentlich bedeuten soll, ist mir unverständlich geblieben, möglicher weise soll die Grösse des Auges bezeichnet werden.

7. In dem Ausdruck *nyusi za kifungo* ist *za kifungo* wie ein Adjectivum anzusehen: welche zusammenbinden d. h. sich zusammenschliessen. *Zifungenvo* wieder alterthümliches Perfect von *funga*; *o* die Relativsylbe; ebenso *aumbiyeo*, *umbiye* Perf. von *umba*.

8. *Kutenda lepe* verliebt aufsehen (berlinisch: mit den Augen klappern).

9. Die Nase ist so gross, dass sie beim Trinken nicht in die Tasse hineingeht, sondern am Rande anstösst.

10. *Zitobo* poetisch für *vitobo*, Grübchen.

11. *Kasiba* Rohr, Flöte, Gewehrlauf. *Mwanya kati* Zahnlücke, d. h. die Zähne stehen nicht dicht an einander gedrängt, sondern etwas auseinander. *Mu khatarani* in alterthümlicher Weise ist hier die Localpartikel *mu* als Präposition gebraucht; der Sinn des letzten Satzes ist: sie giebt den Männern Veranlassung, ihretwegen zu streiten und so bringt sie sie in Gefahr.

12. *Mapulike ze* ihre Ohren. *Ndewe* Loch im Ohrläppchen. *Majasi* Ohrbommeln. *Yafuctewo* alterthümliches Perfect von *fuata*, *wo* Relativsylbe.

13. *Nemanema = nepanepa*. *Mbee = mbele*. *Shabihi = Shebaha*, in Strophe 15, Gleichniss. Die französische Feile soll hier eine runde Feile bedeuten.

14. Sie trägt die Ellbogen nach innen durchgedrückt, nicht wie Leute, die viel arbeiten müssen und die daher mit spitzigem Ellbogen gehen.

15. *Unyago* bedeutet eigentlich die Festlichkeiten, den Unterricht und die sonstigen Ceremonieen, welche die mannbar werdenden Mädchen bei den Schwarzen durchmachen müssen. Die Insel von der hier die Rede ist, soll Pemba sein.

Ob das Gedicht vollständig ist mag zweifelhaft erscheinen. Das Manuscript, welches mir in die Hände gekommen, enthielt nicht mehr.

LXI.

Das Lied vom fremden Gast.

Akala shairi:

1.

Mgeni siku ya kwanza
mpe mchele na panza;
mtilie kifuani,
mkaribishe mgeni.

2.

Mgeni siku ya pili
mpe ziwa na samli;
mahaba yakizidia,
mzidie mgeni.

3.

Mgeni siku ya tatu;
jumbani hamuna kitu.
Mna zibaba zitatu,
pika ule na mgeni.

4.

Mgeni siku ya ne
mpe jembe akalime.
Akirudi muagane,
ende kwao mgeni,

5.

Mgeni siku ya tano
mwembamba kama sindano.
Hauishi uusengenyano
asengenyao mgeni.

6.

Mgeni siku ya sita;
mkila mkajificha;
mwingie vipembeni
afichwaye yye mgeni.

7.

Mgeni siku ya sabaa
si mgeni a na baa.
Hatta moto mapaani
akatia yeye mgeni.

8.

Mgeni siku ya nane;
njo ndani tuonane.
Atapotokea nje,
tuagane mgeni.

9.

Mgeni siku ya kenda;
enenda mwana kwenenda!
Usirudi nyuma,
usirudi mgeni.

10.

Mgeni siku ya kumi
kwa mateke na magumi.
Hapana afukuzwaye,
fukuzwaye, fukuzwaye yeye mgeni.

UEBERSETZUNG.

Es sagt der Dichter:

1.

Dem Fremden am ersten Tage, gebt ihm Reis und fliegenden Fisch; drückt ihn an die Brust, ladet ihn ein näher hereinzutreten, den Fremden.

2.

Dem Fremden am zweiten Tage, gebt ihm Milch und Butter; wenn die Liebe sich mehren (kann), so vermehre sie sich für den Fremden.

3.

Dem Fremden am dritten Tage, im Hause ist nichts mehr (für ihn). Da sind noch drei Tassen voll (Reis), kocht sie und esst mit dem Fremden.

4.

Dem Fremden am vierten Tage, gebt ihm eine Hacke, dass er ackern helfe. Wenn er zurückkehrt, sagt ihm Lebewohl; lasst ihn doch nach Hause gehen, den Fremden.

5.

Der Fremde am fünften Tage ist dünne wie eine Nadel. Es hört das Bereden nicht auf; der beredet wird, ist der Fremde.

6.

Der Fremde am sechsten Tage — wenn ihr esst, so versteckt euch (vor ihm); gehet in die Winkel hinein (wenn ihr essen wollt); vor dem man sich versteckt, das ist der Fremde.

7.

Der Fremde am siebenten Tage ist kein Fremder mehr sondern ein Scheusal. Selbst das Feuer im Dache hat er angelegt, der Fremde.

8.

Der Fremde am achten Tage — komme nur herein, dass wir uns (noch einmal) sehen; wenn er dann draussen zum Vorschein kommt, so nehmen wir Abschied von dem Fremden.

9.

Der Fremde am neunten Tage — gehe nur, Söhnchen, gehe nur! Komme nur nicht wieder hierher zurück, komme nur nicht zurück, du Fremder.

10.

Der Fremde am zehnten Tage — (treibt ihn weg) mit Fussstössen und mit Fäusten. Da ist kein (anderer), der fortgejagt wird; der fortgejagd wird, der fortgejagd wird, das ist der Fremde.

ANMERKUNGEN.

Dies humoristische Gedicht bietet abgesehen von seiner eigenthümlichen Orthographie mit dem häufigen Gebrauch des Hamze dem Verständniss keine besonderen Schwierigkeiten. Einzelne Unregelmässigkeiten im Versbau und im Reim zeigen, dass sich der ursprüngliche Text bereits etwas im Volksmunde verändert hat. Der Dichter hatte wohl zunächst seine eigenen Erfahrungen, die er gemacht, in den Versen, deren Reim sich immer an das Zahlwort anschliesst, zu verewigen gesucht.

1. *Pansa* wohl des Reims wegen für *panzi* der fliegende Fisch, der als besonderer Leckerbissen dem Gaste vorgesetzt wird.
2. Milch und Butter sind auch ein gutes Essen aber nichts besonderes aussergewöhnliches.
3. Der Fremde muss nun mit dem zufrieden sein, was noch da ist. *Zibaba* poetisch für *vibaba*.
4. Am vierten Tage wird der Fremde schon als Hausgenosse behandelt; er muss für sein tägliches Brot mitarbeiten, auch lässt man es ihn bereits deutlich merken, dass man ihn lieber los wäre.
5. Dünn, vom Hungern.
6. Der Reim erfordert statt *ficha* eigentlich die poetische Form *fita*.
9. *Nyuma* dort hinten, von wo er hergekommen.

Lexicalisches.

.

LXII.

Suaheli-Wörter ins Arabische übersetzt.

Nachstehendes ist von einem Sansibararaber aufgeschrieben. Es zeigt sich hier, wie die Suaheliwörter von solchen Arabern wiedergegeben werden, die mit der alterthümlichen Orthographie unbekannt sind oder sie nicht nachahmen wollen. Die Orthographie ist genau so wie im Original mit allen Fehlern desselben.

Toria za pagazi (Trägerkautschukbaum) bisswaheliye wa bilarabiye *findäl*. *Ndizi* (Banane) bisswaheliye wa bilarabiye *muz*. *Nazi* (Kokosnuss) bisswaheliye wa bilarabiye *narjil* *Mkunazi* (Mkunazibaum) bisswaheliye wa bilarabiye *sidur*. *Ungo* (flacher Korb) bisswaheliye wa bilarabiye *suff*. *Mawe* (Steine) bisswaheliye wa bilarabiye *hajar* wa *hasä*. *Udongo* (Lehm) bisswaheliye wa bilarabiye *teräb* wa *tin*. *Mchanga* (Sand) bisswaheliye wa bilarabiye *raml*. *Jua* (Sonne) bisswaheliye wa bilarabiye *shems*. *Baramwezi* (Mondschein) bisswaheliye wa bilarabiye *kamar*. *Nyota* (Stern) bisswaheliye wa bilarabiye *njum*. *Mawingo* (Wolken) bisswaheliye wa bilarabiye *sahäb*. *Jebal* (Berg) bisswaheliye wa bilarabiye *jebel*. *Miti* (Bäume) bisswaheliye wa bilarabiye *shejar*. *Maji* (Wasser) bisswaheliye wa bilarabiye *mai*. *Mvua* (Gewitter) bisswaheliye wa bilarabiye *sel*. *Manyunyu* (Landregen) bisswaheliye wa bilarabiye *nafäf* wa *rihän*. *Pepo* (Wind) bisswaheliye wa bilarabiye *habübe* wa *rih*. *Gereza* (Kerker) bisswaheliye wa bilarabiye *hisin*. *Lawani*

(Bild) bisswaheliye wa bilarabiye *sur*. *Lisimba*[1] (Löwe) bisswaheliye wa bilarabiye *esed*. *Mchwi* (Leopard) bisswaheliye wa bilarabiye *nemer*. *Ilfisi*[1] (Hyäne) bisswaheliye wa bilarabiye *tab'a*. *Paka* (Katze) bisswaheliye wa bilarabiye *senûr*. *Panya* (Ratte) bisswaheliye wa bilarabiye *far*. *Kaidet ahrab* (Kriegsgeräthe) bilarabiye wa bisswaheliye *filaslahe* wa *santulharb*: *Panga* (Schwert) bisswaheliye wa bilarabiye *sêf*. *Bunduki* (Flinte) bisswaheliye wa bilarabiye *tafak* wa *bunduk*. *Jambia* (Dolch) bisswaheliye wa bilarabiye *khanjar*. *Kisu* (Messer) bisswaheliye wa bilarabiye *sekkin*. *Ukanda* (Riemen) bisswaheliye wa bilarabiye *hezâk*. *Mzinga* (Kanone) bisswaheliye wa bilarabiye *madfa*. *Mkuki* (Speer) bisswaheliye wa bilarabiye *remeh*. *Mshare* (Pfeil) bisswaheliye wa bilarabiye *nishshâb* wa *siham*. *Mpindi* (Bogen) bisswaheliye wa *kûs* bilarabiye. *Bao* (Brett) bisswaheliye wa bilarabiye *luh*. Tamma iththani: *Mbuzi* (Ziege) bisswaheliye wa bilarabiye *ghanam*. *Ngombe*[2] (Rind) bisswaheliye wa bilarabiye *bakare* wa jumla *bakar*. *Sungura* (Hase) bisswaheliye wa bilarabiye *arnab*. *Kondoo* (Schaf) bisswaheliye wa bilarabiye *jakad*. *Mke* (Frau) bisswaheliye wa bilarabiye *unta*. *Ndume* (Männchen) bisswaheliye wa bilarabiye *zeker*. *Kinu* (Mörser) bisswaheliye wa bilarabiye *muwâke*. *Mchi* (Mörserkeule) bisswaheliye wa bilarabiye *safan* wa *madak*. Sawa iththalath fil ma'akulat: *Mtele* (Reis) bisswaheliye wa bilarabiye *arz*. *Mtama* (Hirse) bisswaheliye wa bilarabiye *dura*. *Mgano* (Weizen) bisswaheliye wa bilarabiye *burr*. *Miwa* (Zuckerrohr) bisswaheliye wa bilarabiye *kasab sekkar*.

ANMERKUNG.

Eine Uebersetzung dieses Stückes ist nicht nöthig hier zu geben, da die Bedeutung der einzelnen Wörter bereits im Text hinzugesetzt ist.

Die sich wiederholende Redensart: *bisswaheliye wa bilarabiye* ist arabisch und bedeutet: auf Suaheli und auf Arabisch. In den Wörtern *bisswaheliye* und *bilarabiye* ist das vorgesetzte *b* die

---

[1] *Lisimba*, *ilfisi* alterthümliche Formen, welche noch das alte Klassenpräfix behalten haben. [2] Im Text steht *mgombe* mit falschem Präfix.

Präposition: in, mit, auf. An sie schliesst sich der arabische Artikel *il*, dessen *l* sich dem ersten Consonanten von *swaheliye* assimilirt hat; es heisst also statt *bilswaheliye bisswaheliye*. *Wa* heisst „und" im Arabischen.

Sonstige arabische Ausdrücke in diesem Stück sind:

filaslahe unter (*fi*) den Waffen

tamma iththani ferner zweitens

jumla Mehrzahl.

sawa iththalath filmä'kakulat ebenso drittens in Betreff (*fi*) der essbaren Dinge.

Für die Aussprache der arabischen Wörter ist daran zu erinnern, dass die langen Vocale (geschrieben mit ى, و, l) den Ton haben. Wenn kein langer Vokal im Worte vorkommt, so wird die erste Silbe betont.

Anhang.

1. Die Verwendung der arabischen Schrift für das Suaheli.
2. Die Disposition und die äussere Form der Suahelibriefe.
3. Bemerkungen zu den Facsimile-Tafeln.

Die Verwendung der arabischen Schrift für das Suaheli.

Einleitendes.

Seitdem die christlichen Missionare ihre Arbeit an der Ostküste Afrikas begonnen haben, haben sie für die Schreibung des Suaheli ein lateinisches Alphabet eingeführt, welches die Laute der gesprochenen Sprache ziemlich genau wiedergiebt und welches für die gewöhnlichen Zwecke des täglichen Lebens völlig genügt.

Aber bereits lange vor ihrem Erscheinen war Lesen und Schreiben in Ostafrika bekannt gewesen. Die Araber, welche seit unvordenklicher Zeit an der Küste der Zendj verkehrten, haben unzweifelhaft schon vor dem Beginn der Moslimischen Aera die Schreibekunst dorthin gebracht. Später wurde der Koran dort ebenso fleissig gelesen und abgeschrieben als in Arabien, und es war natürlich, dass man die arabischen Buchstaben auch zur Schreibung der einheimischen Sprache, des Suaheli, verwandte.

Suahelidichter besangen in künstlich gereimten Versen die Thaten Muhammeds und der Vorkämpfer des Islam, erzählten allerlei Geschichten von Engeln und frommen Menschen, begleiteten die Tagesereignisse mit ihren Lobliedern und Spottgedichten. Wenn bis jetzt von dieser Litteratur nur erst weniges in die Hände der Europäer gekommen ist, so genügt doch das vorhandene (siehe die von Krapf aus Ostafrika mitgebrachten und in der Zeitschrift für afrikanische Sprachen 1887/88 abgedruckten Gedichte: Chuo cha Utenzi und chuo cha Herkàl, und die Gedichte in vorliegender Sammlung; vieles handschriftliche

Material habe ich ausserdem in Händen und ich hoffe auch dieses in nicht allzulanger Zeit zu veröffentlichen), um eine ziemliche Gewandtheit der Dichter und damit auch noch eine Menge weiterer Gedichte voraussetzen zu lassen.

Aber noch öfter wurde die arabische Schrift für das Schreiben der Briefe verwandt. Wenn man es auch in Sansibar selbst für vornehmer hält die Briefe arabisch abzufassen, besonders so weit man sie aus den üblichen Briefstellern abschreiben kann, so tritt doch oft genug bei Leuten, die des Arabischen nicht übermässig mächtig sind, und besonders beim Verkehr mit dem Festlande und bei den Bewohnern des Binnenlandes selbst die altbekannte Suahelisprache in ihre Rechte. Bei dem lebhaften Verkehr, welcher zu allen Zeiten zwischen den Stämmen im Innern mit den Küstenhäfen vorhanden war, hatten die Kaufleute wie die Fürsten fortwährend Ursache ihre Botschaften in die Ferne zu senden. Und wenn auch in alten Zeiten dem Boten zunächst nur ein äusseres Zeichen der Beglaubigung, ein Stock oder dergleichen, mitgegeben worden sein mag, so liegen die Vortheile der Schreibekunst zu sehr auf der Hand, als dass man sich ihrer nicht hätte bedienen sollen, wenn man einen des Schreibens kundigen Mann zur Hand hatte.

Und wie in alten Zeiten so noch heute. Alle die Leute in Ostafrika, welche den Koran lesen und die Buchstaben malen gelernt haben, benutzen ihre Kunst, so gut wie es geht, um die Suahelisprache zu schreiben und eine viel mehr, als die meisten in Europa denken mögen, ausgebreitete Correspondenz verbindet die von einander getrennten Freunde auch in Ostafrika.

Nun ist allerdings die arabische Schrift, so sehr sie dem semitischen Sprachidiom angepasst ist, an und für sich wenig für das Suaheli geeignet. Es hat sich auch dort niemand gefunden, der den kühnen Griff noch einmal gethan, mit welchem in uralter Zeit die Griechen die semitische Schrift ihrem indogermanischen Idiom so gut angepasst haben, dass wir noch heute damit auskommen können. Vielleicht dass im Anfang die arabische Kehle die Bantuwörter sich erst so weit mundgerecht machte, dass sie nun auch in das arabische Schriftsystem hineinpassten. Jedenfalls erfordert es heutzutage eine besondere

Wissenschaft um das mit arabischen Buchstaben geschriebene
Suaheli lesen zu können, da sowohl die geschriebenen Konsonanten
wie die Vokale der verschiedensten Deutung fähig
sind, wie ein Blick auf das weiter unten folgende Alphabet
bezeugt.

Steere hat nicht so ganz Unrecht, wenn er sagt: It is
absolutely necessary to have a good idea of what you are to
read before you can read at all. So ein arabisch geschriebener
Brief in Suaheli erscheint auf den ersten Blick fast unleserlich.
Zu der Unvollkommenheit des Alphabets kommt meist noch
hinzu, dass die Wörter oft nicht von einander getrennt, oft
genug auch in irrationeller Weise abgetheilt sind. Sind dann
womöglich die einzelnen Buchstaben nicht recht deutlich geschrieben, hat der Schreibekünstler die diakritischen Zeichen mehr
nach seinem ästhetischen Gefühl als nach ihrer Zugehörigkeit
zu den Buchstaben über und unter die Zeile vertheilt, so wird
das Lesen schon so ziemlich zum Rathen. Kommen gar noch
directe Schreibefehler und grammatische Unregelmässigkeiten,
Anakoluthe und dem Leser unbekannte Namen vor, so möchte
man fast völlig daran verzweifeln den Brief überhaupt verstehen
zu können.

Steere führt als ganz characteristisches Beispiel an, dass
ihm einmal ein Brief aus Kilwa mit einem Bericht über ein
dort stattgefundenes Gefecht vorgelegen hatte. In diesem war
von einem bedeutenden Manne etwas ausgesagt. Aber man
konnte a priori nicht entscheiden, ob es heissen sollte أنقُفَ oder
أنقَفَ, die drei diakritischen Punkte waren so geschrieben, dass
beide Lesarten möglich waren, und dass man also sowohl
amekufa, er ist gestorben, wie *amevuka*, er ist hinübergegangen,
entronnen, lesen konnte.

Wenn also einerseits kein Grund vorliegt, die arabischen
Schriftzeichen für geeigneter zur Aufzeichnung des Suaheli zu
halten als die lateinischen, so muss andererseits derjenige Europäer,
welcher mit den Eingeborenen, wie sie nun einmal sind,
verkehren will, sich dennoch mit der Schreibart derselben soviel
wie möglich bekannt machen.

Die Eingeborenen schreiben nun einmal ihre Briefe auf Suaheli, wie will der deutsche Kaufmann, der deutsche Beamte mit ihnen schriftlich verkehren, wenn er nicht ihre Briefe lesen und ihnen nicht in einer Schrift antworten kann, die sie selbst lesen können.

Es haben auch die Versuche, die ich mit meinen Schülern im Seminar für orientalische Sprachen bisher mit dem Lesen arabisch geschriebener Suahelibriefe gemacht, gezeigt, dass die Sache, wenn auch schwierig, doch nicht hoffnungslos ist.

Allerdings wird niemand einen solchen Brief lesen, der nicht bereits ziemlich viel Suaheli versteht. Andererseits kehren einzelne Wortbilder häufig genug wieder, so dass derjenige, welcher erst einige Uebung im Lesen derartiger Schriftstücke erlangt hat, bald wenigstens einigermassen über den Inhalt des geschriebenen sich klar wird. Anfangs macht es uns, die wir durch unsere ganze Schulerziehung an eine bestimmte Orthographie gewöhnt sind, einige Mühe uns in den Wechsel des Buchstabengebrauches hineinzufinden. Aber auch hieran gewöhnt man sich bei einiger Uebung. Man lernt es bald, aus der Schreibung der bekannten Höflichkeitsphrasen die Orthographie des Schreibers erkennen, und wenn es auch unmöglich scheint, gleich beim ersten Lesen den Sinn zu erfassen, so wird doch beim dritten und vierten Durchlesen meist nur wenig unklar bleiben.

So habe ich mich denn entschlossen die vorliegende Sammlung herauszugeben, um allen denen, welche sich mit derartigen Schriftstücken abgeben wollen oder abgeben müssen das bisher fehlende Uebungsmaterial in die Hand zu geben.

Es ist aus demselben zu ersehen, wie mannigfaltig die Schreibweise der einzelnen ist. Auf den ersten Blick mag es schwierig sein sich in dieselbe hineinzufinden. Aber wenn man den arabisch geschriebenen Text so oft durchliest, bis man ihn ohne Anstoss lesen kann, wenn man ihn so oft abschreibt, bis man ihn fest in der Feder hat, dann fühlt man sich auch darin zu Hause und findet, dass die Sache doch nicht so schlimm ist, wie man am Anfang geglaubt hat.

Besondere Schwierigkeiten scheint es dem Schüler des
Suaheli zu machen, dass in diesen Briefen soviel Arabisch vorkommt. Bei näherem Zusehen findet man aber, dass die in
diesen Briefen vorkommenden arabischen Wörter nur einen
verhältnissmässig kleinen Kreis ausmachen, der sich ganz wohl
auch von solchen übersehen lässt, die vom Arabischen nur geringe Kenntniss haben. Ich habe sogar gefunden, dass diese
arabischen Zeilen für die Entzifferung des übrigen wesentliche
Dienste leisten, da man aus ihnen leicht erkennen kann, welche
besonderen Formen die einzelnen Buchstaben in der vorliegenden
Handschrift annehmen.

Derjenige, welcher selbst für die Suaheli schreiben will,
wird ebenfalls aus vorliegender Sammlung mannigfache Belehrung
schöpfen, und es wird dem Europäer nicht schwer sein, den
Mittelweg zu finden, das gewöhnliche und leicht verständliche
abgekürzt, das seltener vorkommende und schwerer verständliche
deutlich zu schreiben. Wie weit dabei die indischen und persischen
Buchstaben mit zur Hülfe genommen werden können, wird davon
abhängen, an welche Leute man sich richtet. Jedenfalls aber
wird es nur dazu beitragen die Kluft zwischen den Europäern
und den Ostafrikanern zu überbrücken, wenn man trotz aller
Vorzüge des lateinischen Alphabets sich nicht scheut in allen
geeigneten Fällen die arabische Schrift zu gebrauchen, um
auch an die nur nach einheimischer Weise Gebildeten heran-
zukommen.

NB. Die lateinische Schrift des Suaheli ist hier die in den bisher gedruckten Büchern übliche (das sog. Alphabet Steeres). Der Deutsche hat besonders auf folgendes zu achten:

j wie im deutschen *dj* (wie *j* im bremischen: Junge).

s **immer** wie das deutsche weiche *s* in Sonne, **nie** wie das deutsche *s*.

s **immer** scharf wie das deutsche *ß*.

th, dh ist zu lispeln wie im englischen *th*.

ch wird wie im englischen ausgesprochen, etwa wie das deutsche *tsch*.

kh gleich dem deutschen *ch* in Nacht.

sh wird wie im englischen ausgesprochen, wie das deutsche *sch*.

r ist **immer** mit der Zungenspitze zu sprechen.

gh ist dasjenige *r*, das mit dem Zäpfchen hinten in der Kehle ausgesprochen wird, das *r* grasseyé der Franzosen.

v ist wie das deutsche *w* zu lesen.

w ist **englisch** zu sprechen, also etwa wie ein ganz kurzes tonloses deutsches *u*.

y wie ein kurzes, unbetontes *i*.

NB. Bei der arabischen Schrift werden nur die Consonanten in der Reihe geschrieben, die Vocale und andere Lesezeichen kommen unter oder über die Consonanten. Die Consonanten haben zum Theil mehrere besondere Formen, je nach dem sie am Anfang, in der Mitte oder am Ende der Wörter vorkommen, einige Buchstaben: ا د ذ ر ز , werden nicht mit dem folgenden Consonanten verbunden.

Allein	Am Anfang	In der Mitte	Am Ende	Name	In lateinischer Schrift
ا	ا	ـا	ـا	Elif	(Siehe die Anmerkung weiter unten)
ب	ؠ	؞	ـب	Be	b, mb, p
ت	؞	؞	ـت	Te	t, nt
ث	؞	؞	ـث	The	th, s, t
ج	؞	؞	ج	Jim	j, g, nj, ng, ny
ح	؞	؞	ح	He	h (Siehe die Anmerkung weiter unten)
خ	؞	؞	خ	Khe	kh, h
د	د	ـد	ـد	Dâl	d, nd
ذ	ذ	ـذ	ـذ	Zâl	z, nz,
ر	ر	ـر	ـر	Rē	r, (l)
ز	ز	ـز	ـز	Ze	z. nz
س	ـ	ـ	ـس	Sin	s
ش	؞	؞	ـش	Shin	sh, ch
ص	؞	؞	ـص	Sâd	s, sw
ض	؞	؞	ـض	Dhâd	d, dh, th
ط	ط	ط	ـط	Tye	t, tw
ظ	ظ	ظ	ـظ	Thye	th, s
ع	ع	؞	ع	Ên	(Siehe die Anmerkung weiter unten)

Allein	Am Anfang	In der Mitte	Am Ende	Name	In lateinischer Schrift
غ	غـ	ـغـ	ـغ	Ghën	*gh, g, ng*
ف	فـ	ـفـ	ـف	Fë	*f, v, fy, vy, p*
ق	قـ	ـقـ	ـق	Käf	*k, g, gw, ng, ngw*
كڭ كـ	كڭ كـ	كـ كڭـ	كڭـ	Kyäf	*k, g, ng, ch, sh, ny*
ل	لـ	ـلـ	ـل	Lām	*l, (r)*
م	مـ	ـمـ	ـم	Mim	*m, n (vor g)*
ن	نـ	ـنـ	ـن	Nun	*n, m (vor b)*
و	و	ـو	ـو	Vau	*w*
ه	هـ	ـهـ ـه	ـه	He	*h (Siehe die Anmerkung weiter unten)*
لا	لا	ـلا	ـلا	ʼLümelif	*la*
ء	ء	ء	ء	Hámze	(Siehe die Anmerkung weiter unten)
ي	يـ	ـيـ	ـيـي	Yë	*y, ny*

NB. In anderen Gegenden des arabischen Sprachgebietes werden die letzten Buchstaben anders geordnet, wir geben hier die in Ostafrika übliche Ordnung. Auch sind die Namen der Buchstaben so geschrieben, wie sie in Ostafrika gesprochen werden.

Ausser diesen arabischen Buchstaben werden von einigen auch noch folgende Buchstaben des persischen und indischen Alphabetes gebraucht.

Allein	Am Anfang	In der Mitte	Am Ende	Name	In lateinischer Schrift
پ	پ	ـپـ	ـپ	Pe	*p* (gehört hinter ب)
چ	چـ	ـچـ	ـچ	Chim	*ch* („ „ ج)
غ	غـ	ـغـ	ـغ	Ngën	*ng* („ „ اغ)

Es ist zu bemerken, dass viele Suaheli die Buchstaben د ز und ص auch mit einem Punkt darunter schreiben, also ڊ ز ڡ ص.

In der Theorie, im Druck und beim Schönschreiben werden die Buchstaben ا, د, ذ, ر, ز, و, mit dem darauf folgenden Buchstaben nicht verbunden. Beim schnellen Schreiben jedoch, wird allerdings vieles, was eigentlich unverbunden bleiben sollte, in einem Zuge (*na kalamu m ja*) geschrieben. Beispiele hiervon sind auf den beigefügten Tafeln zu ersehen. Vergleiche Anhang 3.

Auch sonst werden die Buchstaben beim Schreiben vielfach anders verbunden und verschnörkelt, als es beim Druck möglich ist.

Bei häufig vorkommenden Wörtern am Anfang und Schluss der Briefe werden beim raschen Schreiben oft die diakritischen Punkte weggelassen und der Leser hat sie zu ergänzen.

ANMERKUNG.

ا Elif und ء Hamze sind Vocalträger und werden da gebraucht, wo eine Silbe mit einem Vocal anfängt. Das Hamze kommt eigentlich nur in arabischen Wörtern vor, es wird über Elif, Ye und Vau geschrieben, bisweilen wird es auch ohne einen anderen Consonanten geschrieben, z. B. إن شاء الله *in shaa 'llah.* Im Deutschen wird auch oft Hamze gesprochen, wenn auch nicht geschrieben; z. B. wenn wir den Plural von See die Seeen bilden, so sprechen wir in diesem Worte vor der Endsilbe en deutlich ein Hamze, wir würden es durch einen Trennungsstrich bezeichnen: See-en.

Es ist übrigens zu bemerken, dass in den Bantusprachen ursprünglich wohl jede Silbe mit einem Consonanten anfing, im Laufe der Zeit sind viele so schwach geworden, dass sie gar nicht oder fast gar nicht mehr zu hören sind. In der arabischen Schrift treten sie aber oft genug deutlich hervor, und es ist meist nicht zufällig ob ein ا, ein ر oder ع zum Träger des Vocals gemacht sind.

Das He ه am Ende eines Wortes verlängert den letzten Vocal nicht, im Gegentheil es macht ihn kurz und dumpf.

Das He mit zwei Punkten darüber ة (sogenanntes *Ta marbúta*) ist im Arabischen Zeichen der Femininalendung und wird nur dann wie *t* ausgesprochen, wenn ein Genitiv folgt. Es wird von den Suaheli ab und zu für *t* gebraucht, wo es zum Stamme gehört, z. B. ألبُيَّة *alipopata* als er bekam.

Das ع wird von den Arabern in der Kehle gesprochen, während das ه ganz wie unser *h* klingt. Die eigentlichen Bantu kennen den Laut des ع ebensowenig wie wir, und so wird es oft angewendet, wo eigentlich ه stehen sollte.

Das ع ist ein den semitischen Sprachen eigenthümlicher
Kehllaut; bei ihm wird die Kehle noch stärker als beim Hamze
zusammengedrückt. Die eigentlichen Bantu sprechen dafür bloss
Hamze.

ص, ض, ط, ظ, ق werden emphatische Consonanten genannt,
weil sie die Aussprache der Vocale in ihrer Nähe beeinflussen;
siehe darüber weiter unten am Ende der Anmerkung über die
Vocale Seite 162.

ذ und ز werden von den Suaheli und auch wohl meist von
den Arabern in Ostafrika gleich ausgesprochen.

ث wird meist fast wie س *t* ausgesprochen.

DIE VOCALZEICHEN.

Die Vocalzeichen kommen in der arabischen Schrift über,
beziehentlich unter die Consonanten zu stehen. Sie bezeichnen
ursprünglich die kurzen Vocale. Es giebt ihrer nur drei Zeichen:

    ˊ genannt *Fátha* für *a* und *e*

    ˏ genannt *Kísre* für *i* und *e*

    ˏ genannt *Dómma* für *u* und *o*

NB. In dem Worte Fatha sind *t* und *h* getrennt auszusprechen
also: Fat-ha, z. B.

    بَبَ *baba* Vater

    بِبِ *bibi* gnädige Frau,

    تُبُ *tupu* leer.

Diejenigen Consonanten, welche keinen Vocal hinter sich
haben, bekommen das Zeichen ˚ genannt *Sékin* über sich, z. B.

    مْتُ *mtu* Mensch.

Für gewöhnlich werden beim Schreiben des Arabischen diese
Vocalzeichen gar nicht geschrieben; der Lesende muss sie aus
seiner Sprachkenntniss ergänzen Nur der Koran wird meistens
mit den Vocalen geschrieben. Beim Schreiben des Suaheli dagegen
dürfen die Vocale eigentlich nicht fehlen. So ist es auf diese
Weise meist schon äusserlich zu erkennen, welche Sätze in einem
ostafrikanischen Schriftstück arabisch, welche suaheli sind. Ueber
jenen fehlen eben die Vocalzeichen, während sie über diesen stehen.

Um einen langen Vocal zu bezeichnen, wird regelmässiger
Weise hinter Fatha ein Elif, hinter Kisre ein Ye, hinter Domma
ein Vau geschrieben. Diese Vocalconsonanten werden dabei von
einigen mit Seken von anderen ohne dasselbe geschrieben, manchmal

wird auch auf den Vocalconsonanten noch einmal das Vocalzeichen
gesetzt.

ڤ oder ڤٛ *tā*

ڢي oder ڢيٜ *tē* oder *tī*, manchmal auch ڢيٜ

ڢٛ oder ڢٛ *tū* oder *tō*, manchmal auch ڢٛ

Die Verlängerung der Vokale wird manchmal auch nur dazu
angewandt, um die betonte Silbe zu accentuiren, da im Arabischen
immer die langen Silben den Ton haben. In derselben Weise können auch zwei auf einander folgende
Vocale geschrieben werden: also ڤ kann auch *ta-a*, ڢي auch *ti-i*
oder *te-e*, ڢٛ auch *tu-u* oder *to-o* gelesen werden. Genauer schreibende
setzen in diesem Falle noch ein Hamze:

ڤٔ *ta-a*, ڢئ *ti-i*, ڢٔ *tu-u*.

Manchmal wird auch zur Abtheilung der Silben in diesem Fall
das ع gebraucht, obwohl dieser Kehllaut eigentlich nur in arabischen
Wörtern vorkommt.

NB. Wo zwei Vokale in solcher Weise neben einander stehen,
ist gewöhnlich ein Consonant ausgefallen, meistens *r* oder *l*. In
poetischer Redeweise gestattet man sich, um den Reim heraus-
zubekommen, noch grössere Freiheiten, und der Lesende muss
dann errathen, wie es eigentlich heissen sollte.

Im Arabischen werden, da ja die Vocalzeichen fortfallen,
die langen Vocale nur durch die Vocalconsonanten ١, ى und و
bezeichnet. Es ist dies z. B. beim Lesen der Namen zu beachten.

Ab und zu findet man im Suaheli ١ auch zur Verlängerung
von Kisre und Domma gebraucht ى = *lī*, ۇ = *lū*.

Wann das Fatha als *a*, wann als *e*, wann Kisre *i*, wann *e*,
wann Domma *u*, wann *o* zu lesen ist, kann a priori nicht entschieden
werden, zumal die Aussprache der Vocale je nach dem Dialekt
im Suaheli wechselt. In Gegenden wo z. B. das *e* mehr wie ein *ä*
ausgesprochen wird, wird man natürlich lieber Fatha als Kesra
dafür schreiben; wo sich die Aussprache des *e* mehr zuspitzt,
schreibt man lieber Kesre und so mit den übrigen Vocalen.

Wenn man genau *e* oder *o* bezeichnen will, kann man sich
dadurch helfen, dass man eine Art von Diphtong bildet, z. B.

مَى *mai* = *mē*. مَو *mau* = *mō*.

Um ein offenes *o* zu bezeichnen, hilft man sich oft dadurch, dass man vor oder hinter der Silbe, wo das *o* vorkommen soll, einen der emphatischen Buchstaben ص, ض, ط, ظ oder ق setzt und den Vocal der Silbe selbst mit Fatha oder Domma bezeichnet z. B. قُنْصِل *Konsul* صمال *Somali.*

Ueberhaupt dienen die emphatischen Buchstaben dazu, die Vocale in ihrer Nähe zu trüben, und die Besonderheit in ihrer Aussprache liegt nach meinem Empfinden weniger darin, dass diese Consonanten selbst so besonders fremdartig ausgesprochen werden, als dass die ihnen vorangehenden oder nachfolgenden Vocale in ihrer Aussprache getrübt werden.

ANDERE DIAKRITISCHE ZEICHEN.

In den arabischen Wörtern und Phrasen kommen noch einige andere diacritische Zeichen vor.

ّ *Teshdīd* oder *Shédde* zur Bezeichnung der Verdoppelung des Consonanten, z. B.

مُدَّ *mudda* Zeitraum,

بَرّ *barra* Festland.

In den eigentlichen Bantuwörtern kommen Verdoppelungen von Consonanten nicht vor, da ja in diesen jede Silbe eine offene ist und also mit einem Vocal schliesst. Dagegen werden im Arabischen Consonanten häufig verdoppelt. Diese sind dann aber auch wirklich doppelt auszusprechen, und man begnüge sich nicht damit, wie man es im Deutschen gewöhnt ist, nur den vorhergehenden Vocal kurz auszusprechen, sondern man trenne deutlich die Silbe: z. B. Al-lah, Dom-ma u. s. w.

ٱ *Wesla* steht über dem Elif am Anfang mancher Wörter und besonders über dem Elif des Artikels und bezeichnet, dass dieses Elif gar nicht gelesen wird, sondern dass sich der auf das Elif folgende Consonant unmittelbar an den Endvocal des vorhergehenden Wortes anschliesst. In den Suahelischriften wird Wesle meistens gar nicht geschrieben.

NB. Das *l* des arabischen Artikels *al* assimilirt sich vor den sogenannten Sonnenbuchstaben ت, ث, د, ذ, ر, ز, س, ش, ص, ض, ط, ظ, ل, ن. Es fällt also bei der Aussprache dieser Wörter der ganze Artikel weg; der erste Consonant wird verdoppelt und davor tritt der letzte Vocal des vorhergehenden Wortes; z. B.

بِسْمِ ٱللهِ zu lesen *bismil-lahi.*

آ *Medde* wird über Elif gesetzt, wenn demselben noch ein Elif folgen sollte. Eigentlich ist dies kein besonderes Zeichen, sondern es wird nur ein Elil quer über das andere geschrieben, da zwei Elif neben einander ﻻ den Schönheitssinn der arabischen Schreiber zu beleidigen scheinen.

ORTHOGRAPHIE.

Wie schon oben gesagt, kann durch die arabischen Schriftzeichen nur annähernd die wirkliche Aussprache der Suaheliworte wiedergegeben werden. Man kann deshalb das mit arabischen Schriftzeichen geschriebene Suaheli nur dann richtig lesen, wenn man bereits weiss, wie die Wörter wirklich lauten; bei denjenigen Wörtern, die man nicht kennt, bleibt die Aussprache zunächst ungewiss. Es ist das ähnlich wie im Englischen.

Es hält sich daher auch die mit lateinischen Buchstaben gegebene Umschrift der Suahelistücke in diesem Buche durchaus nicht an die arabischen Buchstaben, mit denen die Originale geschrieben sind, sondern sie giebt die Wörter genau so wieder, wie sie auszusprechen sind; es ist ja überhaupt der Zweck dieses Buches dem Lernenden zu zeigen, wie das arabisch geschriebene Suaheli zu lesen ist, und ihm die mannigfaltige Schreibart der Wörter vor die Augen zu führen.

Obwohl nun die Orthographie der Eingeborenen als eine sehr wechselnde erscheint, so kann sie doch auf gewisse Grundregeln zurückgeführt werden.

Als solche Grundregeln für die Orthographie könnte man folgendes hinstellen:

1. Diejenigen Consonanten des Suaheli, die auch im Arabischen vorkommen, werden wie im Arabischen geschrieben. Daraus müsste eigentlich folgen, dass die Wörter arabischer Herkunft im Suaheli auch wie in der Ursprache geschrieben werden sollten. Es ist dies aber oft nicht der Fall. Sehr häufig werden verwandte Buchstaben verwechselt so z. B. ﻅ und ﺩ, ﺫ und ﺯ, ﻍ und ﻉ, ﺕ und ﺙ, ﻩ und ﻉ u. s. w. Ausserdem wird oft ﺭ und ﻝ verwechselt, weil diese beiden Buchstaben den Afrikanern so wie so immer sehr ähnlich klingen.

NB. In der Consonantenliste Seite 157 und 58 ist der eigentliche Laut des arabischen Buchstaben in der letzten Spalte immer zuerst angegeben.

21*

2. Für diejenigen Suaheliconsonanten, die der arabischen Sprache fehlen, treten verwandte ein. Es steht also:

ﺏ eigentlich *b* auch für *p*,

ﺵ eigentlich *sh* auch für *ch*,

ﻉ eigentlich *gh* auch für *g*,

ﻑ eigentlich *f* auch für *v* oder auch für *p* (aber nur sehr selten),

ﻙ eigentlich *k* auch für *g*,

ﻙ eigentlich *k* auch für *g*,

Daneben steht auch ﻉ eigentlich *j* auch für *g*, wie es ja in Egypten stets als *g* gesprochen wird.

Wir finden hier den Suahelilaut *g* (der unserem harten *g* entspricht) durch eine ganze Reihe von arabischen Buchstaben ausgedrückt. Welcher gerade zu nehmen ist, wird wohl meist nur durch die Individualität des Schreibers selbst entschieden werden. Das gewöhnlichste scheint mir zu sein, dass für *g* ﻉ geschrieben wird. Aber man muss eben zusehen, wie jeder einzelne die Buchstaben gebraucht. Meistens bleibt sich der Schreiber in seiner Gewohnheit treu. Aber oft genug wechselt die Orthographie.

3. Im Suaheli wird, wie in den Bantusprachen überhaupt, oft ein nasalirter Laut vor einem andern Consonanten vorgeschlagen, der uns bald als *n* bald als *m* erscheint. Dieser nasalirte Laut wird in der arabischen Schrift gewöhnlich nicht mit ausgedrückt. Es steht also:

ﺏ eigentlich *b* auch für *mb*,

ﺕ eigentlich *t* auch für *nt*,

ﻉ eigentlich *j* oder *g* auch für *nj* oder *ng*,

ﺩ eigentlich *d* auch für *nd*,

ﺫ eigentlich *z* auch für *nz*,

ﺯ eigentlich *z* auch für *ns*,

ﻉ eigentlich *gh* oder *g* auch für *ng*,

ﻙ eigentlich *k* oder *g* auch für *ng*,

ﻙ eigentlich *k* oder *g* auch für *ng*,

ﻯ eigentlich *y* auch für *ny*.

Wie man sieht kommen wir zum Laute *ng* für ﻉ, ﻙ oder ﻙ erst auf einem Umwege, aber man wird den Gebrauch dieser Zeichen ganz begreiflich finden, wenn man einmal das Princip erkannt hat, dass der nasilirte Laut nicht geschrieben wird.

Uebrigens macht man sehr oft auch die Bemerkung, dass Bantus, welche mit lateinischen Buchstaben schreiben gelernt

haben, ebenfalls häufig genug die Nasalirung in der Schrift weg-
lassen. Wird es ja vielen derselben überhaupt sehr schwer Buchstaben wie *b, g, d* ohne Nasalirung zu sprechen.

Die Regel 3 schliesst es natürlich nicht aus, dass einzelne
Suaheli, wenn sie sehr deutlich schreiben wollen, den nasalirten
Buchstaben auch mit ن oder م schreiben. Doch passirt es dem
Araber dabei nicht selten, dass er das *m* vor *b* auch durch ن
ausdrückt, wie ja auch schon das arabische Wort ذنب *thambi* ge-
sprochen wird.

Aussergewöhnlich scheint es, wenn Laute wie *ch, sh, ny* durch
ك oder *ny* durch ع wiedergegeben werden. Aber wenn man be-
denkt wie oft *ki* mit *chi* und *shi* dialectisch wechselt, so kann
man es begreifen, wie einzelne, denen diese Schwankungen im
Sinne liegen, darauf kommen, den Buchstaben ك wie angegeben
zu gebrauchen. Mit ع für *ny* mag es ähnlich sein. Auch finden
wir ث oft für *sh* oder *ch*; auch hier wirkt die Sprechweise der
nördlichen Dialecte (von Lamu u. s. w.) auf die Schreibweise.

4. Von den Vocalen wird das kurze *u* und *i*, welches wir
im Suaheli mit *w* und *y* schreiben, in der alterthümlichen Schrift
meist einfach ausgelassen. Möglich dass seiner Zeit und an gewissen Stellen diese kurzen Silben auch beim Sprechen wegfielen,
wie es bei einigen Wörtern noch jetzt oft in Sansibar geschieht,
wenn z. B. neben *bwana* auch bloss *bana*, neben *mkubwa* auch
bloss *mkuba* gesprochen wird.

Besonders ist zu beachten, dass durch solche Schreibart eine
ganze Reihe von vielgebrauchten Pronominalformen für den Neuling
fast un   n, wie z. B.

كغ für *kwangu*,		مغ für *mwangu*,
كك für *kwako*,		مك für *mwako*,
كت für *kwetu*,		مت für *mwetu*,
كن für *kwenu*,		من für *mwenu*,
u. s. w.		u. s. w.

oder die Relativpronomina

فيلف *vilivyo*,

ألف *alivyo*.

5. Ebenso wird bei der Passivendung das *w* oft weggelassen,
so dass dieselbe ganz wie das Activum gebildet erscheint. Nur
der Sinn kann entscheiden, was gemeint ist: هُبد = *hupenda* oder

hupendwa. Auch sonst werden kurze Vocale vor andern Vocalen weggelassen z. B.

اَكْوَبِي *akawaambia,*

زَكُدُشَ *wakaondosha.*

Manche Schreiber versuchen das kurze *u* (*w*) dadurch aus-zudrücken, dass sie vor demselben, wo es angeht, die emphatischen Buchstaben ص, ط, ك schreiben, so z. B.

كُطلِيزَ für *kutueleza,*

نْصوِ für *naswi,*

قُف für *kwangu.*

u. s. w.

Umgekehrt werden da, wo früher Vocale gesprochen wurden, die aber jetzt unhörbar geworden sind, dieselben noch oft in der Schrift bezeichnet. So z. B.

مُتَ für *mtu*

مُكَ für *mke* u. s. w.

Auch hier hat uns also die Schrift (ähnlich wie im Englischen und Französischen) die alte Form überliefert.

Viele Schreiber kehren sich freilich gar nicht oder nur theil-weise an die Regeln 4 und 5 und schreiben ganz, wie sie sich zu hören glauben.

Was sonst noch über die Schreibart der Vocale zu sagen ist, ist schon vorher auf Seite 160 und 161 erwähnt.

Es wird nun demjenigen Europäer, welcher Suaheli mit arabischen Buchstaben schreiben will, nicht schwer fallen, nach den angegebenen Grundsätzen seine Orthographie zu bilden. Wenn er die Schreibweise seines Adressaten kennt, so wird er gut thun, diese gegebenen Falls nachzuahmen; er wird desto eher verstanden werden. Vorliegendes Buch wird vielleicht auch in seinen Beispielen einige Anhaltspunkte dazu bieten. Ausserdem würde es zu rathen sein, jedes Mittel zu benutzen, um so deutlich wie möglich zu schreiben, besonders damit die Pronomina und die grammatischen Formen nicht missverstanden werden können. Andererseits wird er in bekannten und vielgebrauchten Phrasen sich der alterthümlichen Schreibweise der Eingeborenen ganz gut bedienen können, da hier Missverständnisse nicht zu befürchten sind und die Leute über diese Sachen desto glatter weglesen, je mehr sie ihnen in gewohnter Weise hingeschrieben sind.

Schwieriger wird es sein, aus der geschriebenen Schrift den Wortlaut zu entziffern. Ich habe dabei folgenden Gang als practisch gefunden:

1. Man scheidet aus dem Brief das Arabische und das Suaheli von einander. Ersteres enthält gewöhnlich nichts besonderes Wesentliches, sondern nur Höflichkeitsphrasen (siehe den folgenden Theil des Anhangs).

2. Man versucht den Suahelitheil in Sätze zu zerlegen. Dazu helfen oft die Wörter بعد, ايض, حلف, كليٰ, كيتـك u. ähnl.

3. Aus einzelnen sofort deutlich lesbaren Wörtern unterrichte man sich über die Art und Weise, wie der betreffende Schreiber die Buchstaben bildet und welche Regeln er bei seiner Orthographie gebraucht.

4. Man suche sich über die grammatischen Formen klar zu werden. Am ersten werden die Verbalformen hervortreten. Man suche dann die Pronomina auf, deren Formen ja bald geläufig sind. Und wenn man dieses alles richtig erkannt hat, so bleiben nur die Stämme der Substantive und der Verba übrig, die man entweder weiss, oder die man im Wörterbuch nachschlagen kann.

5. Findet sich das Wort, so wie man es zu lesen meinte nicht im Wörterbuch, so existirt es wohl meistens nicht; man muss nun eben, wie vorhin aufgeführt, die andern möglichen Laute den Buchstaben substituiren, bis sich eine passende vorhandene Form findet.

6. Besondere Schwierigkeiten macht es dem Anfänger, wenn sich irgendwo unbekannte Namen vorfinden. Solche Stellen wollen sich dann gar nicht in ihrer grammatischen Construction durchschauen lassen. Aber gerade dieses ist es, was die Vermuthung erweckt, dass hier Namen vorkommen, und oft genug zeigt es sich, dass solch eine widerspenstige Buchstabengruppe eben einen oder mehrere Namen angiebt.

7. Der Anfänger bleibe sich immer dessen bewusst, dass sehr viele Buchstabengruppen mehrdeutig sind. So bedeutet z. B.

كتـُ nicht blos *kwetu* (unser) sondern auch *kitu* (eine Sache)

كنـُ nicht blos *kwenu* (euer) sondern auch *kinu* (Mörser)

بيـ nicht blos *bibi* (Grossmutter) sondern auch *pembe* (Elfenbein)

مي nicht blos *miye* (ich) sondern auch *mwenyi* (Herr)

u. s. w.

Ja unter Umständen kann ﺎﺑ nicht bloss *yako* (dein) sondern auch *yangu* (unser) gelesen werden.

Man versteife sich also nicht auf dasjenige, was man sicher erkannt zu haben glaubt, sondern besinne sich auf alle Möglichkeiten, die vorliegen können. Erst dann, wenn das G a n z e einen zusammenhängenden Sinn giebt, wird es zweifellos, dass das Räthsel richtig gelöst ist.

Die Disposition der Suahelibriefe.

Die Suaheli fassen ihre Briefe, entsprechend den Sitten der arabisch-moslimischen Welt überhaupt, in einer bestimmten, stereotypen Form ab, die vor allem dem Höflichkeitsgefühl in hergebrachter Weise entspricht. So ist auch die Disposition dieser Briefe meist in ein und derselben feierlich-förmlichen Weise angeordnet.

Das Schreiben eines Briefes ist ja dort immer eine Art von Haupt- und Staatsaction. Sehr oft wird der, welcher einen Brief absenden will, dazu die Hülfe eines gelernten Schreibers von Fach herbeirufen müssen, welcher natürlich nicht nach dem Gefühl seines Herzens sondern nach den Regeln der Kunst sein Werk verfertigen wird.

Wer selbst schreiben und einen Brief abfassen gelernt, hat natürlich erst recht das Bedürfniss sein Licht leuchten zu lassen und keine Gelegenheit zu versäumen, wo er das, was er gelernt, anbringen kann. Mehr, als man in Europa denken möchte, nehmen diese Leute beim Schreiben ihrer Briefe einen anerkannten Briefsteller[1] zur Hand, wenn sie etwas recht schönes abfassen oder einem recht geliebten oder recht geehrten Adressaten etwas schwarz

---

[1] Eigentliche Suaheli-Briefsteller sind uns zwar nicht bekannt, doch schreiben die Lehrer ihren Schülern in Ostafrika öfters Musterbriefe, die dann als Schema benutzt werden. So hatte sich z. B. der frühere Lector der Suaheli am Seminar für orientalische Sprachen eine Anzahl Suaheli-Musterbriefe mitgebracht, von denen mehrere im vorliegenden Buche benutzt sind. Bei den ostafrikanischen Arabern ist unter andern der Briefsteller des *Ahmed Muhammed eshShirwani*, betitelt *Ujüb ulajäib*, Wunder der Wunder, im Gebrauch, aus welchem Wahrmund, arabisches Lesebuch pag: 59 fgg. einige Proben veröffentlicht hat.

auf weiss zusenden wollen. Denn bei dem Suaheli oder dem ostafrikanischen Araber kommt es gegenwärtig beim Briefe nicht sowohl darauf an, dass er etwas interessantes oder wichtiges enthält, sondern dass derselbe in der richtigen höflichen Weise abgefasst ist.

Natürlich schreiben diese Leute an die Europäer nicht anders, als an ihre eigenen Volksgenossen. Es ist immer als ein Zeichen besonderer Hochachtung und Freundschaft anzusehen, wenn der Brief viel Phrase und wenig Kern enthält. Je weniger wiederum von den üblichen Redensarten der Brief enthält und je rascher der Schreiber auf das wirkliche Thema des Briefes eingeht, desto weniger Respect zeigt er dem Adressaten und desto gröber ist der Brief abgefasst.

Umgekehrt wird der Europäer, der auf Suaheli einem Ostafrikaner einen Brief zu schreiben hat oder der seine Botschaft auf Suaheli schicken will, gut thun die hergebrachten Formeln zu beachten. Sie verbinden zu nichts, enthalten auch nichts, was unserer unwürdig wäre, und wirken doch auf das Herz des Lesenden beruhigend und erwärmend ein. Es mag uns, die wir am liebsten im Postkarten- oder Telegrammstil schreiben, vielleicht langweilig erscheinen, alle diese ceremonielle Dinge mitzumachen. Aber der Erfolg, und auf diesen kommt es ja schliesslich an, ist desto sicherer.

Ist es ja ebenso bei den mündlichen Verhandlungen mit den Afrikanern. Wer langsam und landesgemäss vorgeht, wird freilich zunächst eine gewisse Zeit gebrauchen, bis er an den eigentlichen Gegenstand, um den es sich handelt, herankommt. Aber ist einmal das Vertrauen der Eingeborenen erreicht, ihre Furcht und ihr Misstrauen überwunden, dann geht auch alles desto rascher, und die Sachen kommen schliesslich viel eher, als man gedacht, zum Abschluss. Geht man aber im Anfang rasch vor, dann mag man sich vielleicht bald rühmen, einige Erfolge erreicht zu haben, aber je länger, je mehr häufen sich die Schwierigkeiten, und schliesslich stellt es sich heraus, dass das, was schon Anfangs hätte geschehen sollen und was damals mit verhältnissmässig geringem Aufwand an Zeit und Mühe hätte erreicht werden können, hinterher doch noch gethan werden muss, und dann lässt es sich, wenn überhaupt, nur mit grosser Beschwerde ausführen.

Vieles von dem, was zu der herkömmlichen Ausschmückung der Suahelibriefe gehört, wird in arabischer Sprache ausgedrückt.

Ich will es im folgenden versuchen, diese arabischen Sätze so gut
es angeht auch denen zu erklären, welche keine eigentliche Kenntniss
der arabischen Sprache besitzen. Es sind ja auch, zum Trost sei
es gesagt, eigentlich nur eine sehr beschränkte Anzahl von Wörtern
und Sätzen, um die es sich hier handelt.

Wie schon früher gesagt, können diese arabischen Sätze, die
sich meist schon äusserlich durch Fehlen der Vocalzeichen oft auch
der diakritischen Punkte überhaupt auszeichnen, von dem Leser
meistens ganz übersehen werden. Wer nicht arabisch kann, der
gehe darüber nur ruhig hinweg, wie über das P. P. oder T. T.
welches wir unserm Schreiben oft genug vor oder nachsetzen.

* * *

Die einzelnen Theile, aus denen ein ordnungsmässiger Brief
zu bestehen hat, sind folgende:

1.

Oben über dem Briefe steht gewöhnlich ein frommer Spruch
in arabischer Sprache. Am gebräuchlichsten sind die im Folgenden
angegebenen stereotypen Formeln:

a)   بسم الله الرحمن الرحيم

bism illāh irrahmān irrahim im Namen Gottes des gnädigen, des
barmherzigen.

ANMERKUNG.

بِ *bi* Präp. in. اسمِ *ismi* Name. اللهِ *Allahi* Gen. von *Allahu*,
Gott. الرحمن *rrahmani* des gnädigen (das *l* des Artikels ist, wie
auch im nächsten Worte dem folgenden *r* assimilirt). الرحيم
rrahimi des barmherzigen. Der Schlussvocal der Wörter *ismi*,
Allahi, *rahmani* wird zum Anfang des folgenden Wortes hinüber-
gezogen; dabei geht das *a* im Anfang von *Allahi* für die Aussprache verloren. Eigentlich müsste die ganze Phrase als ein ein
Wort, ohne abzusetzen, gesprochen werden.

Das ‌ب zu Anfang wird meist mit sehr langem Strich, fast wie
ein ل geschrieben, wie man sagt, als Ersatz für das ausgefallene ا
des Wortes اسم der Name. In dem Worte الله werden die beiden
ل, hier wie überall, nur halb sogross wie das vorausgehende ا
geschrieben.

Diese Phrase, welche den ersten Vers der ersten Sure des
Korans (genannt „Fatiha" = die eröffnende) bildet, steht über

fast alle Koransuren übergeschrieben und ist sonach die feierlichste Briefüberschrift. Sie wird auch sonst vielfach im Leben, beim Beginn aller Geschäfte, besonders auch vor dem Schlachten und Essen gebraucht. In Ostafrika braucht man das „Bismillah" vielfach um jemand zu veranlassen aus dem Wege zu gehen, z. B. *bismillah punda* wörtlich: Im Namen Gottes, der Esel = Platz für den Esel.

b) بسم الله تعالى *bism Allahi taala* im Namen Gottes des allerhöchsten oder auch بسم تعالى *bism taala* im Namen des Allerhöchsten.

تعالى *taäla* wörtlich: er ist erhöht — welcher erhöht ist. Dieser Zusatz wird in Ostafrika fast immer hinter Allah = Gott zugefügt.

c) بمنه الله تعالى *bemannihi Allah taala* durch die Hülfe oder die Gnade Gottes des Allerhöchsten oder auch blos بمنه تعالى *bemannihi taala* durch die Gnade des Allerhöchsten oder auch blos بمنه *bemannihi* mit seiner Hülfe.

بمنه *bemannihi* wörtlich: durch seine Gnade; *hi* ist das Pronominalsuffix der 3. Person, welches dann durch das nachfolgende Substantiv *Allahi* weiter erklärt wird.

Ab und zu werden auch andere ähnliche Worte gebraucht wie z. B. بسمك يا كريم *bismek ya karim* in deinem Namen o barmherziger.

In بسمك ist das anschliessende ك das Suffix der zweiten Person = dein.

2.

Den Anfang des Briefes selbst bildet regelmässig die Adresse. Auch diese ist regelmässig arabisch. Sie beginnt meist mit الى جناب *ila jenäb* an seine Wohlgeboren (wörtlich: an die Seite).

Sehr hochstehende Personen sind mit الى حضرة *ila hadrat* an seine Hoheit (wörtlich an die Gegenwart) anzureden. In Ostafrika wurde früher fast nur der Sultan von Sansibar so angeredet. In Syrien und Aegypten ist *hadrat* die Anrede an jeden anständigen Mann. Zuweilen beginnt die Adresse auch blos mit الى *ila*, an.

Hierauf folgen meist eine Reihe ehrender Adjectiva wie z. B.:

المحب *ilmuhebb* der geliebte,
الاكرم *ilakram* der sehr geehrte, pl. الكرام *ilkeräm* die geehrten,
المود *ilmuwadd* der geliebte,
الاحشم *ilahsham* der sehr geehrte,
المكرم *ilmukarram* der geehrte,

الناصح *innāsih* der aufrichtige,

العزيز *ilazīz* der theure,

الفقيه *ilfakih* der gelehrte, rechtsverständige,

الصديق *issadik* der aufrichtige Freund,

الاشيم *ilashyam* der characterfeste; nach andern: der mit einem Schönheitsmal bezeichnete,

الفصيح *ilfasih* der wohlberedte,

الاجل *ilajall, ilajill* der hochansehnliche,

الرضي *irradi* der angenehme,

الوفي *ilwaji* der getreue,

المعظم *ilmuatham* der erhabene, einmal auch الرجل المعظم der erhabene Mann,

الثقه *iththike* der vertrauenswürdige,

المحترم *ilmuhtaram* der ehrwürdige,

لكامل *ilkāmil* der vollkommene,

الاكمل *ilakmal* der sehr vollkommene,

الفاضل *ilfādil* der ausgezeichnete.

Zuweilen wird zu einzelnen dieser Adjectiva noch عندنا *endna*, bei uns, hinzugefügt, z. B. الاحشم عندنا *ilahshum endna* der bei uns geehrte. Ebens لنا, لي *lena*, für uns z. B. محب لي *muhebb lena* unser Geliebter.

Ehrentitel, die dem Adressaten gegeben werden, sind:

الشيخ *ishshekh* pl. مشايخ *meshaikh*,

شيخنا *shekhina* unser Schech,

الاخ *ilākh* der Bruder, الاخت *ilukht* die Schwester,

الوالد *ilwālid* der Vater,

الولد *ilweled* das Kind pl. الاولاد *ilaulād* die Kinder.

Shekh wird jeder anständige Mann genannt, besonders wenn er auch lesen und schreiben kann, es ist das der gewöhnlichste Titel. Der Plural *meshaikh* wird honoris causa öfters auch von einer einzelnen Person gebraucht. Die Verwandtschaftsbezeichnungen *akh* Bruder, *ukht* Schwester, *weled* Kind, *walid* Vater werden als Ehren- bez. Freundschaftstitel gerne auch da angewandt, wo kein besonderes Verwandtschaftsverhältniss vorliegt.

مي *mwenyi* der Herr (Freiherr),

مي شريف *mwenyi sherifu* der sehr ehrwürdige Herr,

مي كو *mwenyi kuu* der grosse Herr,

عالجا *ālija* (Pers.) der erhabene,

سعدا *saade* Glück,

الدستور *iddestur* das Muster,

صاحب *sahib* Herr,

الخواجه *ilhawaja* der Herr (Christ),

بن كبّ *bwana kubáa* der Chef.

Europäische Titel, die in den vorliegenden Briefen vorkommen, sind:

دكت, دقتر, دكتور Doctor,

قنصل, كنصل Konsul,

مست Mr.,

برزّن, بهون Baron.

Viele Schreiber richten sich so ein, dass die ganze erste Zeile des Briefes, welche oft durch einen doppelten Zwischenraum von den übrigen Zeilen getrennt ist, der Adresse gewidmet ist; wenn der Platz am Ende der Zeile nicht ausreicht, so wird aus den letzten Worten eine Art kalligraphischer Pyramide gebaut, welche öfters beim ersten Anblick schwer zu entziffern scheint. Solche Formen sind immer von rechts unten an zu lesen.

Hinter den Ehrentiteln folgt dann der Name des Adressaten und zwar meist in der Form فلان بن فلان بن فلان الفلاني *fulan bin fulan bin fulan ilfulani*, N. N. Sohn des N. N. Sohn des N. N. aus der und der Familie.

Wenn man an einen Bekannten schreibt und der Brief etwa durch einen besonderen Boten überbracht wird, wird der Name auch wohl etwas abgekürzt. Bei Angehörigen fremder Nationen wird gewöhnlich beim Namen auch die Nationalität noch besonders bezeichnet. Wir finden in den vorliegenden Briefen z. B. البلوشي *ilbelushi* der Beludsche, الدّاشّ *iddashi* der Deutsche (statt dieses Wortes wird auch الجرمن *iljerman* gesagt). Ich finde auch in nach Deutschland gerichteten Briefen الدولة لمانيا *iddole lmānia* deutsches Reich geschrieben.

Dagegen wird an dieser Stelle nur höchst selten der Wohnort des Adressaten hinzugesetzt.

Uebliche Briefanfänge sind u. a. auch folgende, aus denen sich ergiebt, wie man etwa den verschiedenen Rangklassen der Adressaten gegenüber sich verschieden ausdrücken kann:

An den Sultan:

الي جناب سيدنا وذخرنا ومولانا ومن لهُ الفضل علينا سابقٌ مولانا فلان بن فلان *Ila jenab saidna wa zakhirna wa molena wa min lahu ilfadhil aleina sabikan, molena fulan bin fulān.* An seine Wohlgeboren

unsern Herrn und unsern Begünstiger und unsern Gebieter und von
dem auf uns die Wohlthat kommt von Alters her (*sabikan*) unsern
Gebieter N. N. Sohn des N. N.

An einen vornehmen Mann, Kadhi und dergl.:

الى جناب الشيخ المحب الاكرم المكرم العزيز الاحشم عندنا الفصيح فلان بن فلان

*Ila jenab ishshekh ilmuhebb ilakram ilmukarram ilahsham ilaziz
endna ilfasih fulan bin fulan.*

An einen Indier oder Banyanen:

الى جناب المحب العزيز فلان بن فلان

Ila jenab ilmuhebb ilaziz fulan bin fulan.

An den Sohn:

الى جناب الشيخ المحب الاكرم المكرم الاحشم الثقه الولد فلان بن فلان

*Ila jenab ishshekh ilmuhebb ilakram ilmukarram ilahsham iththike
ilweled fulan bin fulan.*

An den Vater:

الى الشيخ المحب الاكرم المكرم الاحشم الرضي الوالد فلان بن فلان

*Ila ishshekh ilmuhebb ilakram ilmukarram ilahsham irradhi ilwalid
fulan bin fulan.*

Weiteres ergeben die Anfänge der einzelnen Briefe dieses
Buches.

3.

Unmittelbar hinter dem Namen kommt ein Segenswunsch
meist سلمه الله تعالى *sallamahu Allah taala* es segne ihn Gott der
Allerhöchste. Christen gegenüber steht an dieser Stelle nicht selten
هداه الله تعالى *hadāhu Allah taala* es leite ihn Gott der Allerhöchste
scil. auf den richtigen Weg. Diese Phrase wird öfters aus Unwissenheit
(oder Bosheit) verschrieben in هده الله تعالى *hadahu Allah taala*,
was wörtlich heissen würde: es schlage ihn Gott der Allmächtige.

Diesem Segenswunsch ist dann meist noch الله شاء ان *in shá
Allah* wenn Gott will, hinzugefügt. Es mag dies manchmal wie
eine Ironie klingen, aber es ist den Moslem durch einen Spruch
des Koran vorgeschrieben, bei allen Aussprüchen, welche sich auf
die Zukunft beziehen, *insha Allah* zu sagen.

Auf diesen kurzen Segenswunsch, der öfters auch noch auf
die erste Zeile dicht neben oder über dem Namen des Adressaten
zu stehen kommt, (das *Inshallah* fängt dann gewöhnlich die zweite
Zeile an) folgt dann, wenn man irgend wie eine höfliche Form
bewahren will, ein weiterer Segenswunsch.

In Ostafrika scheint dabei folgende stereotype Form gebräuchlich zu sein:

سلام عليك ورحمة الله وبَرَكاته *salām aleik wa rehmet Ullahi wa barakatuhu.* Friede sei mit dir und die Barmherzigkeit Gottes und seine Segnungen.

Anm. عليك *aleik* ist die Präp. على mit, über, auf; ك ist das Suffix der 2. Pers. Sing. و *wa* und. رحمة *rehme* Barmherzigkeit, hier *rehmet* zu sprechen, weil ein Genetiv folgt. بركاته *barakatuhu* seine Segnungen, *baraka* Segen pl. *barakat, hu* Suffix der 3 Pers. Sing.

Zuweilen wird diesem Spruch noch ومرضاته *wa mardatuhu* und sein Wohlgefallen hinzugefügt,

Anm. مرضاته *mardatuhu* ist ähnliche Bildung wie *barakatuhu* von مرضاة *marda* Wohlgefallen.

Auch finden wir Zusätze, wie: ونعمته امينا *wa neematuhu amina* und seine Gnade ist wahrhaftig; ونصره امين *wa nusruhu amina* und seine Hülfe ist gewiss.

4.

Nach diesen Segenswünschen geht man nun meist mit بعدُ *bado* danach, اما بعدُ *ama bado* aber danach, بعد يسلام *baado ya salām* nach dem Gruss, zu den Mittheilungen des Briefes selbst über.

Vorher wird zuweilen noch der Ort des Absenders, so wie der Bestimmungsort eingeschoben بندر الفلان الى سدر العلان *bender ilfulan ila bender ilfulan* aus dem Hafen N. N nach dem Hafen N. N.

An den Anfang des eigentlichen Briefes kommt dann gewöhnlich die Nachricht, dass bei dem Schreiber des Briefes alles gut steht, und der Wunsch, dass es bei dem Adressaten ähnlich sein möchte. (Dies kann auch dann geschrieben werden, wenn man hinterher manches übele melden oder voraussetzen muss).

In vielen Briefen steht hier die stereotype Formel لتَعْرِفُ حال ياغُ خيم وَثَّمَ نو كوُ كَذلِكَ العافِيَّه *nakuarifu hali yangu njema wa thama nawe kuwa kazalika 'lafia* ich theile dir mit, mein Zustand ist gut und ebenso sei auch du gleicherweise im Wohlbefinden.

Anm. عرف *arifu* mittheilen (arab. *arrafa*) wird in den Briefen stets für dieses deutsche Wort gebraucht. حال *hali* Zustand, Befinden. ثَمَ *thama* ebenso. كَذلِك *kazalika* gleicherweise (*ka* wie, *salik* dieses arab.). العافيه *ilafia* Gesundheit, Wohlbefinden.

5.

Nach diesem kommt dann die Bestätigung der Ankunft des Briefes oder der sonstigen Dinge, die man von dem Adressaten empfangen hat, und dann folgen die weiteren Mittheilungen. Da Interpunctionen nicht gesetzt werden, so wird entweder durch بس *basi* der vorhergehende Satz abgeschlossen, oder durch ايضا *aidha* ferner, oder كينك *katika* was anbetrifft, das folgende eingeleitet.

Wichtigeres wird durch ein eingeschobenes اعلم بذلك *a'alam bizalik* wisse dieses, oder تعلم ذلك *taallam salik* wisse dieses hervorgehoben.

Anm. اعلم *a'alam* ist Imp. von علم *alama* wissen, welches mit der Präp. ب *bi* construirt wird. ذلك *salik* dieses. تعلم *taallam* wisse ist Imp. von تعلم wissen, welches den Accusativ regiert.

Wo man der erzählten Sache nicht gewiss ist oder wo man sich nicht allzu schroff ausgedrückt haben will, kann man الله علم *Allahu alam* Gott weiss es scil. was daran wahr ist, einschieben. Manchmal wird auch die Formel الله اعلم *Allahu aalam* Gott weiss es am besten, gebraucht.

Wenn man für eine erhaltene Wohlthat danken will, so schreibt man احسنت *ahsant*, du hast es schön gemacht, bravo, oder جزاك خير الف الله *jesäk Allahu elfa kheir* es vergelte dir Gott mit tausendfachem Heil.

Anm. جزاك von جزى *jasa* vergelten. ك Pronomen der 2. Person الف *elfu* tausend خير *kheir* Glück.

Bitten werden durch ein hinzugesetztes الله الله *Allah, Allah* Gott, Gott, oder والله,والله,والله *Wallahi, Wallahi, Wallahi* bei Gott, bei Gott, bei Gott, möglichst eindringlich gemacht.

Zu der Nachricht von freudigen Ereignissen wird hinzugefügt الحمد لله رب العالمين *ilhamdu lillah rabb ilalamīn* Lob sei Gott dem Herrn der Welten.

Anm. الحمد *ilhamdu* Lob, Preis, لله *lillah*, zusammengezogen aus der Präposition ل *li*, für, an und الله *Allah* Gott; رب *rabb* Herr. عالمين *ālamīn* die Welten.

Bei Meldung eines Todesfalls wird hinzugefügt انّ للّه وان إليّه راجعون *Inna lillahi wa inna ilaihi rageuna:* Wahrlich wir gehören Gott und wahrlich wir kehren zu ihm zurück.

Anm. اِنَّا *inna* wahrlich wir, اِنْ *in* wahrlich, نَا *na* Pronom. der 1. Pers. Pl., لِلّٰهِ *lillahi* zu, für Gott. لِ *li* für; اِلَيْهِ *ileihi* zu ihm. اِلَى *ila* zu, *hi* Pronom. der 3. Pers. Sing., رَاجِعُونَ, von راجع) *raj'a* zurückkehren, wir kehren zurück.

6.

Den Schluss des Briefes machen Grüsse, die entweder von der Verwandtschaft und den Hausgenossen dem Schreibenden aufgegeben oder von ihm an den Adressaten aufgetragen werden. Eingemischt sind hierin allerlei Bitten doch bald Nachricht zu geben und dabei wird etwa betont, dass die briefliche Nachricht das halbe Wiedersehen sei. Dieser letztere Satz wiederholt sich öfters auf arabisch und suaheli.

Arabisch lautet er تعريف الخط نصف الملاق ونصف المواجه *táarif ilhati nussu lmuläk wa nussu lmewäje.*

Zuletzt führt sich der Schreiber des Briefes selbst ein. Er nennt sich bei freundschaftlichen Schreiben محبك *muhebbak* dein Geliebter, الولدك *iweledak* dein Kind, الاحيك *iakhik* dein Bruder (einmal kommt *weledak* und *akhik* neben einander vor), auch wohl خادم *hadim* der Diener (einmal auch *hadim mbaya* dein schlechter Diener). Höflicher Weise vergisst man nicht hinzuzufügen الحقير لله *ilhakir lillahi* der vor Gott niedrige, welches manchmal von Leuten die mit dem Arabischen nicht allzubest Bescheid wissen الحقير الله *ilhakir Allahi* der niedrige Gottes geschrieben wird. Manchmal wird neben *ilhakir* das sich darauf reimende الفقير *il-fakir* der Arme gesetzt. Andere Worte, mit denen der Schreiber sich bezeichnet sind صغيرك *saghirak* dein kleiner, *mdogo* der kleine, *mtumwa wako* dein Sklave.

Vor der Bezeichnung des Absenders steht entweder nur السلام *assalaam* Gruss oder السلام من *assalaam min* Gruss von oder auch bloss من *min* von.

Bei mehr förmlichen Schreiben vornehmer Personen steht vor den Namen des Absenders كتبه *katabahu* es hat ihn (den Brief) geschrieben.

Bei Schreiben aus der Kanzlei des Sultans von Sansibar steht gewöhnlich كتبه بامره مملوكه *katabahu beamrihi mamlukuhu* es hat ihn (den Brief) auf seinen (des Sultans) Befehl sein Diener geschrieben.

Dem Namen des Schreibers folgt noch öfters بيده *bijedihi* mit seiner Hand, doch bedeutet weder dieses noch das vorhergenannte كَتَبَ, dass der dabei genannte wirklich den Brief geschrieben hat, es ist oft nur herkömmliche Form.

7.

Den Schluss des Briefes bildet regelmässiger Weise das Datum. Eingeleitet wird dasselbe oft mit dem Worte تاريخ *tārīkh* Datum oder بتاريخ *bitārīkh* vom Datum. Die Form des Datums ist mannigfaltig, es kommt aber zuerst immer der Tag (يوم *jōm* oder نهار *nahār*, manchesmal steht auch ليلة *leile* Nacht. Die Zahl wird mit Ziffern oder auch mit Buchstaben bezeichnet. Dann kommt der Name des Monates, vor diesem wohl auch noch فى *fi* in oder من *min* vor. Zuweilen steht vor dem Namen des Monates auch wohl noch das Wort شهر *sheher* Monat.

Die arabischen Monatsnamen sind:

1.	محرم *Muharram*	7.	رجب *Rajab*
2.	صفر *Safer*	8.	شعبان *Shaaban*
3.	ربيع الاول *Rebi ilauwal*	9.	رمضان *Ramathān*
4.	ربيع الاخر *Rebi ilakher*	10.	شوال *Shauwāl*
5.	جمادي الاول *Jemād ilauwal*	11.	ذي القعدة *Thilkaade*
6.	جمادي الاخر *Jemād ilākher*	12.	ذي الحجة *Thilhaje.*

Die Suaheli beginnen die Zählung der Monate mit dem *Schauwāl*, den sie *mfunguo mosi* nennen, die folgenden sind *mfunguo wa pili, mf. wa tatu* und so weiter, beim *Rajab* wird der arabische Name beibehalten, der *Shaabān* heisst *mlisho*, der letzte (der Fastenmonat) ist dann der *Ramathān*.

Die Namen der Monate werden öfters auch abgekürzt und verstümmelt geschrieben, doch wird es bei einiger Aufmerksamkeit nicht schwer werden, das Geschriebene nach vorstehendem Register zu ergänzen. Zuletzt kommt die Jahreszahl, eingeleitet durch سنه *sene* Jahr oder فى سنه *fi sene* im Jahr. Dieses Wort wird meist als ein einziger langgezogener Strich geschrieben (mit oder ohne deutlich geschriebenes *h* am Ende). Ueber diesem Strich steht dann die Jahreszahl, natürlich in Jahren der Hedschra angegeben.

8.

Die Muhammedaner rechnen nach Mondsmonaten. Wenn der neue Mond sichtbar wird, beginnt ein neuer Monat. Zwölf solcher Monate bilden ein Jahr. Da zwölf Mondsmonate um 10—11 Tage kürzer sind als das Sonnenjahr, nach dem wir rechnen, so verschiebt sich der Anfang jedes muhammedanischen Jahres jedesmal um 10—11 Tage gegen unsere Zeitrechnung und es ist deshalb unmöglich für die arabischen oder Suaheli-Monatsnamen einfach unsere Monate zu gebrauchen. Da es eine ziemlich umständliche Sache ist jedesmal aus dem muhammedanischen Datum das christliche und umgekehrt zu berechnen, so ist es nur zu empfehlen, wenn jeder, der mit solcher Vergleichung der Zeitrechnung öfters zu thun hat, sich die vortrefflichen Tabellen von Wüstenfeld (Vergleichungstabellen der muhammedanischen und christlichen Zeitrechnung. Leipzig. Brockhaus 1854) und deren Fortsetzung von Mahler (Fortsetzung der Wüstenfeldschen Tabellen. Leipzig. Brockhaus 1887) anschafft. In den ersteren ist das christliche Datum für alle Monatsanfänge der Jahre der Hedschra bis 1300 = 1882 n. Chr.; in diesen bis 1500 der Hedschra = 2077 n. Chr.; angegeben.

Um ein Beispiel davon zu geben, wie das muhammedanische Datum hinter dem unsern zurückbleibt, mögen folgende Zahlen dienen, die ich vorgenannten Tabellen entnehme:

Datum der Hedschra			Christliches Datum		
1. Moharram	1300	12.	November	1882
1.	„	1301	2.	„	1883
1.	„	1302	21.	October	1884
1.	„	1303	10.	„	1885
1.	„	1304	30.	September	1886
1.	„	1305	19.	„	1887
1.	„	1306	7.	„	1888
1.	„	1307	28.	August	1889
1.	„	1308	17.	„	1890
1.	„	1309	7.	„	1891
1.	„	1310	26.	Juli	1892
1.	„	1311	15.	„	1893
1.	„	1312	5.	„	1894
1.	„	1313	24.	Juni	1895
1.	„	1314	12.	„	1896
1.	„	1315	2.	„	1897
1.	„	1316	22.	Mai	1898
1.	„	1317	12.	„	1899
1.	„	1318	1.	„	1900
1.	„	1319	20.	April	1901
1.	„	1320	10.	„	1902

Wenn man für die Bestimmung des Anfangs der muhammedanischen Monate unsern Kalender zu Hülfe nimmt, so ist zu beachten, dass in unsern Kalendern unter „Neumond" der Augenblick verstanden wird, wenn der Mond für uns der Sonne am nächsten kommt und also für uns völlig unsichtbar ist, während die Muhammedaner unter „Neumond" den Tag verstehen, wenn die neue Mondsichel wieder am Abend sichtbar wird. Im allgemeinen ist also der Neumond der Muhammedaner zwei Tage später als der Neumond in unserm Kalender.

Da die Suaheli wie alle Muhammedaner den Tag mit Sonnenuntergang beginnen, so fällt nach ihrer Rechnung alles, was von 6 Uhr Abends an geschieht, auf den folgenden Tag. Es ist dies wohl zu berücksichtigen, wenn es sich um die Feststellung eines bestimmten Datums handelt.

Es ist ferner zu beachten, dass die Suaheli den Anfang des Jahres für die Bestimmung der Jahreszahl auch auf den ersten Moharram, wie die übrigen Muhammedaner setzen, trotz ihrer besondern Monatszählung.

Weitere Auskunft über die orientalische Zeitrechnung (auch die des türkischen Staatsjahres, welche je länger je weniger mit der sonstigen Zeitrechnung der Muhammedaner zusammenstimmt) findet man bei Lacoine: Tables de concordance des dates des calendriers arabes copte, gregorienne, israélite, julien, republicain etc. Paris. Baudry et Cie. 15 rue des Saints Pères 1891.

Einige Worte über die Zeitrechnung der Banyanen (der heidnischen Indier in Ostafrika) mögen hier hinzugefügt werden.

Die Banyanen rechnen nach einer besondern Aera, welche ihren Anfang mit *Vikramáditya* im Jahre 57 vor Christus genommen hat. Die Jahre dieser Aera werden Samvat-Jahre (nach gewöhnlicher englischer Schreibart: Zumbat year) genannt. Ihre Jahre sind Sonnenjahre, wie bei uns, so dass dem Jahre 1892 so ziemlich das Samvat-Jahr 1949 entspricht. Dagegen sind ihre Monate Mondsmonate, die ebenso wie die der Muhammedaner mit dem Tage beginnen, an welchem der neue Mond sichtbar wird. Um die Differenz zwischen dem Sonnenjahr und den 12 Mondsmonaten auszugleichen werden Schaltmonate eingeschoben; ich habe aber aus den mir zugänglichen Quellen nicht erfahren können, in welcher Weise dies geschieht. Man erreicht dadurch, dass der Anfang des Jahres immer in der Nähe der Frühjahrsnachtgleiche also um den Anfang unseres April bleibt.

Die Namen der Monate bei den Banyanen sind:

Chaitr	etwa unserm	April	entsprechend,	
Vaisak	,,	,,	Mai	,,
Jet	,,	,,	Juni	,,
Ashad	,,	,,	Juli	,,
Shrāwan	,,	,,	August	,,
Bhadariuo	,,	,,	September	,,
Āshwan, Asho	,,	,,	October	,,
Kartīk, Kartāk	,,	,,	November	,,
Māgashar, Mārgashirsh	,,	,,	December	,,
Posh	,,	,,	Januar	,,
Māg, Māhā	,,	,,	Februar	,,
Fāgan	,,	,,	März	,,

Die Wochentage benennen die Banyanen wie folgt:

Sonntag	*Ravivār*
Montag	*Somwār*
Dienstag	*Mangalvār*
Mittwoch	*Budvār*
Donnerstag	*Guruvār*
Freitag	*Shurkavār*
Sonnabend	*Shanivār*

Der Ort, wo das Schreiben herkommt, wird an dieser Stelle nicht angegeben. Doch vergl. Brief 33 am Ende.

Zu den Zahlen bedient man sich der hier angegebenen Ziffern:

10 9 8 7 6 5 4 3 2 1
١٠ ٩ ٨ ٧ ٦ ٥ ٤ ٣ ٢ ١

oder

١. ٩ ٨ ٧ ٦ ٥ ٤ ٣ ٢ ١
٣. 30 ٣. 20

Die Ziffern werden von den Arabern und Suaheli in derselben Reihenfolge geschrieben wie bei uns z. B ١٢٩٥ = 1295 Es ist zu bemerken, dass in der Jahreszahl manchmal die Null ausgelassen ist ١٣٥ = 1305. Manche fügen dagegen bei den Zehnern eine Null hinzu ٢٠١ = 21.

Mit dem Datum sollte der Brief eigentlich schliessen. Dass aber auch in Ostafrika Postscripte besonders in den Briefen von Frauen öfters vorkommen und vielleicht gerade das wichtigste enthalten, ist aus den vorliegenden Briefen hinlänglich zu ersehen.

Da diese hier angeführten arabischen Floskeln und Formeln ziemlich stereotyp sind, so werden sie recht oft entweder so undeutlich oder (was für den europäischen Leser oft genug dasselbe bedeutet) so kalligraphisch verschnörkelt geschrieben, dass man sie bei dem ersten Anblick nur sehr schwer zu entziffern zu können meint, besonders da auch die diakritischen Punkte sehr oft entweder zum Theil oder ganz hinweggelassen oder nach dem ästhetischen Gefühl des Schreibers hier und dort hin in dem Monogramm vertheilt werden. Weiss man aber, was man an der bestimmten Stelle des Briefes nach dem oben angeführten zu erwarten hat, dann wird es meist nicht schwer sein zu erkennen, was eigentlich geschrieben sein sollte.

Vergl. den Schluss der Briefe auf Tafel II, III, IV,

Mit Vorliebe werden die Briefe auf ein Folioblatt geschrieben. Wenn nur kleinere Stücke Papier zu Gebote stehen, so wird das Blatt doch am liebsten so beschrieben, dass die Linien mit der ursprünglichen Breitseite des Folioblattes parallel laufen. Man schreibt immer auf ein einzelnes Blatt, also nicht wie wir, die wir auch bei Briefen, wo wir kleineres Format nehmen, immer doch mindestens das Papier zu zwei Blättern brechen. An der rechten Seite wird ein 2—3 Finger breiter Rand gebrochen, links wird zuweilen, es scheint dies aber ein Zeichen besonderer Höflichkeit zu sein, ein schmälerer, etwa Finger breiter Raum frei gelassen. Linien dürfen anständiger Weise nicht gezogen werden. Statt dessen wird das ganze Blatt in etwa einen Finger breite Streifen geknifft. Man fängt dazu etwa von unten mit einem schmalen Streifen an, den man scharf wie einen Rand ausstreift, genau um diesen wird nun ein zweiter Streifen umgeschlagen, und so wird das ganze Blatt allmählig zu einer Art Fidibus zusammengewickelt. Jeder einzelne Streifen wird gut ausgestrichen. Manche rollen auch das Blatt der Quere nach zusammen und drücken dann mit einem male die Rolle möglichst platt, wodurch dann die gewünschten quer über gehenden Kniffe entstehen. Hinterher sucht man dann das Papier so gut wie möglich zu glätten, und bei wirklich gutem Papier (ohne Holzstoff) schaden die quer laufenden Kniffe auch dem Aussehen der Schrift nur wenig. Die Schrift kommt nicht auf, sondern zwischen die Linien.

Wo es auf besonders schöne Schrift, also auch auf gleichmässige Linien ankommt, bedienen sich die Suaheli an Stelle eines Linienblattes einer Art von Gitterwerk *mastarah*, auf welches das Papier so hinaufgepresst wird, dass sich die quergespannten Bindfäden in dasselbe etwas abdrücken.

Etwa drei Finger unter dem oberen Rande kommt zunächst das *Bismillah* oder ein ähnlicher Spruch (siehe Seite 171) in der

Mitte der Zeile. Nach den vorliegenden Proben schwanken die Schreiber darin, dass einige das *Bismillah* in die Mitte des ganzen Blattes, andere in die Mitte des zum Schreiben bestimmten Theils (also den Rand nicht mit gerechnet) setzen.

Wieder etwa drei Finger unterhalb des *Bismillah* folgt dann die Adresse. Diese nimmt die erste Zeile ein. In der Kanzlei der Sultane von Sansibar wird auf der ersten Zeile ein Vermerk, wie der folgende: من برغش بن سعيد *min Bargash bin Said* von Bargasch dem Sohne Saids, so gesetzt, dass die ersten Worte auf der Zeile selbst, die anderen über ihnen in kalligraphischer Anordnung stehen. Bei wichtigeren Sachen wird auch noch das Siegel über diesem Vermerk abgedruckt. Man lässt dann einen kleinen Zwischenraum und beginnt die Adresse etwa zwei Finger breit weiter.

Die erste Linie mit der Adresse wird, wo man auf die Form Acht geben will, durch einen etwas grösseren Zwischenraum von der folgenden Zeile getrennt, als wie er sonst zwischen den Zeilen gelassen wird.

Es folgt dann der Text des Briefes fortlaufend ohne Unterbrechung. Absätze werden nicht gemacht. Wenn der für die Schrift freigelassene Raum nicht ausreicht, so wird das Blatt so umgedreht, dass das obere Ende zu unterst kommt und dann schreibt man auf dem Rande weiter. Reicht auch dieser nicht, so wird das Blatt quer genommen und nun auch noch der obere Rand (um das *Bismillah* herum) mit quer laufenden Zeilen beschrieben. Erst dann wenn die ganze erste Seite des Blattes vollgeschrieben ist, wird, falls man das Bedürfniss weitere Mittheilungen zu machen empfindet, auf die zweite Seite übergegangen.

Oft wird von dem Blatte eine Ecke, soviel wie man etwa mit der Fingerspitze bedecken könnte, weggeschnitten, meistens rechts unten, aber zuweilen auch links oder rechts oben, bisweilen werden auch zwei Ecken abgeschnitten. Es ist das ein Höflichkeitszeichen und soll folgende Bedeutung haben: Wie alles menschliche so ist natürlich der vorliegende Brief nur etwas unvollkommenes, und um dies auch äusserlich anzudeuten, wird dem Blatte eine Ecke abgeschnitten, sodass es nur noch drei gute Ecken statt vier hat.

Um das Blatt zusammenzufalten, wird es in der Mitte gebrochen und dann der lange Streifen in drei oder vier Theile getheilt.

Der fertige Brief wird jetzt gewöhnlich in ein Couvert *bakhsha*
gesteckt. In früherer Zeit, wo die Couverts noch nicht Mode
waren, wurden die Briefe ohne dasselbe verschlossen.
Auch in diesem Stück ist die Sitte in Ostafrika etwas anders
als in unseren Canzleien. Um dort einen Brief ordnungsmässig
zu schliessen, werden zunächst die beiden Ränder, rechts und links
nach innen zugebogen, dann wird dieser lange Streifen so in der
Mitte zusammengeklappt, dass der eine Theil etwa einen Finger breit
(etwa am oberen Ende) hervorsteht; dann wird das zusammen-
gelegte (lange) Stück in sich noch einmal genau in der Mitte
zusammengefaltet; das überstehende Ende wird hinüber gebogen
und bildet so eine Falte, in die ähnlich wie bei unsern alten
Kanzleibriefen das übrige hineingesteckt werden kann.

Verschlossen wird der Brief durch einen Tropfen Siegellack,
der unter die Klappe kommt und mit den Fingern festgedrückt wird.
Von aussen wird ein Siegel nur dann auf den Brief gedrückt, wenn
man demselben das Aussehen ganz besonderer Wichtigkeit verleihen will.

Bemerkungen zu den Facsimiletafeln.

Um dem Lernenden wenigstens im geringen Maasse eine Anschauung zu geben, wie das Suaheli von den Eingeborenen thatsächlich geschrieben wird, habe ich diesem Buche Tafel I bis XI angehängt; auf diesen Tafeln sind verschiedene Proben von Suahelihandschriften, so genau als es unsere Technik gestattet, wiedergegeben.

Schon ein flüchtiger Blick lässt erkennen, wie weit die Schrift unserer Drucke von der dieser Handschriften verschieden ist, und es ist offenbar, dass auch derjenige, welcher die gedruckte Schrift ziemlich fertig lesen kann, doch noch Mühe haben wird, sich in das geschriebene hineinzustudieren, bis er es einiger Maassen geläufig lesen kann. Indessen lassen sich die Schwierigkeiten meist leichter überwinden, als man im Anfang denkt, wenn man nur von vorne herein daran geht die Schreibschrift, nicht die Druckschrift nachzumalen (am besten ist es, die gegebenen Schriftproben immer von neuem durchzupausen); man wird sich bald an die ungewohnten Formen gewöhnen, und schliesslich erscheinen die wildverschlungenen Buchstabenreihen der Handschriften nicht schwerer zu lesen als die in gleichmässigen Zügen aufgereihte Druckschrift.

Es mag hier der Platz sein, zunächst einiges über das Schreibematerial der Ostafrikaner einzufügen.

Den Ostafrikanern ist das Schreiben mit einer Feder, in unserem Sinne, eigentlich unbekannt. Sie schreiben im besten Fall mit dem Schreiberohr *kalamu*, dessen bessere Exemplare durch den Handel aus Indien importirt werden. Wer solches Rohr nicht erhalten kann oder wem es zu theuer ist, schneidet sich einen Holzstift *kijiti* zum Schreiben zurecht. Anfängern im Schreiben, Schulkindern wird das eigentliche Schreiberohr nicht in die Hand

21*

gegeben, sie müssen sich erst mit dem Hölzchen üben. Solche
Hölzchen werden am besten aus der Mittelrippe der Kokosblätter
(*makuti ya nazi*), die überall zur Hand sind, geschnitten.

Man benennt die Schreibrohre von Bambus bester Qualität
in Sansibar *kalamu ya kōri*,[1] die geringere Sorte Bambusrohr heisst
einfach *kalamu ya mwanzi.* Erstere ist so dünn wie ein dünner
Bleistift, letztere ist dicker. Der *kalamu ya kari* kostet in Sansibar
etwa 2 Pesa (c. 5 Pf.) das Stück, den *kalamu ya mwanzi* kann
man schon für 1 Pesa haben. Die Wahindi und die Banyanen
schreiben meist mit dem *kalamu ya mwanzi*, der arabische Schreibekünstler mit dem *kalamu ya kari.* Arme Leute holen sich aus
dem Felde einen *kalamu ya mabua*, von etwa fingerdickem Rohr.

Der *Kalamu* muss kunstgerecht geschnitten werden; es gehört
viel Uebung dazu um in das Rohr in der rechten Weise die Spalte
hinein zu bringen, es richtig anzuspitzen und die Spitze in einer
für die betreffende Hand passenden Weise zuzuschneiden. Die
Spitze wird nicht gerade, sondern etwas schräge abgeschnitten.
Die Feder schneiden heisst *kuchonga kalamu.*

Ist das Schreiberohr richtig zugeschnitten, so muss es beim
Schreiben in einer gewissen liebevollen Weise behandelt werden,
wenn die Spitze nicht sehr bald unbrauchbar werden soll. Wir
Europäer drücken mit der Feder viel schwerer auf das Papier als
die Suaheli, dabei nutzt sich die feine Spitze bald ab, fasert, und
man sieht sich sehr bald gezwungen sie neu anzuschneiden. Der
schreibekundige Suaheli fährt dagegen mit dem Schreiberohr viel
leiser, so wie mit einem Pinsel über das Papier; so kann er ziemlich
lange schreiben, ehe die Spitze des *Kalamu* angegriffen erscheint.

Wer den *Kalamu* nicht zuzuschneiden versteht oder nicht
mit ihm schreiben kann, mag es mit unserer Stahlfeder versuchen,
die ja auch in Ostafrika bereits Eingang findet. Es ist nur dabei
zu rathen, Federn mit breiter Spitze zu nehmen; die Rundschriftfedern von Sönnecken sind ganz geeignet dazu. Sönnecken fabricirt
auch Federn eigens für arabische Schrift, aber ich habe diese,
wenigstens für meine Hand, nicht so passend gefunden als die
Rundschriftfedern; jedenfalls versuche man es immer zuerst mit
den breitspitzigen Nummern.

[1] *kōri* ist ein indisches Wort und bezeichnet nicht etwa eine
Gegend, von wo die besten Schreiberohre herkommen, sondern
kommt von dem Zeitwort *karuun* thun.

Natürlich werden jetzt auch Bleistifte nach Ostafrika importirt und die Eingeborenen schreiben auch mit ihnen. Dem Europäer ist es meistens leichter mit dem Bleistift schöne, arabische Buchstaben zu malen als mit der Feder. Von den Suaheli wird der Bleistift *kalamu ya mate* d. h. Speichelstift genannt.

Papier wird jetzt weder in Sansibar noch in Maskat gemacht (obwohl die Araber bekanntlich das Lumpenpapier erfunden haben, siehe in den Mittheilungen aus der Sammlung der Papyrus Rainer Band II u. III, die Abhandlungen von Karabacek und Wiesner). Es wurde früher dorthin aus Syrien (*Kartasi ya Sham*) und aus Indien (*Kartasi ya Kihindi, Kartasi ya Mumbée*[1]) importirt; jetzt natürlich auch europäisches Papier aller Art; doch gilt dieses dem Volke allgemein noch als *Kartasi ya Sham*. Neben weissem Papier wird auch öfters dünnes rothes, dem Namen nach aus Indien stammendes gebraucht.

Die Schüler in der Schule schreiben zuerst nicht auf Papier, sondern auf Brettchen, *bao*; in den ächt arabischen Schreibeschulen wird von den Schulkindern zuerst auf den Schenkelknochen eines Kameels *paja la ngamia* geschrieben, wie schon Muhammed geschrieben haben soll.

Die Suaheli legen beim Schreiben das Papier nicht auf einen Tisch, sondern entweder auf das Knie oder sie stützen dasselbe auch nur auf die drei Mittelfinger der linken Hand. Es ist für uns sehr auffällig, dass man auf einer scheinbar so unzureichenden Unterlage nicht nur überhaupt, sondern sogar auch noch schön schreiben kann. Aber wer wirklich schön arabisch schreiben will, versuche es nur, auf den Fingerspitzen zu schreiben. Erst dann wird es ihm klar werden, warum die Form der arabischen Buchstaben so ist, wie sie ist. Die Rundungen kommen dann wie von selbst heraus, man sieht sich genöthigt bei jedem Buchstaben das Schreiberohr von neuem aufzusetzen; man kann da nicht mit der Feder stark aufs Papier aufsetzen, sondern man muss immer recht leise verfahren. Wenn der Schreiber nur irgendwie Augenmaass für einen schönen gleichmässigen Ductus hat, so wird seine Schrift bald ganz „orientalisch" ausfallen. Allerdings geht solche Schreiberei nur recht langsam vorwärts, so dass uns Europäern meist nur zu bald die Geduld reisst.

---

[1] *Mumbée* — Bombay.

Die Suaheli bedienen sich zum Schreiben einer eigenartigen Tinte (*wino*), eigentlich Tusche. Ich habe folgende Tintenrecepte aus Sansibar erhalten können:

Nakuarifu ya kuwa min tarafu hawaija za wino sanaa ya kuwanza: fanya gundi uiluwike kwa maji hatta iluwane, uiweke juani hatta ipande bovu, ukisha uchukue moshi wa taa ya mafuta ya rangi wa ama ya nazi, moshi wake utie upiganishe pamoja, wasalaam.

Na sanaa ya pili: twaa mchele na gundi na moshi wa taa; mchele ukange meto hatta uungue, uusage hatta uwe unga, ukokoe ngundi uluwike kwa maji hatta iluwane, uweke juani hatta ipande bofu, utwae ungo wa mchele wakukanga, utie ndani ya gundi, utwae na moshi wa taa, utie usaliti pahala pamoje, upige sana basi; haza ma naarrifak, wa salaam.

D. h. In Betreff der Tintenangelegenheit theile ich dir das erste Verfahren mit: Thue Gummi arabicum ins Wasser bis es aufgelöst ist, dann setze es in die Sonne bis Schaum aufsteigt; wenn das geschehen ist, so nimm Russ von einer Petroleumlampe oder auch von einer Kokosnussöllampe; diesen Russ thue hinein und schüttele es zusammen, und Gruss.[1]

Und die zweite Zubereitungsart: Nimm Reis und Gummi arabicum und Lampenruss; den Reis röste auf dem Feuer bis er ganz gebrannt ist; mahle ihn, bis er Mehl wird; suche das Gummi arabicum gut aus und löse es in Wasser auf, bis es sich aufgelöst hat, setze es in die Sonne bis Schaum aufsteigt, nimm den gebrannten Reis, thue ihn zu dem (aufgelösten) Gummi arabicum und nimm noch Lampenruss hinzu, thue es hinein, menge in einem Gefäss und schüttele es gut. Genug. Das ist es, was ich dir mittheile, und Gruss.

Das Rösten des Reises, von dem hier geredet wird, geschieht in folgender Weise: Man thut den Reis trocken in ein Gefäss, setzt dieses aufs Feuer und röstet den Reis unter beständigem Umrühren, ähnlich wie die Kaffeebohnen geröstet werden, die Reiskörner werden allmählig braun und zuletzt kohlschwarz. Dabei schwellen sie bedeutend an. Wenn sie völlig schwarz sind, sind sie gut, um pulverisirt zu werden.

[1] vergl. Seite 126, Anmerkung.

Unsere europäische Tinte, von welcher übrigens viele Suaheli glauben, dass Mäuseblut eines ihrer Hauptingredienzen ist, taugt nicht zum Schreiben mit dem Schreiberohr. Recht gut schreibt das Schreiberohr mit einer Auflösung von chinesischer Tusche.

DIE SCHRIFT DER SUAHELI.

Die Schrift der Suaheli weicht in ihrem gegenwärtigen Character nicht unbedeutend von dem in Persien, Syrien, Egypten, Marocco gebräuchlichen Ductus des Arabischen ab.[1] Die Suaheli schreiben die Buchstaben im allgemeinen bedeutend grösser als die übrigen arabisch schreibenden Völker und halten deshalb auch die Schriftzeichen viel mehr auseinander.

Am allermeisten weicht von der sonstigen modernen arabischen Schrift der Ductus ab, von welchem auf Tafel VIII eine Probe gegeben ist. Die hier gegebene Schrift scheint mir einen besonders alterthümlichen Character zu tragen.

Die diakritischen Punkte werden meistens recht deutlich geschrieben. Wo zwei Punkte über oder unter einen Buchstaben zu setzen sind, werden dieselben allerdings häufig mit einem Federstrich geschrieben, so z. B. viele male auf Tafel I, aber nur sehr selten ist das ganze so klein, dass es für einen einzelnen Punkt angesehen werden könnte. Fast nie kommt es vor, dass ein Buchstabe mit seinen zugehörigen Punkten so sehr verbunden ist, dass alles mit einem Federstrich geschrieben ist, wie man etwa in Syrien ڌ, ۯ, ﺖ am Ende zu schreiben pflegt.

Man beachte es, dass die beiden in eins geschriebenen Punkte manchmal wie ein Vocalstrich erscheinen können; so z. B. Tafel IV unterste Zeile am Ende im Worte ﺤﯿﯾﺐ sind die zwei Punkte unter dem ﻱ so geschrieben, dass man sie für ein Kisra ansehen könnte.

Kommen drei Punkte über einen Buchstaben, so werden manchmal, aber verhältnissmässig nur selten, alle drei mit einem Strich geschrieben so z. B. auf Tafel X in dem Worte *inshallah* Zeile 2 am Anfang, Zeile 8 in der Mitte.

[1] Eine recht brauchbare Sammlung von arabischen Schriftproben jener Länder bietet das Buch: Spécimens de cent écritures arabes pour la lecture des manuscrits anciens et modernes. Par un père de la compagnie de Jésus. Beyrouth. Imprimerie catholique 1885. Ostafrikanisches ist aber in diesem Buche nicht vertreten.

Oefters werden die diacritischen Punkte nicht direkt unter oder über den Buchstaben gesetzt, zu welchem sie eigentlich gehören, sondern ein wenig davon entfernt, wo das ästhetische Gefühl des Schreibers eine Lücke sieht. Der Anfänger darf sich dadurch nicht stören lassen. Man vergleiche auf Tafel X folgendes: Zeile 2 die Punkte für das ت in رحمت *rahmat*; sie stehen über dem *m*, während der Strich des ت weit unter das folgende Wort gezogen ist; Zeile 3 im Worte يعافيه, hier stehen die zum Anfangsbuchstaben gehörigen zwei Punkte unter dem ع; ferner in der drittletzten Zeile, Mitte, im Worte أزية sind die Punkte, die unter das ي gehören, scheinbar unter das Schluss ة und die zu diesem gehörigen Punkte über das ي gesetzt.

Es ist natürlich, dass auch die sonstigen diakritischen Zeichen oft genug undeutlich geschrieben werden, doch wird man bei einiger Aufmerksamkeit sie wohl immer enträthseln können. Man sehe auf Tafel X das als einfachen Strich geschriebene Shedde über dem س im Worte السلام Zeile 2, oder das ebenfalls als kleiner Strich geschriebene Sukun über dem ن im Worte بانده *handa* zu Anfang von Zeile 7.

Es hilft oft bei der Entzifferung, wenn man zunächst zusieht, ob ebensoviel Consonanten wie Vokale zu finden sind. Auch empfehle ich meinen Schülern bei Wörtern, deren Lesung Schwierigkeiten bietet, bei der Bestimmung der Zeichen von hinten anzufangen. Sehr oft geht es dann leichter.

In der Schreibung der einzelnen Buchstaben ist folgendes zu bemerken:

ا wird am Anfang oft nach oben mit dem folgenden ل verbunden; man vergleiche z. B. auf Tafel II Zeile 1 zu Anfang die Schreibung von الشيخ, auf Tafel IV Zeile 1 zu Anfang das المحب hier ist der Haken, der das Elif bedeuten soll, minimal und man möchte ihn fast übersehen. Vergleiche hiezu auch das ثالث in der Datumsbezeichnung, letzte Zeile Tafel III. Auch sonst wird es bei schneller Schreibung öfters mit dem folgenden Consonanten verbunden, so z. B. Tafel I am Ende ist in dem Worte السلام das م gleich oben an das Elif angehängt. Etwas anders ist die Verbindung im Worte الحمد *ilhamdu* Tafel III Zeile 3 gegen Anfang, oder in الحقير Tafel IV Rand Zeile 2 am Ende und an ähnlichen Stellen. Doch kommt diese Verbindung des Elif mit dem folgenden Buchstaben in Ostafrika lange nicht so oft vor als bei den Syrern oder gar der Türkischen Diwanischrift.

ب wird von einigen zu Anfang und in der Mitte nicht blos mit einem Haken, sondern mit zweien geschrieben, wie z. B. Tafel I Zeile 5 von unten, Mitte in بَبَايِ *babaye*; es möchte hier nur ein Schreibfehler scheinen, aber manche Schreiber scheinen sogar ganz consequent so zu schreiben. ت wird auch von einigen öfters mit zwei Haken geschrieben zu Anfang wie am Ende, in diesem Falle kommen die beiden Punkte meist zwischen die Haken, nicht über den ersten zu stehen.

Andere Schreiber dagegen halten es für schön, bei den Buchstaben ب, ت, ث nur einen Haken am Ende zu schreiben, der Haken zu Anfang wird weggelassen, der wagerechte Strich wird dann lang ausgezogen. So z. B. in dem langezogenen ب auf Tafel I Zeile 6, Tafel III Zeile 7. Viele Schreiber machen die Haken dieser Buchstaben, so wie des و gar nicht ausdrücklich, sondern sie setzen dicht davor das Schreiberohr ab und fangen dann an derselben Stelle von neuem an; da die Spitze des Schreiberohrs aber niemals genau auf das Ende des vorhergezogenen Striches zu stehen kommt, so markirt sich der Anfang des neuen Buchstaben immer deutlich genug. Besonders auf Tafel III lässt sich das bei vielen Wörtern noch deutlich erkennen z. B. zu Anfang von Zeile 5 in لتَخْبَارِ und Anfang von Zeile 6 هَبانٍ; wenn man genau zusieht, so ist in beiden Wörtern das ب mit einem neuen Strich angefangen. Vergleiche Tafel II Zeile 6 am Ende das ب in أمُب und Zeile 7 am Ende das و in مِعِي.

Der Punkt unter dem ب wird oft, besonders wenn am Anfang des Wortes der Buchstabe nur durch einen kleinen senkrechten Strich angedeutet ist, nicht unten sondern rechts daneben geschrieben, so z. B. auf Tafel III oben in dem Worte بِمَنِه *bemanihi*. (Der Punkt über dem ب gehört zu dem daneben stehenden و).

Die Buchstaben ج, ح und خ geben zu keinen besonderen Bemerkungen Veranlassung. Die Buchstaben, welche mit ihnen verbunden voraufgehen, müssen wie überall in der arabischen Schrift eine Stufe höher als die Zeile geschrieben werden. Die Weise wie diese Buchstaben in den arabischen Lettern vieler Drucke mit den vorhergehenden Buchstaben verbunden sind, um alles hübsch auf der Zeile zu halten, dass nämlich zwischen den Buchstaben noch einmal ein Haken gemacht ist, wie z. B. in der letzten Zeile des nächsten Absatzes zwischen و und ح ist in der Schrift nicht nachzuahmen.

25

Man beachte wie die Buchstaben ب, ت, ن, ي, vor dem ع
ع, غ geschrieben zu werden pflegen. Siehe z. B. Tafel IV letzte
Zeile gegen Ende das Wort نجمعين *na Jamaina*.

د wird zuweilen auch mit dem nachfolgenden Buchstaben in
eins gezogen, so besonders in der Verbindung بَعدهُ *baaduhu*, so
z. B. in Tafel IV, Zeile 3 Mitte und بيدد *bijedihi* z. B. Tafel IV
Rand letzte Zeile in der Mitte.

Da viele unter das د um es vom ل zu unterscheiden einen
Punkt setzen, so sieht es manchmal dem ب sehr ähnlich, man
muss da gut zusehen, wenn ein Schreiber den Buchstaben ge-
wohnheitsmässig so macht.

ر wird öfters, wenn es auf ein Elif folgt, durch letzteres hin-
durchgezogen, so z. B. auf Tafel II Zeile 8 gegen das Ende im
Worte ختيار *kithiyari*, oder in der vorletzten Zeile im Worte تاريخ,
hier ist das ي am Ende wieder seinerseits durch das ر durch-
geschrieben.

Wenn ر oder ز auf ك, ط, ظ, ل, م folgen, so wird oft nicht
besonders für das ر oder ز abgesetzt, sondern der Grundstrich des
vorhergehenden Buchstaben nur scharf nach links unten hinunter
gestrichen, man sehe z. B. Tafel I Zeile 1 Anfang das Wort الاكرم
ilakram; Tafel III Zeile 7 Ende ظلّ *thara*; Zeile 6 Ende ومرود
wemerudi; Tafel X Zeile 1 Mitte الرضى *irradhi*.

ز wird manchmal von einigen so geschrieben, dass es von
dem ن nicht zu unterscheiden ist. Man vergleiche z. B. auf Tafel
VIII Zeile 2 Mitte das ز in يقزدى *yakuzidia* mit dem ن im Worte
مغني, das fast unmittelbar darauf folgt; ein Unterschied ist nicht
wahrzunehmen. Man passe also bei solcher Art des Schreibens
genau auf, um sich nicht den Sinn der Wörter völlig entgehen
zu lassen.

Bei schnellem Schreiben wird ر und ز wohl auch mit dem
folgenden Buchstaben verbunden wie z. B. auf Tafel XI Zeile 3
zu Anfang in نكعريف *nakuarifu*, Zeile 4 in حزك *jazak*.

Bei den Buchstaben س und ش lassen viele, und zwar wenn
sie besonders schön schreiben wollen, den mittelsten Haken weg
und schreiben wohl gar den ganzen Buchstaben, so weit er auf
die Zeile zu stehen kommt, nur als einen längeren Strich, so z. B.
Tafel II Zeile 1, in dem Worte الشيخ. Vergl. dasselbe Wort auf
Tafel III und IV zu Anfang des Briefes. Manche machen dann
über diesen Strich beim Buchstaben س einen kleinen Haken, so

z. B. in Tafel 1 am Ende im Worte السلام, dasselbe Wort in der Mitte der vorletzten Zeile von Tafel III. In dem unmittelbar über letzterem stehenden Worte نكولسل *na Konsul*, fehlt der Haken über dem langgezogenen س. Vergleiche auch das احسنت *ahsant* zu Anfang der fünften Zeile auf Tafel XI und das سلام *salaam* zu Ende derselben. Auf Tafel I Zeile 1 gegen das Ende ist im Worte راشد das ش durch das Elif gezogen.

س und ص geben für die Schrift der Suaheli nichts besonderes zu bemerken. Der Schreiber setzt gewöhnlich vor diesen Buchstaben ab, um mit der Schleife derselben neu zu beginnen, wie es z. B. Tafel I Zeile 8 und 11 bei dem Worte فضحي *fedhehi* deutlich zu sehen ist. Man hüte sich übrigens vor Verwechslungen des ص und des ح. Vergleiche z. B. das ص im Worte صغير *saghir* Tafel VI Zeile 3 am Ende und das ح im Worte حتى *hatta* Tafel XI Zeile 4 in der Mitte. Beide Buchstaben sehen ganz gleich aus.

Um ط und ظ zu schreiben wird auch vorher abgesetzt, dann wird die Schleife gezogen, und nun erst wird der senkrechte Strich hinzugefügt. Vergl. Tafel III Zeile 4 am Ende يخط *ya khatti*, in der folgenden Zeile in der Mitte خربط *kharbot*; Tafel IV erste Zeile am Rande, Mitte فطمه *Fatme*. Siehe auch Tafel IX Zeile 4 gegen das Ende das Wort طين *tin*.

ع und غ wird von einigen am Anfang so geschrieben, dass es mit ك verwechselt werden kann, wenn man nicht genau zusieht, siehe z. B. Tafel VIII Zeile 7 zu Anfang im Worte توغني *tuagane*; man vergleiche mit dem غ in diesem Worte das ك in dem darunter stehenden Worte كمي *kumi*. Um die hier stehende Form des غ zu verstehen, möge der Lernende daran denken, dass dieser Buchstabe von den Schreibverständigen, wenn er schön werden soll, in zwei Tempis geschrieben wird: zuerst schreibt man den oberen Halbmond, dann wird die Feder abgesetzt und nun von vorne beginnt der untere Haken. Man vergleiche auch, was weiter unten beim Buchstaben ى gesagt ist.

Bei den Schleifen der Buchstaben ڤ und ڭ, sowie von ع und غ, wenn diese Buchstaben in der Mitte der Wörter stehen, ist zu beachten, dass viele Suaheli hier nicht einen Strich durch den andern hindurch ziehen; sondern sie schreiben, als wenn sie der Windung einer Drahtöse nachziehen wollten, dabei gehen dann die beiden Einknickungen von rechts und von links mehr oder weniger zusammen oder greifen auch über einander über. Es ist hierfür besonders Tafel VIII lehrreich, so ist z. B. in Zeile 6 zu

Anfang im zweiten Worte معني *mgeni* ganz deutlich zu sehen, wie
die beiden Einknickungen am Fusse des ع über einander geführt
sind, und man wird nun die Formen des ع und ج in den andern
Wörtern dieser Tafel leicht verstehen. Siehe auch Tafel V Zeile 6
gegen das Ende, das ف in dem Worte الشريف *ishsherif.*

Man vergleiche auch wie das ف zu Anfang des Wortes in
فكر *fukuzwa* in der Mitte der letzten Zeile dieser Tafel geschrieben ist.

Als besonders schön gilt übrigens die Form der Schleife
des ع und ج, wie sie auf Tafel X Zeile 2 gegen das Ende im
Worte نكعريف *nakuarifu* gemacht ist; man vergleiche Tafel III
Zeile 8 gegen Ende das Wort جميع *jamii* und in der letzten Zeile
gegen Ende das Wort جمعة *Jumaa.* Die Schleife des ف wird
niemals so geschrieben.

Vom Buchstaben ك kommt neben dieser Form auch die
langgezogene ک vor. Beide Buchstaben kommen sowohl zu Anfang, wie am Ende vor. Die sonst am Ende gebrauchte Form ك
wird allerdings auch von den Suaheli gebraucht, aber nicht allzu
oft. Der Lernende merke sich, dass dieses ك wie ein grosses ل
geschrieben wird, in welches dann noch ein ganz kleines ک hinein-
gezeichnet wird.

Der Buchstabe ك wird so geschrieben, dass zuerst der untere
Haken geschrieben wird und der gerade Strich wird dann hernach
von rechts oben herangeschrieben. Es ist falsch den Buchstaben
von der Spitze rechts oben her mit einem Strich zu malen.

Daher kommt es, dass der gerade Strich öfters von dem übrigen
getrennt ist, wie z. B. in dem Wort يكم *ya kamma* Tafel I Zeile 2
am Anfang. Wer genau zusieht, wird es an vielen Stellen ganz
deutlich erkennen, dass so und nicht anders geschrieben ist.

Daher kommt es auch, dass der mittlere, mehr senkrecht
stehende Theil des Buchstabens oft doppelt geschrieben erscheint,
so z. B. in dem eben vorhin erwähnten Worte und sonst öfters.

Daher erklärt sich auch die beim schnellen Schreiben viel
gebrauchte Form des ك, wie sie sich z. B. auf Tafel II Zeile 8
am Ende im Worte يكو *yako* findet. Vergleiche Tafel XI Zeile 1
Mitte, das Wort اكمل *akmal* und Zeile 2 die Wörter عليك *aleik*
und بركاته *barakatuhu.* Es ist hier eben das Wort zu Ende geschrieben und dann ist die Feder des Schreibenden ohne vom
Papier abzusetzen bis nach links oben geführt um von dort aus
den oberen schrägen Strich dem Stamme des Buchstaben ك hinzuzufügen.

Von manchen wird auch das lange ک mit zwei Strichen, zuerst die untere, dann die obere Hälfte geschrieben, man vergleiche z. B. auf Tafel V Zeile 3 Anfang das Wort کول *kula*, in der Mitte derselben Zeile das Wort کشتاک *kushitaki*.

Wenn hinter ک ein ا oder ein ل unmittelbar zu stehen kommt, so gilt es für schön, wenn der Haken des ک, also die Mitte des Buchstabens bis dicht an den senkrechten Strich des ا oder des ل herangedrückt wird. Man sehe z. B. auf Tafel III Zeile 4 gegen das Ende, das Wort کاکا *kukaa* oder Tafel XI Zeile 3 am Ende das Wort کامل *kamili*.

Steht zwischen dem ک und dem ا oder ل noch ein م in der Mitte, so wird dieses gern nur als kleine Schleife noch unten hingeschrieben und die Mitte des ک dennoch an das ا oder ل herangedrückt, wie z. B. auf Tafel XI Zeile 1 im Worte الاکمل *ilakmal*.

ل wird manchmal nur als ganz kurzer Haken geschrieben, und nur der Umstand, dass weder darüber noch darunter ein Punkt steht, lässt vermuthen, dass hier ein ل zu lesen ist. Man sehe z. B. Tafel III zu Anfang wie klein das ل in dem Worte الشيخ ist, oder Tafel V Zeile 6 gegen Ende im Worte الشريف.

م wird oft nur durch eine scharfe Ecke zwischen den übrigen Buchstaben bezeichnet; man sehe z. B. auf Tafel III Zeile 1 gegen Ende das Wort حمد *Hamid* oder Zeile 3 gegen Anfang das Wort الحمد *ilhamdu*. Manchmal wird der Kopf dem م nur als ein feines nach unten gerichtetes Strichelchen angedeutet, so z. B. Tafel I Zeile 2 Anfang im Worte يكم *ya kamma*.

Dieser Kopf des م wird überhaupt mit den verschiedenen Buchstaben in mannigfaltiger Weise verbunden; man beachte z. B. die Verbindung mit ب, ت, ن wie z. B. in بمنه *bemanihi* zu Anfang von Tafel I; eben daselbst Zeile 5 gegen Ende نميم *na mimi* u. s. w., mit ج z. B. Tafel II Zeile 9 gegen Anfang in جماع *jamaa*; mit ک z. B. Tafel III Zeile 9 Mitte کمشکو *kumchukua* (vergl. auch was auf voriger Seite beim Buchstaben ک gesagt ist); mit ل z. B. Tafel III Zeile 3 Mitte im Worte العالمين; mit ه z. B. Tafel I Zeile 4 gegen Anfang im Worte هموز *humoza*.

Wenn م mit و oder ى verbunden ist, wird es zuweilen so geschrieben, dass es wie ein einziger Buchstabe aussieht und manchmal ist es a priori nicht zu sehen, ob es ein Buchstabe ist oder zwei. Man vergleiche z. B. auf Tafel III unten bei der Datumsangabe das م am Ende des Wortes محرم *Muharram* mit dem in der Mitte stehenden حر; nur der darüberstehende Punkt lässt uns ahnen, dass hier nicht ein blosses م zu lesen ist. Die hier stehende Buchstabenverbindung könnte auch ganz gut ﻬﻣ gelesen werden. Vergleiche auch das Wort مﻦ *min* auf derselben Tafel Zeile 4 gegen Ende in der Redensart مﻦ غيﺮ *min gheir*. Vergleiche auch Tafel IV Rand Zeile 2 am Ende die Schreibung des مﻦ *min* in der Verbindung مﻦ الحقيﺮ *min ilhakīr*, da hier auch der Punkt über dem ﺣ fehlt, so ist die Sache für den Anfänger desto missverständlicher. Vergl. Tafel X viertletzte Zeile, Mitte, مﻦ محبك *min muhebbak*.

Beim ﺣ setzen einige den Punkt, wenn auch der Buchstabe am Anfang oder in der Mitte vorkommt, nicht über den Haken, sondern links daneben, etwa wie Tafel VII Zeile 1 zu Anfang in وﻧﻮ *wanav*; oder Tafel X dritte Zeile am Ende im Worte نكعﺮيف *nakuarifu*.

Am Schluss wird der Buchstabe ﺣ von manchen fast wie ein ﺝ geschrieben, so besonders auf Tafel VIII, wie schon vorhin erwähnt, vergleiche auch Tafel IV Zeile 8 gegen Anfang das Wort اجمعيﺲ *Ajmaina*.

Siehe auch oben die Bemerkungen bei ﺏ und ﻣ.

Das Wort بﻦ *bin*, der Sohn, wird sehr oft nur als ein einziger schräger Strich geschrieben, mit einem Punkt oben und einem Punkt unten, so z. B. auf Tafel III Zeile 1 gegen das Ende in den Worten: سالﻢ بﻦ حمﺪ بﻦ سالﻢ *Salim bin Hamid bin Salim*, manchmal werden die Punkte ganz weggelassen, so z. B. Tafel IV Zeile 1 in den Worten محمﺪ بﻦ سليمان *Muhammed bin Slemān*.

Ueber و ist nichts besonderes zu sagen. Nur sehr selten wird es von den Suaheli mit dem folgenden Buchstaben verbunden, so z. B. auf Tafel XI Zeile 2 am Ende im Worte دوام *dawām;* ganz unten bei der Datumsbezeichnung im Worte فىبﺮوار *Februar*.

Die Schleife des ﻫ zu Anfang und in der Mitte wird von den verschiedenen Schreibern nicht immer gleich geschrieben, doch ist der Buchstabe nur selten zu verkennen; etwas aussergewöhnlich verzogen erscheint sie z. B. auf Tafel IV vorletzte Zeile gegen Ende im Worte هﻳ *hayo*.

In der Mitte finden wir eine zweite Form neben der Schleife öfters gebraucht z. B. Tafel VII Zeile 2 in der Mitte im Worte جهاﺯ *jahazi*, Tafel X Zeile 6 im Worte ﻳﻬبﺮﻍ *ya Hamburg*.

Zuweilen wird sogar diese Form auch beim Anfang des Wortes angewandt; man sehe z. B. Tafel VII Zeile 2 gegen Ende هكﻬﻤل *hakihimili* oder Zeile 9 Mitte هلى *hulia*.

Am Ende hat das ه neben den sonst üblichen Formen, die auch von der Druckschrift nachgeahmt werden, noch eine besondere, wie z. B. in dem بنه auf Tafel I, II, III oben deutlich zu sehen ist. Beim raschen Schreiben entsteht eine Form des Schluss-ه wie wir sie auf Tafel I vorletzte Zeile, gegen Anfang, im Worte مبله *mbele* und gleich dahinter in الله الله finden. Auf Tafel X sind sehr viele Beispiele dieser Form.

Diese Form des Schluss-ه findet sich auch in dem unter der Jahreszahl des Datums geschriebenen سنه *sene* = Jahr, so z. B. Tafel II ganz unten, Tafel IV ganz am Ende. Um diesen Strich zu verstehen, muss man bedenken, dass das س nur als ein langer Strich geschrieben ist, der Haken des ن ist unbeachtet geblieben, der Punkt des ن ist in der Eile nicht geschrieben, von dem Schluss-ه ist nur der nach rechts unten gebogene Haken übrig.

Das allein stehende Schluss-ه wird von einigen auch als Interpunktionszeichen, besonders in Gedichten am Schluss der Strophe gebraucht. So mehrfach auf Tafel VIII (durch ein Versehen des Schreibers ist es unrichtiger Weise gleich hinter das erste Wort gesetzt). Auf Tafel VII ist eine etwas zierlichere Form des Schluss-ه ans Ende der Strophen gesetzt.

لا wird öfters mit einem Zuge geschrieben; so mehrfach auf Tafel II letzte Zeile in dem Worte فلان *fulan*. Etwas verschnörkelte Formen, die den Anfänger vielleicht stutzig machen können, finden sich auf Tafel X erste Zeile in den Wörtern الكرم *ilakram* (das لا ist noch über das ب des vorhergehenden Wortes geschrieben) und im Worte الشيم *ilashyam* (hier ist das لا in das ش hineingeschrieben).

Zu beachten ist, dass das ا manchmal nur als ein ganz kurzer Strich neben das ل geschrieben wird.

Hamze wird von vielen Suaheli fast gar nicht gebraucht, manche brauchen es im Ueberfluss, wie der Schreiber von Tafel VIII, manche setzen es als eine Verzierung an Stellen, wo es gar nicht hingehört. Besondere Schwierigkeiten bietet es dem Lesenden nicht.

Bei ي ist zu bemerken, dass einzelne Schreiber die Form des Schlussbuchstabens auch am Anfang und in der Mitte gebrauchen. Daraus erklären sich Formen, wie wir sie z. B auf Tafel VIII Zeile 2 im Worte يقزدي *yakizidia* oder am Ende derselben Zeile im Worte يتت *yatatu* finden. Manchmal sieht dann der Buchstabe wie ein ع oder wie ein schlecht geschriebenes ك

aus, und wenn mehrere derartige ganz gleich geschriebene Buchstaben neben einander vorkommen, so dass man zunächst nicht
weiss, zu welchem die Punkte gehören, so kann man recht lange
im Ungewissen über die richtige Lesung sein.

Beim Schluss kommt mehrfach die nach unten rechts gezogene
Form ى zur Anwendung; z. B. Tafel X Zeile 2 am Anfang im
Worte علي *ala* oder Zeile 10 im Worte لسلمي *nisalimie*.
Dieselbe Form finden wir auch im Worte تعال *taala* oben
über Tafel I und III. Es ist hier allerdings der untere Quer-
strich des ى auf ein Minimum reducirt. Vergleiche auch Tafel X
rechts oben. Wenn dann in diesem Worte auch noch das Elif
und das Lam in eins gezogen werden, so erhalten wir Formen,
wie sie z. B. auf Tafel III Zeile 1 am Ende, Tafel XI Zeile 1 am
Ende, Tafel X vorletzte Zeile finden. Aus dieser Form können
wir uns dann etwa den auf Tafel II oben stehenden Schriftzug
entstanden denken.

Mit derselben Form des ى wird auch oft die bei der Datumsangabe gebrauchte arabische Präposition فى *fi* (in) geschrieben,
siehe Tafel III unten, Tafel VII unten, Tafel X Zeile 12 unter der
Jahreszahl, Tafel XI Zeile 5.

✿   ✿
✿

Zu den einzelnen Tafeln ist noch folgendes zu bemerken:
Die auf Tafel I—XI gegebenen Schriftproben sind aus dem
hier vorhandenen Material ausgewählt um möglichst verschieden-
artige Handschriften zu zeigen. Alle anderen Rücksichten sind
dabei zurückgetreten.

Tafel I und III stammen von einer Hand und geben ein
Beispiel guter Kurrentschrift. Tafel III ist sorgfältiger geschrieben,
so gut wie der Schreiber es vermochte. Tafel I ist etwas nach-
lässiger, wie wenn man eine Abschrift besorgt.

Dieser Handschrift ähnlich ist die von Tafel IV. Beide
Schreiber geben Beispiele eines häufig vorkommenden Ductus.

Eine andere Schriftart zeigt Tafel II. Der Character der Schrift ist etwas runder; auch dieser Typus kommt, wie es scheint häufiger vor.

Tafel V zeigt eine Schreibweise, wie sie mir bei Briefen der Lamu- und Witoleute mehrmals vorgekommen ist. Sie ist offenbar mit einem Hölzchen geschrieben und obwohl nicht gerade hübsch doch von Schreibgewandtheit zeugend. Tafel VI zeigt eine etwas schwerfällige Hand. Unter den Zahlen der Rechnung sind einige indische Ziffern. Man beachte z. B. in der vorletzten Zeile die indische 1 in der Zahl 15. Auf der viertletzten Zeile bedeuten die neben der Zahl 57 stehenden Striche $^2/_4$, durch ein Versehen ist auf Seite 96 bei der Umschrift des Blattes dieser Bruch auf die vorletzte Zeile gekommen.

Tafel VIII zeigt einen ganz eigenthümlichen Typus, wie er mir bei tief im Innern lebenden, von der modernen arabischen Bildung unberührten Leuten vorzukommen scheint, sowohl im deutschen Schutzgebiet wie in Wito. Auch diese Schrift ist offenbar mit dem Holzstift geschrieben, auch schreiben die Leute, die in dieser Art schreiben, meist ganz besonders gross. Ich bemerke, dass der Schreiber wohl aus Nachlässigkeit Strophe 6 vor Strophe 5 gesetzt hat.

Tafel IX zeigt eine wohlstilisirte Kanzleischrift der ostafrikanischen Araber; man sieht, der Schreiber weiss sein Rohr gut anzuschneiden und zu führen. Bei den eigentlichen Suaheli habe ich diese Art zu schreiben weniger gefunden.

Tafel VII, X und XI stammen von einer Hand und zeigen, wie jemand, der gut schreiben kann, unter veränderten Verhältnissen schreibt. Tafel X giebt eine Schrift, bei welcher der Schreiber sich bemüht hat möglichst schön zu schreiben. Auf Tafel VII soll die Schrift möglichst deutlich sein; Tafel XI bringt einen in aller Eile niedergeschriebenen Zettel.

Da die auf Tafel X und XI gebrachten Schreiben nicht mit den übrigen abgedruckt und umschrieben werden konnten, so möge hier Umschrift und Uebersetzung folgen. Eine Umschrift in arabischen Buchstaben ist wohl nicht nöthig, da dasjenige, was in der Handschrift Schwierigkeiten machen könnte, schon bei der Besprechung der Schrift der Suaheli Seite 191 bis Seite 200 erwähnt worden ist.

ZU TAFEL X.

Bemanihi taala.

Ila jenab ishshekh ilmuhebb ilakram irradhi ilmukhtaram ilashyam ilkhawaja iththike iddoctor Bitner ilmukhtaram. Adam Allahu izzahu ala eddawam insha Allah. Essalaam aleik wa rahmet Ullahi wa barakatuhu. Wa baad nikuarifu hali yangu ngema wa thamma nawe kuwa kazalika ya afia zako amina, ilhamdu lillahi rabb ilalamina. Wa zaidi ya khabari: nakuarifu: Nimesafiri katika Berlin siku ya juma ne mehana mwezi 12. August wakati wa saa moja na dakika 15, yaani saa moja wa robo. Nimefika katika bender ya Hamburg wakati wa saa mbili 2 na dakika 5. Nimekuta khawaja Tsakhe katika panda la magari ananingoja. Tena tukaenda katika hoteli. Nami siwezi kukuarifu kwa khabari ya mji, maana baado sijaona vyema. Insha Allah[1] utapata khabari katika khatti nyingine, insha Allah. Iliyo ndiyo khabari yangu, wajibu kukuarifu hatta ujue. Wa salaam. Nisalimie libi nyumbani, aidha nisalimie sana ilmuhebb ilaziz Karl Bitner sana na nduguze wote salaam sana. Wa zalika min muhebbak zakir fadhlak wa ahsanak saghirak Sleman bin Said esSarmi, nahar 13. August fi 1890.

Yusil ilkitab ila kariat Berlin ilmustamaka Steglits Almania.

Hiftahu Allahu taala.

Aidha na huku anakusalimia ilkhawaja Tsakhe wa salaam.

[1] Im Texte ist durch eine Flüchtigkeit des Schreibers das *Allah* weggelassen.

UEBERSETZUNG.

Durch die Güte des Allerhöchsten.

An seine Wohlgeboren den Schech, den geliebten, den sehr geehrten, den angenehmen, den ehrwürdigen, den charakterfesten, den Herrn, den zuverlässigen den Doctor Büttner den ehrwürdigen. Möge Gott seine Kraft beständig (bei ihm) bleiben lassen. Friede sei über dir und die Barmherzigkeit Gottes und sein Segen.

Und danach: Ich theile dir mit: Mein Zustand ist gut und mögest auch du gleicherweise mit deiner Gesundheit sein. Amen. Lob sei Gott dem Herrn der Welten.

Und was mehr ist von Nachrichten: ich theile dir mit: Ich bin von Berlin am Dienstag Mittag den 12. August um 1 Uhr und 15 Minuten d. h. ein und ein viertel Uhr abgereist. Ich bin im Hafen von Hamburg um 2 Uhr und 5 Minuten angekommen. Ich habe den Herrn Zache auf dem Bahnhof getroffen, er erwartete mich. Danach sind wir in ein Hotel gegangen. Und ich kann dir nichts über die Nachrichten von der Stadt mittheilen, nämlich ich habe mich noch nicht gut umgesehen. So Gott will, wirst du Nachricht in einem andern Briefe erhalten, so Gott will. Dies sind die Nachrichten von mir, es ist Pflicht, dir Mittheilung zu machen, damit du es weisst. Und Gruss.

Grüsse mir die Grossmama im Hause; ferner grüsse mir sehr den geliebten, den theuern Karl Büttner, auch allen seinen Schwestern vielen Gruss. Und solches von deinem geliebten, dem sich an deine Wohlthaten und deine Güte erinnernden, deinem kleinen Sleman Sohn des Said dem Sarmi. Am Tage des 13. August im Jahre 1890.

Es möge der Brief ankommen in dem Vororte Berlins, der genannt wird Steglitz, Deutschland.

Es behüte ihn Gott der Allerhöchste.

Ferner lässt dich hier auch Herr Zache grüssen. Und Gruss.

ANMERKUNG.

Bei den Zeitangaben über die Eisenbahnfahrt ist zu beachten, dass für die Abfahrt europäische Zeit, bei der Ankunft in Hamburg arabische Zeit gemeint ist. Aber der Schreiber hat es vergessen dies anzugeben. Der Zug kam nach dem Fahrplan Abends 8 Uhr 6 Min. in Hamburg an.

Der Ausdruck: *Nimesafiri katika Berlin* ich reiste von Berlin ab, ist ein gutes Beispiel für die wirkliche Bedeutung von *katika*

ZU TAFEL XI.

Ila jenab shekhina ilfakih ilakmal iddoktor Bitner. Ab-
kahu Allahu taala, insha Allah. Essalaam aleik wa rahmet
Ullahi wa barakatuhu ala dawām. Wa baado nakuarifu:
Mavazi yangu yamewasili yote kamili; wajibu kukuarifu hatta
ujue. Nami nimeshukuru sana, ahsanta, jazak Allahu elfu kheir.
Wa salaam.
Min muhebbak Sleman bin Said.
21. Februar fi 1890.

UEBERSETZUNG.

An seine Wohlgeboren unsern Schech, den verständigen,
den sehr vollkommenen, den Doctor Büttner. Möge ihn der
allerhöchste Gott am Leben erhalten, wenn Gott will.
Friede sei über dir und die Barmherzigkeit Gottes und
sein Segen fortdauernd. Und danach: ich theile dir mit: Meine
Kleider sind alle vollzählig angekommen, und Pflicht ist es, es
dir mitzutheilen, damit du es wissest. Und ich danke dir sehr,
danke, Gott segne dich mit tausendfachem Glück. Und Gruss.
Von deinem geliebten Sleman Sohn des Said.
Den 21. Februar 1890.

Berichtigungen und Zusätze.

Seite 10 Zeile 9 statt Masketischer lies Maskatischer.

„ 16 „ 9 „ *mfanzie* lies *mfanyizie*.

„ 17 Brief XI Zeile 7: *Kumwomba Muungu* hat im gewöhnlichen Verkehr vielfach die Bedeutung: „etwas neues
beginnen, eine Reise unternehmen" erhalten, weil man
ja vor jeder wichtigeren Unternehmung Gottes Beistand
anzurufen pflegt.

„ 29 in der Ueberschrift statt Zanzibar lies Sansibar.

„ 32 Brief XIX Zeile 3 statt *barakatahu* lies *barakatuhu*. Und
so ist dies Wort überall, wo es vorkommt, zu lesen;
ebenso statt *merdatahu — merdatuhu*, statt *neematahu —
neematuhu*.

„ 42 Zeile 1 statt *alioweka* lies *aliowekwa*.

„ 45 „ 12 „ gebunden lies losgebunden.

„ 48 Brief XXVII Zeile 14 statt *wane* lies *wa ne*.

„ 63 „ XXXV „ 5 „ *nayaliomo* lies *na yaliomo*.

„ 66 „ XXXVII „ 9 „ *Alihusibu* lies *Ulihasibu*.

„ 76 Ueberschrift statt *Angazidya* lies *Angasidya*.

„ 92 Zeile 2 statt *wanalokiwaza* lies *wanaloliwasa*.

„ 92 „ 10 „ *hawambia* lies *hawambii*.

„ 135 „ 3 ist *dura* eigentlich mit Papagei zu übersetzen;
gemeint ist natürlich die besungene Frau.

„ 161 Zeile 11 von unten statt ‍ﻱ lies ‍ﻱ.

Zu Zeile 11 auf Seite 165: Auch bei manchen Wüstenarabern wird
ﺱ zuweilen ähnlich ausgesprochen, vergl. Wetzstein,
Sprachliches aus den Zeltlagern der syrischen Wüste,
pag. 99 (cf. Band XXII Zeitsch. der Deutsch. Morgenl.
Gesch.).

Seite 165 Zeile 8 von unten statt كُن und مَن lies كَن und مِن.

Zu Seite 188: Die Suaheli schneiden nicht gerne das Schreiberohr
für einen andern, weil sie glauben, dass sie dadurch
ihre Geschicklichkeit im Schreiben dem übertragen, für
den das Rohr geschnitten ist.

Zu Seite 190: Neben der hier beschriebenen Tinte aus Reis: *wino
wa mchele* wird auch aus dem Saft des Tintenfisches
Tinte in Ostafrika fabricirt: *wino wa pweza.*

IM ARABISCHEN THEIL.

Seite ٢ ist in Brief 3 Zeile 4 hinter لو خَتْ einzuschieben:

حتْجَبَاتْ خْبَارِ بِنْ ولا خَطِ بِنْ ولا سَلَامْ بِنْ لو

„ ٨ in Brief 11 Zeile 1 statt الثَّاصِح lies الثَّامِح.

„ ٨ „ „ 11 „ 4 von unten statt زمطام lies رمطام.

„ ١٠ „ „ 13 „ 1 statt ابروني lies البروني.

„ ١٤ „ „ 18 Ueberschrift statt الرحم lies الرحمن.

„ ١٥ Zeile 1 statt يخنر lies يضير.

„ ١٦ „ 7 „ تَعرف lies تُعرف.

„ ١٧ „ 1 „ ist hinter سماعيل einzuschieben بِن.

„ ١٨ „ 6 „ ist hinter بمطاء einzuschieben مِم.

„ ٢٢ letzte Zeile statt جكز lies وَجكز.

„ ٢٤ Zeile 2 statt الب بتْ lies الب بتَ.

„ ٢٤ „ 4 von unten statt بعِ lies بعَد.

„ ٣٠ „ 4 statt اليْب lies اليُب.

„ ٣٣ „ 4 „ ٨٤٢٢ lies ٨٤٢٦.

„ ٢٥ „ 4 von unten statt زَك lies وَكُ.

„ ٦١ „ 6 von unten statt فه lies قصه.

DRUCK VON W. DRUGULIN IN LEIPZIG.

TAFEL I. 5/6 der Originalgrösse.

Vergl. Nr. 12, pag. 19.

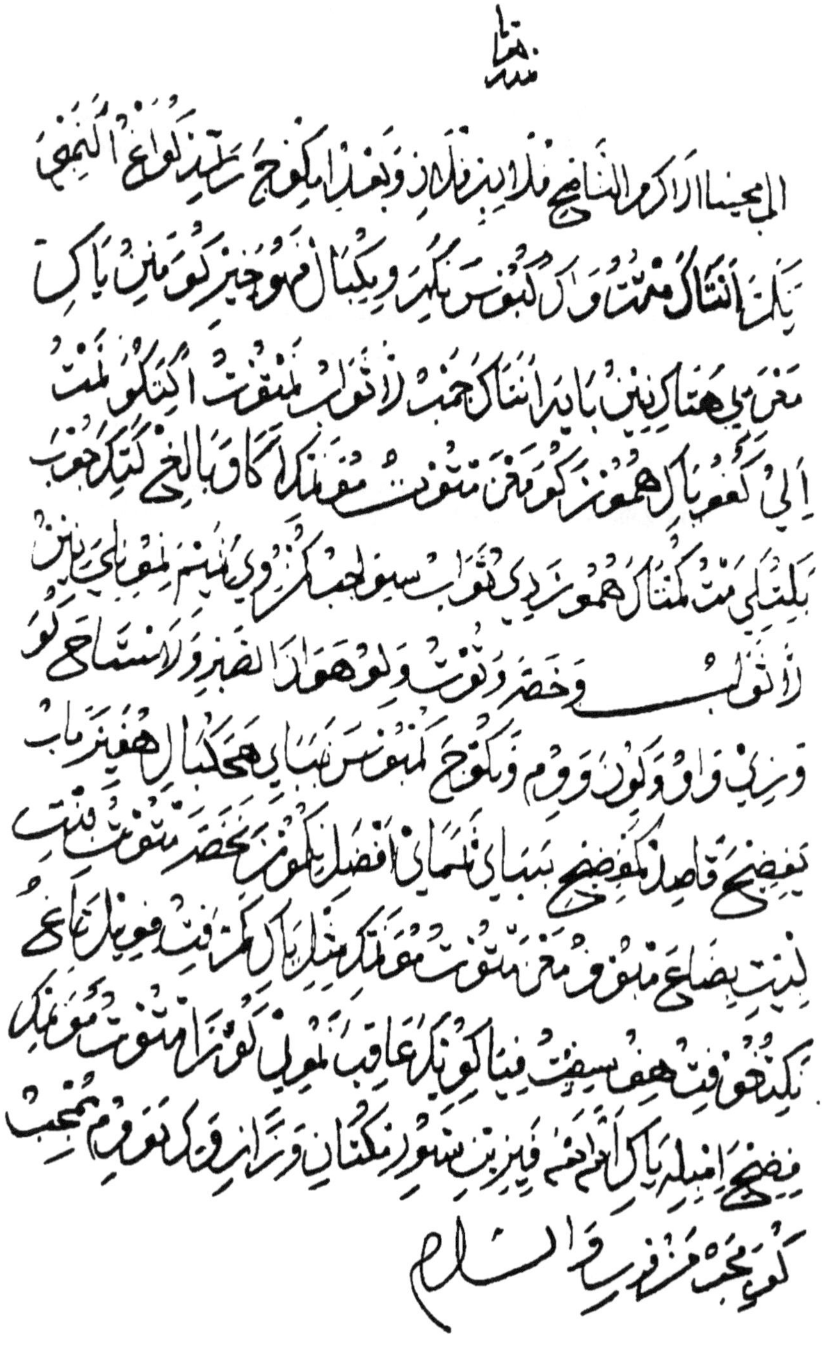

بسم الله

الجناب شيخ المحترم الكريم والنصيح الأخ مني فلان بن بني يكون

بني فلان الفلاني سلكم وبعد يسلكم تكعرف حال باع حتم وتم

نو يكو قاع كو لا بعني سراك أمين الحمد تثورت العالمين

وزايد تحمد تكعرف يكمت جاى إلى ماد سيم هواج العوع

وانت أباو وسيم صباح أناك كسكم حاكم حتا سعد بن

باس ساس تفعل مبنيه كم كما ش سقت امب

وكوا وراض او سلام تكم ولا اسغاي مغن

نسقات وعاك سلام ألا وتاك نعا وحبيت تكم وللام

نسلمي حماج تل فع نو كو وت شلكم نوتكم ودع وت

وشلكم نو كوت وت وكلم وللام وكتيرم مجوع

فلان بن فلان الفلاني يكرككد وكد

۲۶۱

بسم الله

نكعكد لكـ

وعوج حتـ

يـنـع غـايـز بخـط

م نجلاين ورت

وومر فود مختار

ان ظر يوغر

بتذبا لكوج

مانر خض كنكا

منرجوعر النسا

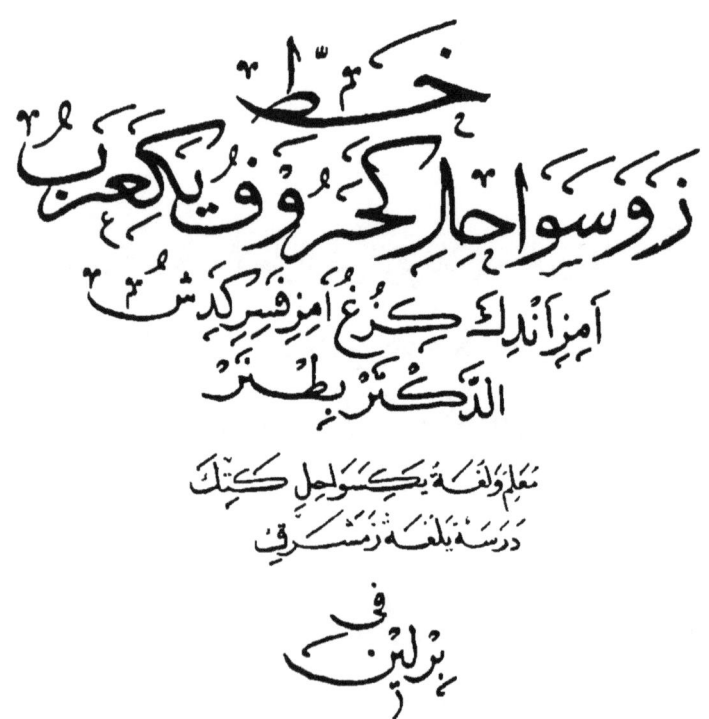

خط

زوسو احار الحروف يكعرب

امز انده كنغ امز فسر كدش

الدكتر بطنر

معلوله يكسولمل كتك
درسه يلغه زسرف

في

برلين

شتنغرت نبرلين
وشبنمن

١٨٩٢

لي

الله تعا

الى جناب الشيخ المحب الاجل الرضي الوفي فلان بن فلان الفلاني سلمه

ان شاء الله سلام عليك ورحمة الله وبركاته محبك المحب لله بخير وسرور

أَمَّا بَعَدُ يَسَلَامُ خَبَرِ خِيرٍ وَزِيدِ بِخَبَارِ تَكِيَاسِكُ طَلِيُّ أُدُكَ هُكَ حَتَ

لُوْ هَتْجِبَتَ سَلَامِ يَكَ وَلَا وَرَكَ وَاكَ نُوسِوَاجِبُ وَمُتَ نَدْغِي وَلَا مُتَ

نَصَاحِبُ يَكَ وَلَكِنِ دِيْ حَلِ يَوْلِمِغَ دِي حَلِ يَوْنَا دَمُ نَوْ تَفَضَلِ

وُسِكَتِ تَعَرِفُ نَصَبَّ تَعَرِفُ نُصَ يَكُوْنَنَ وهذا وسلام نِسَلِمِي جَمَعَ

وُتِ نَوْتُتُ وُتِ نَهُكَ أَكُسَلِمُ جَمَعَ وُتِ نَوْتُتُ وُتِ والــــسلام

٢

تعالي

الى جناب الشيخ المحب الاكرم المود العزيز فلان بن فلان الفلاني سلمه الله

ان شاء الله سلام عليك ورحمة الله وبركاته وَمَرْضَاتَه مُحِبُ وَاكَ دُغَ

يَكَ هَتْجَبُ سُتَ نَايِ ان شاء الله نَزِيدِ بِخَبَارِ هَمَحَبُ تَمُوصِل بَنْدَرِ

١

سَلَام نَصِ هَتُكَنْفِكِلُو نَخَطِرِ الَيْ بَيْتِ الحمد لله رب العَالَمِين نَو تَفَضَّلِ
وسِاسَتِ كُتُلِياَ تَعرِيفُ نَكَكُلَ خَبَارِ بَتِ تَعرِيفْ يَكُ أَلَيْ لَتَ مِكْنِنِ
مَثْلَان اِمَوصِلِ احسنت وَجَزَاك الله الف خَيرُ وهذا والسلام نِسَلِّي
جَمَعَ وَتِ نَوَتُتُ وَتِ نَهَكُ كَذَلِكَ وَنَكَلِمَ جَمَعَ تَدْغُ والسلام محبك
فلان بن فلان بيده

فيــه ١٣٠٢

٣

الله تعالي

الى جناب الشيخ المحب الاكرم المكرم الاخ العزيز فلان بن فلان سلمك
ان شاء الله سلام عليك ورحمه الله وبركاته الكتاب بندر الفلاني الى
بندر زنجبار اما بعده يُسَلَام خَبَارِ زِتَ نِعِيمْ وَثُمَّ نوكُو كَذَلِكَ بَعَفِياَ زِينُو
الحمد لله رَبِّ العَالَمِين نَرَ ابِد بِخَبَارِ تَكِيَاتِلِبُ سَافِرِ حَتَ لِوسِواَجِبُ
وَاكُ حاشا اللهِ ولكِن هِيَضُورُ نَلَمُرَادِ وتِ وَنَبُ مُتُ أَناَي قُصْدِي نِتِ
زَكُوتُ أُستَكِي تَعرِيفُ ناصِ كَذَالِكَ نَرَمَانِ طَلَلِتَ تَعرِيفُ قَبْلَ يِهِي
الله اعلم اِمْفِيْكَ أَوُ هِيَكِنْكَ والسلام من محبك لخبير لله تعالي فلان
بن فلان بيده تاريخ كذ وكذا

٤

الى جناب الشيخ المحب الاكرم الناصح فلان بن فلان سلمه الله تعالى

ان شاء الله سـلام عليك ورحمه الله وبركاته اما بعد يسـلام خط يك

مُعظَّمْ مُشَرَّفْ اُلِى اُلِـتِ كُوتْ اِمْتُوْ صِلِيَانَص نَمِيسُمْ نُكَمَّمْ يَلِيمْ بُتْ

اَحْسَنْتَ وَجَزَاكَ اللهُ خير نو دِورْ واجِبْ وْاكَ كَمْ هايَ نَص انشاء

الله هتكَّتِ تعرِفْ نو تَفَبَّضِ زَوَادِ تَامَانَا مكُنِّ مَفَلَانِ نو تُعرِفْ كَفِّكَ

كُوْكِ وسلام من محبك الحقير ولدك فلان بن فلان وسلام

٥

بمنه تعالى

الى جناب الشيخ المحب الاكرم المودّ الاحشم الاخ فلان بن فلان

سَلَامْ سَانْ وبَعْدُ يَسلَامْ نَكَعْرِيْفْ نِموَاصِلْ بَنْدَرْ وْ يَا مِيْب سِيْكْ يَامُوْز

تَاتْ مْفُوغْ بِيْلِ سَلَامْ سَالِيْن نَوْ كَتَكَ خَبَارِ يَانْدَانِ نِلَكَ نُوْكَ هَكُوْنَ

اِلَا خِيرِ نَكْلِكَ بِيعْ مُوْكَ هُوْ مِيْمَه بِيعْ وْشَرِيعْ سَانْ فَرَاسِيْلَه يَا بِمِبْ

غُوْ تَانْ نَشَابْ فَرَاسِيْلَه كُوْ فَرَاسِيْلَه تَانْ هِيْ بِيعْ مَوْ جُوْدِ هَبَانْ كَنْفُوْتْ

نَكْلِكَ بِيعْ يُوْ تُوْمُوْ مُتُوْمُوْ مُوْيْمَه نَقَاوَ حِسَابْ يَكْ غُوْ يِيْلِ نَابُنْدُوْكَ

مُوْجِ كُوْ فَرَاسِيْلَه نَوْ شَاغَ كِـمَرْ بَامْبَ فَرَاسِيْلَه كُوْ فَرَاسِيْلَه تَاتْ نَوْ شَاغَ

مِرِكَانْ فَرَاسِيلَهْ كُوْ فَرَاسِيلَه مِيْلِي نَوْشَاعْ فَرَاسِيلَه كُوْ فَرَاسِيلَه كُوْ فَرَاسِيلَه وَنُصُو
نَبَارُوتِ بِمِسْبَ كُوْ فَرَاسِيلَه نَاكِسُّوْه بَابْ مَسْكَتْ كِتَامُب دِنْوَانْ كِمُوْج
مَنْ نِنْ نِفَكُوْي بَابْ مَسْكَتْ كِمُوْج مَنْ بِيلْ نَصَابُوْنْ يِكُوْنُد صَنْدُوْقْ مَنْ
تَاتْ نِمَكِيْكَ مُوِيلْ كُوْ مَنْ سِتَ هِيْ نْدِي خَبَارِ يَابِرَ تعلم ذلك

بمنه تعالى

الى الشيخ المحب الاكرم المكرم النَّاصح فلان بن فلان سلام

وَبَعْدَ يَسَلَامْ خَطِبَاكْ مُعَظَمِ امْوَاصِلِ مَكْنُوْنِ مُوْحَامِلِ بَرُوْ نِكِيْسُوْمْ
نِكَنَهِمْ يُوتِ حَبَارِيَرَ كِلَكَ بِيعْ وُشَرَ يَكْ وُلِي فِيَرَ نِمْفِرَاحِ سَانْ
كُوْكُعِرَفْ بِيعْ بَاكْ نَوْكِتَاكَ خَبَارِ يَابُوَانْ جِيْمَه نَابِيعْ يَابِضَاعِ بُوَانْ سَعَرِ
يَاكَ جِيْمَه جُورِ يَامْرِيكَانْ كُوْرِيَالْ مِيْلِي وَنُصُو جُورِيَا قَمْتِي رِيَالْ مِيْلِي
قَاصِرِيعْ نَافَرَاسِيلَه يُوشَاعْ صَمْصَامِ رِيَالْ سَبْعَه نَوُوبْ رِيَالْ سِتَ نَوْشَاعْ
مَرِيكَانْ مُوِيوبْ فَرَاسِيلَه رِيَالْ تَانْ نِشَابْ يِكُوْنُد فَرَاسِيلَه رِيَالْ نَانْ
نِشَابْ بِيوبْ فَرَاسِيلَه رِيَالْ سِتَ نَكِنِكِي كُوْرْجَه رِيَالْ اَرْبَعَةَ عَشَرَ فَكُوْنجُوا
فِنَانْ نِفَكُوْنجُوا سِتَ رِيَالْ اِثْنَى عَشَرَ نَصَبَاعِيَه بَابْ كَاشِه كُوْرْجَه رِيَالْ
سَبْعَةَ عَشَرَ نَدِبُوَانْ بَابْ كَاشِه كُوْرْجَه رِيَالْ سِتَ عَشَرَ نِقَتَامُبْ كُوْمِنِي

زَمْبُوعْ كُوْرْجَهْ رِيَالْ خَمْسَةَ عَشَرَ نَفَتَامْبِ رِيْحَانْ كُوْرْجَهْ رِيَالْ تِلْتِعْشَرَ
نَبَارُوْتِ يِمْبَ لَا رَطَلْ كُوْمْ رِيَالْ نَنْ وَنَصُوْهِيْ دِيْ سِعْرِ يَامْجْ وَوْغُوْجَ
وَالــــَّـلَامُ

٧

بمنه تعالى

الِى الشَّيْخِ الْمُحِبِّ الْاَكْرَمِ الْآخِ عَبْدَ اللهِ بِنْ نَاصِرْ بِنْ جُمْعَه النبهاني سلام
وَبَعْدُ يَسَلَامْ اَنْكُوْصِلِيْ مُتومُو وَكُ مَبْرِكْ فَالْمُرَادِ تَقْبَضْ كُوْكَ فَرَاسِيْلَه
اَرْبَعِينِ زَبِمْبِ نَقَاوَ تَفَضَّلْ نَتَاكَ وُنْنَلِي بِضَاعَ عِوَاضِ يَامَيْمَه نَتَاكَ
وُنْنَلِي مَرِيْكَانْ اَصْلِيْ جُوْرَمِيْ نَاقَمْتِي جُوْرَمِيْ وَحَمْسِينِ نَتَاكَ نَكْنِكِيْ
كُـوْرْجَهْ اَرْبَعِينِ رَطَلْ نَانِ نَرَطَلْ تِسْعَه نَتَاكَ كُوْرْجَهْ ثَلَاثِينَ نَكْنِكِيْ
فِدُرِيْجْ رَطَلْ سِتَ نَتَاكَ كُوْرْجَهْ عِشْرِينَ نَحَازْ بَابْ كَاشَه نَتَاكَ كُوْرْجَهْ
كُوْمْ نَصْبَاعِيَه كَاشَه نَتَاكَ كُوْرْجَهْ كُوْمْ نَفَتَامْبِ كُوْمْنِي زَمْبُوعْ نَتَاكَ كُوْرْجَهْ
تِسْعَه نَمَكْفُوْرْ مِوْسْ نَتَاكَ كُـوْرْجَهْ نَانْ نَتَاكَ بَارُوْتِ رَطَلْ اَرْبَعْمَايَه
نَابُوْنُدُوْكَ صَنْدُوْقْ عِشْرِينْ نَفَتَاكَ صَنْدُوْقْ مَاتِينْ نَكْلِشْ بَاقِ كَتِكَ
فِضَ نَتَاكَ وُنْنُو الشَّانْبَه الِيْ جِيْمَه نَوْتُومُوْهَاوْ وَنَكُوْصِلِيْ نِمِوْلَتَ قَاصِدْ
كُوْجْ كُفِنِرَ كَانِ كَتِكَ هِيْلْ شَانْبَه اللهُ اَوْ كَتِكَ جِهَادِ كُفِنِيِرِيْ شُغْلِ
يَاغْ نَا اجَارَ يَاكَ تُوَهْ كَتِكَ هُوْمْ مُنَامْ فِضَه والسلام

بمنه تعالى

الى محبنا الاكرم المودّ محمد بن سليمان بن عَبْداللهِ المَرهُونِى سلام

وَبَعْدُ يسَلامْ بْرُوياكْ اِمْوَصِلْ نَمْتُومُوْ وَكَ حَامِلْ بَرُوْ نَوُيْشُ نِلتِيَ

وَاصِلْ فَرَاسِيْلَه اَرْبَعِين زَ بمْبْ نَوْتُومُوْ مَكْنُونْ مُوَامِين يَاكَ فِيمِواصِلْ

اَحْسَنتْ جزَاكَ اللهُ اَلْفُ خِيرِ نَامْ نِمنُّوْ قَدِرِ وُلِيْشُ نَاغِنِريَ كَتَكَ

بَرُوْياكْ نَكلِشْ بَاقِيْ نِمكْنُّلِيْ شَانْبَه كُوْ رِيَالْ خَمْسَه مَايَه نَوْتُومُوْ سَكْبَاةْ

كَفُوْسُ كُوِيْتُدْ وَعْوَجْ مَعْنَ وِنِيْ فِيوْبْ فِياوُ هُوَ كَبَالْ كِيْكِيْ وَتُوْمُوْ وَجِيْغَه

كُوْ مَرُوغ بَجَرِينْ وَنْخُوْفْ اَكوُوْنَ بَجَرِينْ اَتَوْكَمَاتَ نَشُوْبْ اَنْكَمُوَ هِيْلْ

نْدِيْلْ نِين نَتَلْ لْخَوْفْ كُنَبَاتَ مَتَاتَ سِكُوْنِ كَفَنِزِ جَسِ وَتُوْمُوْ وُتْ

نِمِوْ وِيكَ بُوْجَمُوْيُوْ سِجُوْ حِلَّه يَكْفَنِزِ حَتَّى كُوْبِلِكَ وَغْوَجَ نِوِيْ رَاضِ

سَانْ وُسِنِينْ يَكمْ نِمكْتَا شُغْلْ يَاكْ بَعْدُ اَنْكُوْصِلِيْ مَتْوُمُوْ وَكَ نِمِمْبَّ

بِضَاعَ كِدُوْغْ تَفَصَّلْ مَسْعِيْدِيْ كَتَكَ بِيعْ وَثَمَ قَدِرِ اَنْكَشُ بَاتَ وُنِلتِي

كَوُ وُرِيْسِ مَعْنَ وَهِنْدِ وَنَاذِ كَتَكَ مَالِ يَاوُ وسَـلام

٧

٩

بمنه تعالى

سَلَام سَان

الى جناب المحب الاكرم المكرم الاخ محمد بن سليمان بن ماجد لحروصي

وَبَعْدُ يَـلَام اَنْكُوصِلِي مُتُومُو رَكْ مَبْرُوكْ اَتُوكْ بَرَّا كَنَمِي يَكَمْ

وَلِكُوجَ وَتْ دُووِيلِ وَمِشْكُو بِبْ وَتَاكْ كُبْدِيلِ بِضَاعَ وَتَاكَ كُوبِنْد

رُجِيِج فَالْمُرَادِ مَغِيزِي عِوَّاضْ قَدِرِ اِنِّ فَا كُوعَيْنَ يَارْ

١٠

بمنه تعالى

سَلَام

الى جناب المحب الاكرم المودَّ الاخ حمد بن محمد بن جمعه المرحني

وَبَعْدُ يَسَلَامْ تَقْبَضْ فِضَّه وُنْتِلِي مُجَامِفْ نَمِكِبْكْ مَوِيلِ قَدِرِ يَانَمَنْ

اِلَى كُوكَتِكَ مِجِ مَعْنَ هُوكْ ثَمِنْيَاكِ غَالِي سَانَ اللهُ اللهَ جِتَاهِدْ اَسِمِيْ

كُرِيضْ مَرِيضْ اَسِمِيْ مُرُوجَ هَرَبْ بَامُونِي مُرُوجْ

١١

بمنه تعالى

سَان
الحروصي سَلَمُ

الى الشيخ المحب الاكرم المكرم النَّاصِح الاخ عَبْدَ الله بن سليمان

وَبَعْدُ يَسلَام دُوْعْ يَاكَ نَاصْر بن سليمان اِموَاصِل نِكِمْتَاكَ حَبَارِ
اَلِكَ تُوْكَ اَكَسِمْ كَرُومِ نَطَمَاعِ نَيْلِ مُوِي شَاكِ هَكَوْسِ شَامُونْرِدِ
بَاسْ مُوْيُو وَاعْ وُمِعِي الطَّمَاع نِمعرم كَسْفِر كُوْنْدَ كَمُوْبْ مُوْعْ بَاسْ
نِمِكِلْتِي خَبَارِ قَاصِدْ وُوحَالْ يَكُجُونَامِ نَكِجَعْلَو مُونِ هُوْ تُوْنْدُوْكَ مَعْنَ
وَبَغَارِ نِمِوبَاة قَدِرِ نِلِي وَتَاكَ وَلِكِنْ وَبَغَارِ مُوكَ هُوْ غَالِي مَبْغَارِ مُوْجَ
كُوْ غُوْ ثَلَاثِينْ نَابْنْدُوْكَ جُوْ يَاكِ بِغَيْرِ غُوْ زَمِيبَارِ مَبَّالِي وَبَعْدُ نِمبَاة
خَبَارِ يَكَمْ وُغُوْغْ مُوكَ هُوْ نْجَابِشْ مَبْلِي رَمْطَامْ كُو وَبَانْدِ مسَافَرْ مِيغْ
اِنرُوْدِي شِيانِ وَلَاكِنْ مِيمِ تَأتَوَكَلِ مُوْعْ هِي وُدِي خَبَارِ يَاغْ نَمِيمه خَصَّ
وَنتَاكَ شَابَهِ يَكُونْدِ دِي كِت وَنَاشْ نَاكَ كَتَكَ بِيعِ بَاوُهِمْفَاي بِضَاعِ وَلَا
كِت شِغِينِ وَسَــلَامْ

بمنه تعالى

الى محبنا الاكرم الناصح فلان بن فلان

وَبَعْدُ اِمكُوجْ رَاشِدْ كُوَاغْ اكَنْمِيْ يَكَمْ اتَاكَ مَتُ وَاكَ كَبُوسَ نَكمَ
وَمِكبَالْ فَهُوَ خِيرِ كُومِنْ يَاكِ مَعَنْ يِي هتَاكَ نِنْ بَايَه اتَاكَ جَمْبُ
لَاثُوبْ نَمْتُوتُ اكْتِكُونَمْتُ الَيْ كَفُويَاكِ هُمُونِ كُو مَعَنْ مَتُوتْ
مُونَمْكِ اكَاوَ بَالِغْ كَتِكَ جُوبْ بَكِتِكِي مَتْ كَمْتَاكَ هُمُوزْدِي ثَوَابْ
سِوَاجِبْ كَمْزُوبِ نَمِيْم نِمُوْلِيْ نِينْ لَاثَوَابْ وَخَصَّه وَتُوتْ وَلُوْ هُوَانْ
الصَّبْرِ وَلَاسْتَاحَ كُو وَزِي دَاوَ كُونَ دُوم وَنَكُوجْ كَمْبُوسْ نَبَايِ
هجكبَالْ هفَنِزَ مَابْ يَفْضِجْ قَاصِدْ كُمْتَفْضِجْ نَبَايِ نَمَايِ افْضَلْ نَكمُوزْ
نْخَصَّه مَتُوتْ بِنْتَ نِبِيتْ بِضَاعَ مْتُوفْ مَعَنْ مَتُوتْ مُونَمْكِ مِثْلِ يَاكِ
كَمْ فِتْ فُوِيلْ نَاغْ نَكْتِغُوفِتْ هِفِ سِفِتْ فِيَاكُوبَكَ عَاقِبَ نَمُوِيْنِي
كُوزَا مَتُوتْ مُونَمْكِ فَضِجْ امِبِلِه يَاكِ الله فَيِرِين شَوَرِ مَكْنَانْ
وَزَازوَاكِ نَوَوِمْ مُحِبْ كُو مَجِبْ مَزُوزِ وَالسَّلَام

١٣

بمنه تعالى

الى المحب الاكرم محمد بن عامر ابرونى اسلام

وبعدُ يسلام نِمياة خَبارِ يَكمّ هُوزِ سيكَ يغ نويِنو هُكِنلتِي خطّ نكجُو نمْتِ سِواجِبْ اكاو مغنجُو تدُونغ يُوبْ وُسِملتِي برُونَابِي ادَم هَبانِ كتّ مرّ هُو مزِيمه نمرّ اكافْ نِهِي خطّ نُصوِ يكُونَان وُسِكاي كِتكَ غَفْله نمُوغْ انْكُونْدلي مَغنجُوناو وكُون مَغنجُو بِمكْثيكَ نكُوجْ مزِيمه وكرّام حالِياكِ معْنِ برْدِ يهُوكْ نَجيمه سِكمّ يهُوكَ اللهِ الله ياترامِ منِنْ ياغْ كمّ يِمكريضْ فهُو خيرِ كمرّ هيكريضْ نعرِفْ ولَكِنْ ميمِ نِمونْ مَخَلَصْ كمّ هَايُو والسلام

١٤

بمنه تعالى

الى مجبنا العزيز الاكرم حمد بن سعيد سلامْ

وبعدُ يسلام تْكمّ ريفْ نلتاكَ كُوجْ كُوكْ قاصِد كُوجْ كُكْترام ولاَكِن سِكْباة معْنِ وتُوتْ واغِ كِدُونغْ هوويِنِ يباة لِوُسِيكْ تات وكَباتَ هُو جمبُوان شا اللهُ تكُوجْ والسلام

١٥

بمنه تعالى

الى المحب الاكرم جمعه بن سالم سلام

وبعدْ يَسلامْ بَرُويَاكْ اِموَاصِلْ نِمِفَمْ يُوتِ وَلِي يُعَرِفْ يَكمَّرْ وَنُوغْلِيُو نَوتُوتْ وَكْ جُوْبَانِ اِنْ شَا اللهُ مُوْغْ اَتُوبَ عَافِيَه نَكمَرَ هُكبَاة كُوجَ كُوْ وُبِسِ نَجُّو وَتُوتْ وَكْ وَغَالِي هَوَوِسِ مِمْ نَكُوجِ وَسِوِنَّحَاجَ كُجَعَذِبْ بِلَاشْ نَخَصَّ نَكُوْجِ كَمِنَرَامْ مُغَنْجُو نَجُو حَالِيَاكِ وَالسلام

١٦

بمنه تعالى

الى الشيخ المحب الاكرم المودّ محمد بن سيف المعولي سلام سَانْ

وَبعدْ يَسلامْ نَكمُرِيفْ يَكمَّ دُعْ يَاكْ سَالِمِ بنِ عَبدَ اللهِ اِمكُوفَ سِيْكْ يَمُورِ تَانْ مُفُوعْ مُوْسِ اِنَّا اللهَ وَاِنَّا اَليهِ رَاجِعُونَ نُكَنرِيكْ نَمتَاغَ يَالكُوسِيكْ سَبعَه وَلَكِنْ سَاسَ نَمُونْدُ وَنَكَمْ نَسِوْمُرِ اِمكُويْشَ اَكبَسَ كُكعُمرِيفْ بَرُوسَبَبِ يَمَرَضِ يَاكِ نُوبْ نَكُلَّ نَذُوعْ نَحَالِ مَعرِفْ وَسلام اَصلِ يَاكِ هُوُيُو يِنْبْ وَكِلِيرِ وَلنُوكْ وَتُ وَكَسَافِرِ وَكْدَ مَسَايِ

وَلِبُ فِيكِ مَحَالٍ جِنَ لَكِ كِلِيرِ بَخَارُ وَكَلَالَ قَرِيبُ نَكلِيمٌ حَتَّى وُسِيكِ
أَكَاجَ شَيْطَانِ أَكَمْشَكُومْتَ مَمْوُجَ أَكَمِتَرِ بُورِينِ حَتَّى أَصْبِحَ وَكَأَمَكِ
كُمْتَفُوتَ مُونِرٍ وَرُ هَيُوبُ نَايُولِ اِلَى شُكُو لُونَ شَيْطَانِ أَكَكَاءَ مِنِ مَتَاتَ
بُورِ مِرِنِ هَجُو شَكُوْلَ وَلَا مَاجَ خَاتِمَه يُولِ بِيبُ أَكَمِلْتَ مَجِينِ يَغَانِ نَاي
يُولِ مَتْ وَمِمْفِيكِ كَكُوكُ شَبَابَ أَكْتِكِي غَافِلِ يُولِ بِنَا أَدَمُ مَجِينِ
نَدْغُونِ هَوَمَجُو كَمَّ دُعْ يَاوُ الصُورَ اِمِطِلكَ نَايِ كَمَ مِثْلِ يَابُوبُ
هَسِيرِ نَوتَ هَوَمَجُو بِيبُ مَمْوُجَ وَبِ نَايِ مُو نُوُمِرٌ وَلَكِنَ أَنْتُوكَ حِيظ
كَمَّ مُونَمِكِ خَاتِمَه يَاكِ أَكَنْدَ يُولِ مَتْ كُتَفُوتَ غُوْمِ الِبَاتَ غُوْمِ
أَكُومِيِ وَتُ بِغِينِ غُوْمِ وَتُ هَوَجُو خِلَافُ أَكُوفَنْدِيشَ مِبِغَ حَتَّى وَتُ
وَكُجَوَ أَكِيبَ يِمْبَ وَتُ وَكِتِكِي أَكَشِيرَ مُوِيِو نَمْتَ هُوِيُو جِنَ لَكِ جُغُوزَ
نَابِيبُ هُوِيُو أَكَمْبَاهَ مَتَ هُمْتُو دَامَ يُكِنُونَ نَاشِينِ نَشَكُوْلَ شَاكِ مَجَغُوزَ
نَكُوتَبُو نَمَرِتَو مَبِيشَ نَاصِلِ يَاكِ بِيبُ هُوِيُو مِنِ يَاكِ كَمَّ كِمَسَايِ هَشِيْرَ
نَمَكُوْكِ نَرُوعَ نُسِيمِ مَكْنُونِ نَمَشَ بُورِيرِ هَفَاءَ كِشَوَانِ نَا أَجُوبُ هُبِنْدَانَ
أَكَكَوْكَ كَمَّ وُكُونِ هُعُرْدَمَ كَمَ سِيمَبَ نَدَوَ يَاكِ كُونَرَ مَتُورَ مَرِينِ
يَاكِ نَمْتِ مِنكُوُ نَمْبُوِيُو نَمْتُوْكِ وُفُوتَدُو نَمِفُوتُشَ يَاكِ مَجَانِ يَأْبُوانِ
أَكِنُو كِنَرِ هَبَانْدِ كِشَوَانِ وَبَعْدِ بِنَا أَدَامُ أَكَوْغُو دُغُوزَ وَتِ هَكَنْتَانَ
وَكَمُوغُوزَ حَتَّى أَكَفَ هُفِنكُوْغُو مَشِيَرَ أَكَاجَ مَعَلِمِ أَكَمْتِي مَاجِ يَشْهَدَ وَكَا

أَمْهِ كِلِيْ وَكِلِيْ خَاتِمَه هُوْ شُوَ كُو مَاجِ أَكْنُوَ الطَّاهِرَ خِلَاف وَكَشْنُوَ سَانْد
وَكَمْتِيْ كِتَانَنَان وَكِنْدَ مَقْبُوْرِينَ وَكَمْرِكِ نِيَالِ مِشْبِيزْ هَتُوْنْدَ كُوَ جُوْ
حَتِي وَكُنْدُوْشَ مَتَاعَ هِسْكُوَ بُوَانِ وَكِنْدَ وَكُوْغ وَتُوَكِ نِبَالِ الِبَ كُوْشِيُوَ
بِتَابُ وَقُوَ هُكَاءَ مِتْ الِمْبَاسَ مُوَنِمِكِ نِسِبِكِ يَكُنْدُوْشِ مَتَاعَ بَالِ
شِيمُوْنِ هِفْكِيرَ كُوَ وُبَانِ نَسَانْدَ هَتُوْ تِيبِ اِمْشَغَابُوَ نَمَرَاشِ نَعُوْدِ
هَنْكِيرَ وَدِيبَ وَمَتِيَ كِتَكِ سَانْدَ دَانِ يَاكِ نَمْكِيكَ مِيِّ وَنِّ شُكْلِيُوَ
مَيِّتِ هِيْلَكُوَ مِسْكِيِّ آكَاوَ مَمُوْجَ وَامَ مَوِيْلِ

بمنه تعالى

شُكْمُوَ
فُلَانٍ الفُلَانِيْ

اِلَى جَنَابِ الشَّيخِ المُحِبِّ الأَكْرَمِ النَّاصِحِ الأَخِ مِنِّيْ فُلَانٍ بِنِ مِنِيْ مَكُوْمِنِيْ
وَبَعْدِ يَشِكْمُوَ نَكْمَرِفَ حَالِ يَاغِ حِمِ وَمَ نِوِ مَكُوَ وَاغَ كُوَكَذَ يَعْفِيِّ زَاكِ
أَمِينَ الحَمْدُ لِلَّهِ رَبِّ لَعَالَمِينَ وَزَابِدِ بِجَبَارِ نَكْمَرِفَ بِكَمْبَ حَايِ اُلِّ قَلَابِه
سِيِّ هُوَاجِ أَكْفِنُوْغِ وَاتَ آبَاوُ وَسِوَ صَبَابَ أَتَابِ كِيكِيَّ حَاكِمَ حِتَبَاتَ
عَدَبُ بَاسٍ سَاسَ تَفَضَلِ مِنْتِيْ كِتْ كِوَاشِ شُوْتِ أُمَبِ وَلَوَ آوِ رَاضِ اوِ
سَلَامَ يَاكِ وَلَا أَسْفَايِ مِغِنِ نِيُوَابَ وَتَاكِ سَلَامَ الأَوْنَاكِ نَقَامَ حِتِيَارِ

بِكْ وَسَلَامُ نِسْلِمِي جَمَاعَ نَدُوْغْ نَوَكُوْبَه وَتِشِكَمُوْ نَهَكْ وَدُغْ وُتِ
وَشِكَمُوْ نَوَكُوبَ وَتِ وَكُلَمْ وَسَلَامْ وَكَتبه مم نَدُوْغْ فلان بن فلان
الفلاني تاريخ ٦ كذ وكذ ١٢٠٦ ع

١٨

بِــــــمِ اللهِ الرَّحمنِ الرَّحيمِّ

سعيد
برغش بن
من

الى جناب محبنا عبد الله بن شوزبمبو سلمه الله تعالى

وَرَكَ وَكَ وُمَوَصِلْ نَسِ تُمِفَهَمْ يَلِيُوْمْ نِي بْجُونِ وِو نَمِفَيْتِ وَنَوُتَكَ كُجْ
كَوْتُ نَسِ تُوَغْجَ نَوِ بِمِكْفِيكِلِي خَطِ نَجِيِيِعَ اَتُوْيُوْنُ اَسِكُعَرَضِ مِنْتُ
وِو نَهَوُدِيَانِ وَالسلام وَكَتبَهُ بامِه مملوكه محمد بن ، سالم بيده

١٢٠٢ ع
١٧ شوال

١٩

بمنه الله تعالى

الله تعالى
فَرَحَانِ سلمه

الى جناب الشيخ العزيز الاكرم الاحشم الثقه فُنْدِ سُمَاعيل سَرِجَ حَاجَ
ان شَآءَ الله سلام عليك ورحمة الله وبركاته اما بعده نَكُمَرِفُ حَالِ زِيْتْ

جماع تم نايي كو كذلك يعني وزيد يخنر ورق واك وموَاصِل جزاك
الله الف خير يرك زوت تات نكتك وت ولي اغير كو ود جاح هو وك
بت كان اميكاء نكتك ماغير ولي اغير يكو غان مر سيو نساس
كتك روهك مرم ولك نكنري كومين مول كمر سكو ن عاد ياغ
مسروق نكوج دي خبر زغ نكتك يبان نك بكياغ سين مت الله الله
ثم الله الله ادكه ورك وبلك كومر واك انب مت وكلالي بب مر
نبكياغ الله الله اغير كو مر واك الله الله نهي شك نلي كو غير نكم
و م بيات مقبض هي اناي لت ورك نامو رمضان نسلي وت ناكن
موَان يبان وت سلام نمعلم بكر نمكروت اموسلم ناكذلك متو م
واك بي ناي امكسلم هر در خبر زيت زهك وغوج ناو الله الله
وس تساهاو الله الله وسلام بتاريخ ٢١ من الشول ١٢٠٥ وكتبه الورق
زوجه بنت ولد وسلام ايضا نا بنت محمد مكو بن مكب امكسلم جريل
نابن مكوب امكسلم جريل ايضا نمور ومغو تات وس ساهو
كو سبب كن عد يك حمي وسلام

٢٠

بمنه الله تعالى

تعالى

الى العزيز الاكرم الاجل الثقه عندنا افندِ سْماعيل بن فَرحانِ سلمه الله

ان شآء الله سلام عليك ورحمة الله وبركاته أمَا بَعدهُ تُكعُرِفْ حَال

زيتْ جِمَا وَثَمَ نَابي كُوَ كذلك يَعْنِي ايضا نَكتِك وَرَق وَاكَ وُليْ نلْتي

وُمَواصِل خزرك الله ألف خِير نَكتِك نَص رِيَال نَشوُك امِواصِل

حزك الله الف خِير نَام نِمِكُوب مَبَس يَوتَ نِكنُومي الِب وَصِلِ رُبِي

نكلِب تِين سِينَ مَبَس دي خير ايضا نَكتِك نكنُون وُلي نعرِفْ احضِر

نَاابيضِ بَس قِمتَ وُبُوتِي نَقبضِ سِس ونَليتْ وِو وَامَاتِليتِ تَعرِفَ الله

جَوَب عَلَى كُلِّ حَال ايضا نَقبضِ مَشوُغوُ عَرَبه تَعشَر مِكنُون ما تَقدِر

نَابن مَكُوبُ هيُوكَ يك شَانبَ دي حَبِرزَغ نَهَكَ امَكسَلِم مَعلِم بَكِر

نفوُد كُوبُ نَمِك وَبن خَلفَان سلم نَم نِمِكسَلِم مِرِ كاتِبْ لُخَطِ حَلفَان

نِمِكسَلِم جرِيل سلام بتارِيخ نهار اول من شهر ذي القعدتْ ١٢٠٥ه وكبه

زوجه بِنتَ وُلد وسلام نَمكُوُ مِن وُلد امَكسِلِم جرِيل سلام

ايضا ناورو وم تَعرِفْ سلام تِين وكثِين مِنِ يك نَم يَسكِي مَنِين غَان

ايضا نَكتِك ورَق همُ وم تَعذِبُ سَانَ نَسَاس وَكِلِت وَرَك نفتَمتُ

اجوَي كُودَك مُوم سَفَرِهِ ورَق وَك وَمتَعذِبُ سَانَ وسلم

٢١

بمنه الله تعالى

الی جناب الشیخ العزیز الاکرم الاخم عندنا فُنْدِ سُمَاعِیْل وَرَحَان سلمه

ان شَاء الله سلام علیک ورحمة الله وبرکاته اَمَا بَعْدُ نَکَعَرِف حَال

زِیْتُ جِمَا وَثَمَ نَایِ کُوْ کَذَلِک یَعَیِّ وَزَیْدِ یَخَبِرِ نِملتَ بَرَکَ بِل سِکَبَّت

مَجِبْ جِنْسٍ غَان وَکَذَلِک نَابَنِ مُکُب نَایِ اَمْنَابِیْ نَایِ هَکَّبَت نَایِ هَکَّبَت مَجِیْبْ

وَکَذَلِک نَسِک زِمزِ سُوْغَ رَجُوْغُ فَاتِعَ زَوَرِی بَس نَکَمَ وَتَبَاتِیْ کَیْتْ نِلتِی

وُبِسِ الله الله اَیْضَا نَکَتِک یُوْب نِبِکِیَاغ سِیْن مُتْ بَن مُکُب هَتَاکَ کَبَّ

مُتْ وَکُبْلَرَ نَامَ سِورِ کِدُوْل دِیْ خَبِر زَغَ نَکْتِک مِیَس وَلِیْ مَقَبِضِ مَتُوْمَ

وَدِ غُبِ یَمَوَاصِلِ نَکَتِک مِیَس وَلِیْ مَقَبِضِ الدَّلَالِیْ بُورَعَیِّ نَایِ

یَمَوَاصِلِ هِیْ دِیْ خَبِر زَغَ زِلِرُ هُک نَامَ نِسْلِیَ یُوْبَانِ وَتَ قَدِرَ اَنُوْرِی

نَهُک سلام مَعْلَمْ بْکِر نَامَعِ کِدَ وسلام نَامَ خلفان نِبِکْسِلِم نَبِنْتِ عُمَرِ

سلام وسلام بتاریخ نَهَار ٢٢ من ذي القعده ۱۳۰٥ وکتبه الورق زوجه

بِنْتِ وُلِدِ وسلم نَامَ حَالِ ضَعِیْفْ مُجُوْغُ نَاوَسِیْن وَکُتَاغِیَ سِورِ کِدُوْل نَامَ

نِتِتَک بَن مُکْبَ هَکَنِبَ مُتْ نِتَاهِیَ کُوْیْنَ نَکَبُوْتِیْ کَیْتَ وَسِج مَنِنَ

نَکَعَرِف نَامَیَم وسلم

٢٢

تعالى

الى جناب العزيز الاكرم الاولد ساعيل سريحه حاج فرحان سلمه الله

السلام عليك ورحمة الله وبركاته ومرضاته ونعماته امينا وبعده نكرّف
خبار يجوّك خير امان حككر يد فيتُ الخير ايضا نكرّف كلّك
ريال ست ولرُ نلتِي نمنّوَ بادِ اين زغوز نوبَادِ وتان مدبوغ واغ ميم نتوص
ريال كبيك ريال ست ونصف امطاء وتوت واك ماكوّل العفّا نتوص
ريال الى كوج بموج تدبوت نمطاء نو طاء الى حوّك نخبّى لمهوغ
لمواصل نمبات خبر يكمر ومبات كيت تفضل وسفاي خطار
وكبكيا كبيك جهان وكلبت حوّك ايضا تتاك وتكبى كوّك وان
ونلتي بيل زبتُ فجوغ فوزبّيَ وسلام تسلِى وتوتُ واك سلام جرّيل
وسلام وهذا اما عرفناك والسلام من محبك لحقير الله الابوك حاج
فرحان بيده نهاره ٢٥ من شهر القعده في سنه ١٣٠٥

٢٣

بمنه تعالى

الى الشيخ المحب الأكرم المكرم المودّ الأحشم الأخ سالم بن حمد بن سالم

ان شاء الله سلام عليك ورحمته الله وبركاته وبعد حالي بلغ جيمه وتمناو

كوكذلك يعفيه الحمد لله رب العالمين وزايد بخبار تاغ نلب وندوك

وغوج حتى ساس سجون خطياك ولا سواجب ونت ميبر ناوككاء

من غير بخط نخبار يابندر سلام وت ومريمه ولفين خربط كدوغ

وهام مجبين وت هبان وت الى باق الآوت وشاشي ولاكن ساس وت وغين

ومرود مجبين نابوان مكبو امواب امان وت ومجبين امومبى مكرود

هبان ظر نويو قدر لتكال جير كتك مج ووغوج فالمراذ نعرف خبار

جميع نمنور ياسيد يالكوج بندر سلام بموج نكوتسل كوج كمشكو

الوالى سعيد بن عبد الله امر خص كتك شغل يالسر كاز اوحال يكجو

والسلام من اخيك الحقير الله تعالى جمعه بن ناصر بن جمعه النبهاني

تاريخ ثالثة من شهر محرر في ١٣٠٦

بســم الله الرّحمن الرّحيم

تعالي السلام

الى جناب الشيخ العزيز الاكرم المكرم الاحشم شيخ احمد بن سميه سلمه الله

عليك ورحمة الله وبركاته وبعد اعرفك من طرف يدعوبيت تلي لت
نسيد علي بن سعيد ميم نمني كاي اكتهكم اكيد ميم كلت مشهد هين
مشهد يغوياك مريمه يكشهدي نقر قضو مني سمعيل اجوني دي
حكم الي وبك سيد خلفه بن سعيد وبو نمشهد جميع مجن وشهدي
ككون نمر قضو هتلو كتنك يب يغو هككوت نميرور سكون مشان ظهر
وتو الي مجن وجو لكن مني سمعيل اين مهرستو اشهد وغو الا وجي
ورك وسيد كتنك اشهد كغو دبو نشهدي نوات كتنك مجي وزن نس س
هتد اغوج كشهدي الا وجي ورك وسيد كتنك اشهد س س دبو تو
وشهد وبت قدر تلي ان باس الله شيخ امكو صلي دقيغو مب ورك
وسيد الله شيخ تفضل والسلام وكتبه الحقير الله تعالى من محبك دوله
بن كند بن ملاكوب

بتاريخ اليوم ٢١ صفر في ١٢٠٦

بمنه الله تعالى

الله تعالى

مركانه محبني سلم

الى جناب المحب العزيز الاكرم الاحشم مني شريف علي بن الديون مغفاو

وبعد اعرفكه اون موج نحادم ياك محن ورڠ مڍ كتشيخ احمد بن سمة

اكمعرضي كام من طرف يدعو ييل متو نمرو ولي ايت نسيد علي كو

حكم اكبيديل منتكلت مشهد ياك اكين مشهد ياك مريم باس

مبي امكدم مريمر كتك مشهد مبي مني سمعيل اين سشهدي الى احي

ورك وسيد وكتك اشهد كغودب نشهدي معان ميم حكم نموك

نسيد ستو اشهد الى احي ورك وسيد معان بن لظهر كلامت اجو حبا

اسوجو كام ممايي شت امغوق نمني كوج كمفكلي مير نلب رودا كام

لكن لت ورك وسيد كام ابي شيخ مني سماء كنبي كتو ورك وسيد

وكتك اشهد كغو نمشهد مكن محن ونن كام هف اجب ورك وسيد

تتكد اعوج اولا تتشهدي بل ياك مني سماء نو امعرف سيد اولا كام

هيكفاء نتكد نفس بت اعوج وام شرط كورك وسيد معان حف تنب

تنميو تمبدلي مماي شت لكن اجب ورك وسيد حتن بد كن حق

يموغ بن لظهر كلامت اجو مدو مكب اجو باس تفضل الله مني

تَڭ وَرَكَ أُبِسِ وَسَيِّدِ تَفْضُلِ نَبْرُوَ يَشَيْج تَقَبْطِن مِيلِكِي نَي مِيِ كَامْ هِفْ
اللهُ اللهُ شَعرِ بِتْ مِيمْ نُو وَاللهِ وَاللهِ وَاللهِ مُوْجَ وَالسَّلام نُوَارُوْ بِمُوْجَ نَمْكِنْ
وَجَع وَكِتْبِه اخِيكَ الوَلَدِ دُوْلَه بِن مِنِي كَبِنْدَ اللهُ اللهُ جَوَابُ أُبِسِ نَمِيمْ نَقَلْ
كُوْجَ وَاَمَ يُبَانِ كَاغْ هَوَ وِزِ دِبْ نِسِاتِ كُوْجَ وَالسَّلام

Adresse auf der Rückseite:

الى جناب المحب الاكرم المكرم الاحشم مني شريف علِيْ بن الديوان
مغاو مركانه البجني سلمه الله تعالى بندر زنجبار

٢٦

بسم الله الرحمن الرحيم

الله تعالى

الى جناب المحب الاكرم المكرم العزيز شِريْدُلِ بن حَرَرَ خَان البلوش سلمه

ان شاء الله سلام عليك ورحمت الله وبركاته وَاَمَّا بَعْدُهُ نَكَعَرِفْ مِنْ
طَرِفِ لاخبار ذَهُكَ جِمَاَمَ نَوَ كَذَلِكَ نَعمَه لَعَافِيَةْ زَكَ ان شاء الله تعالى
نَرِ بِجَبْ مِنْ فضل الله تعالى وَاِ يضاَ تِكِي كُطُكَ عَنْجَ نَمِبَتَ اُنْجَ وَتَبُ
سَسَ بِجَبْ مِنْ فضل الله تعالى اَمِنتَ مَدَاشِ نَمِوُنْتَنِ مَنِيِكَ مِما سِمِيَ
اَسِمَامِ سِنَفِتَ كُونْ يِبِ بِجُوَ جِتِما يَمُوْغَ نَجَارِ يَومْ وَنِكُوْدَ بَجَمُوْيَ وَلا
حَوَالِزِ مِبِي مُلا عَبْدَ الله مَارِكَ حَوْجَكِرَ نَصِيبْ شُوْبَ شَمَرُغْ كَجَاَنَوْ

وَنَكِجا حَال ذُو حَتْف لَكِنِ مَبْ بُورْ بُورْ نَخَبَارِ يَا غُغُجَ نَعَرِفَ اللَّه ثم اللَّه
أُسِكْتُ كُنُعَرِفُ مَع مَع نُورِ مَعَ شُمَّا آمَكِرَ مُجَكِرَ وَكَ نِمِيَغِيه رِبِّهْ
حَمْسَ وَعَشِرِينَ بِكَ كُوْغَ بَسَ نِسلَمَ جَماع كَافَه جر سلام نَهِكَ كِيَان
جَماع كَافَه جر سلام وَكَتَبه محبك عبد الله بن صباح البلوش بتاريخ من
ليلة ٧ شعبان سنه ١٢٠٦

اللَّه تعالى

المخضري سلمه

الى جناب الشيخ المحب العزيز الاكرم الاحشم الاخ محمد بن سلمان

ان شاء الله سلام علبك ورحمة الله وبركاته وَبَعَدُه خَبَارِ يهِيْ خَادِمْ يَكَ
فَطْمَه تُمَسِكَيْ يَكَمَ آمَكُوْجَا شِتِكَ اجداع كُوْ مُوْغَنَ بَمُوْجَا نَمَمَرَاكَ
حَتَّى اللَّه هَوْ جُمْلَ وَتُ وَانِ بِبِيْ نَمَمَارِ وَوِلِ نَبِي دِيْ وَانِ هُيْ فَطْمَه
اكَدِكِوَ وَحُوْرِ تِكَى حَيْ يَبِيِّكَ مُوْتَغَرَ وَمَكُوْبِ وَكَبْقِ هَوْ مَمَارِ وَوِلِ
نَبِي نَكِجَكِرَ مُمُوْجَا اَلَمِنْنَوَ مِنْ خَمْسٍ وَكَتِبِ اعلم بذلك مَمَارِ وَكَتَمِيْنَوَ
اكَنَّوَ اجْمَعِيْنَ كُوْريَال ٧٠ نَوَرِثْ هَوْ وُلَيْ وَبِدَ اَوَل ذَلِكَ بِيْ اجْمَعِيْنَ
وَبِلَ دِيْوَانِ سِعَبَ وَتَاتَ مِنِي مَكُوْتِنِزِ مِلْيَ نَوَنِ مِنْ كُنْدُوْكِنِزَ دِيْ وُلَيْ رِثْ
حَوْ مَمَارِ اَصَاحِنَ مَمْلُوْكِ نَمِي حَتَّى يَكَ اجْمَعِيْنَ لَكِنَ طَبِكَيْ يَكَمَ هُيْ
مُمُوْجَا زَمَا اَلَبْ مَتِيْ كِتِكَ وُجَارِيَ اَلْمَدِكِرَ واللَّه وَعِلم كُوْ ثَابِتَ اَوْلَيْ

٢٤

مِينُ هُوْدِي نُجْوَي هِي خَادِمُ مَمْرَاكِ مَمْلُوْكِ أَمَايَوَاتِ وَنُجُوْ نُجِمِيْنِ
حُبُوبُ اِمُوْدُوْكِ زَمَانِ تِكِي اَلْبِ بَتَ خَبَارِ يَكُمَ قُطْمَه اَنْكِيْدَ شِتَكِ
اَلِوُدُوْكِ نُجْمُلْ يَوَاتِ وَاكِ اعلم بذلك وَكُسَلُ كَفَه الاصحاب الله الله
تعريف لخط نصف الملاق ونصف المواجه من الحقير الله تعالى الاخيك
مني جوجو بن مني مكوب بيده نهار ١٤ صفر

Adresse auf der Rückseite:

محمد بن سليمان الحضرمي سلمه الله تعالى ان شاء
الله سلام عليك ورحمة الله وبركاته وازكا

٢٨

بمنه تعالى

الى جناب لشيخنا المحب لنا الصَّفي المحترم الثقه الصَّديق فلان بن
فلان الفلاني سلمك رب القدير وَعَوَّنْ عَلَيْكَ كُلَّ أَمْرٍ عَسِيْرٍ ان شاء
اللهُ اَلسَّلَامُ عليك ورحمت الله وبركاته وَبَعدَنكُمْ يَفُّ نِمْبَاتَ خَبَارِ يَخَيَّرِ
نِكَفْرَاحِ سَانَ مُوْيُوَاعُ نُوْنُوبَ كُومْغُ الجُعِلَيْنِ بَرَكَة نُوْزِيْمًا نَعَافِيَة نَخَيّرِان
شاء الله دُوَانَخَيّرِ نِنِعْمَه اَمِيْنَ بَارَبِّ الْعَالَمِيْنَ وبالله التَّوْفِيقِ وَالسلام من
محبك ذَاكِرٌ فضلك واحسانك الحقير لله تعالى فلان بن فلان الفلان
تاريخ كذا وكذا

٢٩

الله
المعافيه سلم
شج بن نصيب

الى جناب المشايخ المحب الكرم الاخ احمد بن علي ولاخت بشاره بنت

ان شاء الله سلام عليك ورحمه الله وبركاته اما بعد نَوَعَرِف وَوَاصِلِي

خادم زِيْن خير وَمِرعَاش نَانِ الَّفَ نَمَالِمَوْ ٦ مايه وَعِشرِين وَرويِك

كَتِك جُوْبَ يَافُوْدِ جُمَعَ نَافِيثُ فقي حَتَ نِج مِيو نَانِرِ اِكبَات مايه رِبَلا

بِيْلِ فُرْضَانِ وِزَ وَسَنِي نَرِ قَدِر بِماء تَين وَرِيك جبنِ دُؤنِ رِبِندِ يَرِبَع

اِسِبَات مايه رِبَلا بِيْلا نَوَوِك دُوْك حَتَ نِج مِيو نَمكَو نَمْت جبنِ

مَافُوْدِ جُوْمَ نَتُوْك مَعْنَ جُوْبَ يَافُوْدِ جُوْمَ نِبِث وَلاحَان عَمِر نَمكَو

نَمْت نَافِهَم يَكمِبَ اَنتُو قعُوْدِ بِيْلِ بَالوَالي نَاحُو وَتُوْم وِن خِير نَمَ عَاش

شَوْرِ كُوْبَ نَادُوْج كِنِبِي والسلام من لحفرالله تعالي احيكم احمد بن

علي بن عثمان بيده سلم عليكم اختكم بنات عبدالله وبنات شيخ

وحادمتك سنور وكاف الحادمات تاريخ ٢٢ من شهر الحج ١٣٠٦

بســم الله الرّحمن الرّحيم

اِلَى جنَابِ الأكْرَمِ الأخْشَمْ المُوَدِّ عِنْدِنَابَانَ مُكُوبْ سِله الله تعالى
اِنْ شَاءَ الله سَلامْ عَلَيْكَ وَرَحْمَتُ الله وَبَارَكَاتُه وَبَعْدَ عَرْفَكَ وَامْ كُوَاصِلَى
وَتْتُ واغْ كُوجَ كَافْ اكْبى مِيمْ تتَاكَ امَانِ نَوَتْتُ واغْ وُتْ نَاوِ مِيمْ حِكْتِنِى
امْ يَاكَ نكْكَافَ امْ نِلتِبى فِيْتَكَفَنْلَ نَامْ حكِبِى وَلَا نِسِبَكَ بُدُوكَ يَاغْ
نَخِبْرُ بُدُكَ زِلِبْرُ بِبِكَ نَوَاتْ وَغِنِو وَحِيُو نَوَاتْ وَبَيَافْ وَامَا مِيمرْ نَوَتْتُ واغْ
وُتْ حِبَانِ الَى بِبِكَ بُدُكَ نَخُو وَتْتُ واغْ وَابْ امَانِ مِيمْ سِينْ دَعَوَ نَمْتُ
يُبُوتْ مِيمْ مَسْكِنِ يِمُوغْ كَرِيتْ نَمْكِلِمْ وَامَا دَعَوَ يِفِيْتَ سِيمْ نْشِيْتْ نَبِنْدَرْ
يَاكَ وَقَبِضِ حَاوُ وَتْتُ واغْ وَنِلتِى نَامْ نِفَلِ كُوجَ وَامْ وَتْتُ واغْ وَامْ بِبِى بِتِى
بَاسِ نِكِبِكَ جِهِدِ يِكُو تَفُوتْ دِبى خَبَارِ يَاغْ كَانْ مِيمْ حَالِ بَدْوَانِ مَبْسَاسْ
نَامْ كَذَالِكَ نَامْ سِينْ شَوْرُ نَمْتُ يُبُوتْ اِلَى نُوُرْ نَسِكِرْ كَاتْ نَاوِ اكْبِى
كَفَنْلَ دِبُوتْ وَكِبِى بِتِى بَاسِ خَبَارِ نِحِى وَالسَّلَامْ وَالحَمِرِ الفَقِيرِ الدِيوَانِ
لَسِبِرِ بن مُجَاكَ بِيده بتاريخ ١٢ ربيع الاول ١٣٠٧ه

Adresse:

الى جناب الاكرم الاخشم بان مكوب سله الله تعالى

٣١

بمنه تعالي

الی جناب مشت هون هده الله تعالی امین

وبعد نكعر يكو تيكي ام سافر حتي لو نم بات وت سبع نقض الي نيتي ريه
خمسط عشر نمنو نكل الي كوج نموت نم مون ربه مبل كعمار بكرو
نهو وات وتقوت كطمع نكل نتي مب طمع ندي اني كند كنتفتي موت نم
ساس فطسن نوت ولي جريزان هون شكو لهون نو هون بود شكول
نم نوب شكو لكش بس ست نم تا كفض كسعيد وبج الب انبي كل
لنبون مت سنبد نت تا فض نجريز هين وسع بس لت محيب وبيس
تتفوت جومب ام اتكوج قريب معز جريز هل خطر مر وت وتفتز
حوم نوت وولو نكوج ممج خميس نهوي جوم نم ملنت وبس اج
اتي ميورور وبس اندربك نشكو لوبس جوم مفاك ايضا بروت الي بو
بن سعيد نم نه واسفل ام تو جوم يتات كند مري دبن مكوبو ككمغوم
وسلم وكتبه مكتوب حادم محمد بن خميس

٣٢

الى جناب المحب العزيز الاخ لِوَلَدِ مكَّتَ بن كبي سَلمَه الله تعالى

وبَعدْ نَكُمِ حَلِ زِتْ ثمَّ نَوكُو كَذَلِكَ الأقِي وبَعدْ بُرُ وَيكَ اموَصليَ حصُمَّ حَكُمَّ كُدِرِ ولِيَ نِعَرِفُ (الله بَرِك ولاكِن تبَعَ سُوجِكِنِ) مِمِ نِبَيَ نِلِ جِكَرِمِ صِ فِضِ حِيَ كَمتَوِ بِنَ وَنلِتِيَ كَشِفَ كَرَوَلِ مِلَتَ حِبِ حَجُبُ سِنَ كِتْ سَّسَ نَسَبِرِ وَسَفِرِ وعُ مُغغُوَ نَنِ أمَّ مُغغُوَ تِسيَ وَجَبُ تلَتَ بُرُو نكُوَ غرِ وَحوتيَ وَنوِلِ وَتُكَجِرَ وُتَحكِكِ نِتَرَفِضَ يكفُونَ غوَ سُو جِكَرِ سِيغَ نَبِيَ وَنَعَ وَتكَ نجُلِغ نوتَ وَتِ سِي وَسلام حِبِ مُكَبِ وَتَبَ نعرِ يَا نَوَنْتُ وَتُ نِسِلوِ وَكَ كَووم نخوُ فِجِنَ نِموَ كِبِضِ رِبِيَ بِلِ حَلِ ذَيُفُ وسِلام كتبه موالِم منسور بن مي كاب

Adresse:

الى جناب المحب العزيز الاخ لِوَلَدِ مكَّت بن كبي سلام الله تعالى

٣٣

بسم الله الرحمن الرحيم

تعالى

سلمه الله

الى جناب الشيخ المحب الاكرم المكرم الاحشم المود بِ العزيز العزيز التقي الوالد بَبَ حَمِيدْ

ان شاء الله سلام عليك ورحمة الله وبركاته وزيد بِخَبِرِ زَاتُ شَامَ نَمَّ نَوَكُو

كَذَالِكَ وَعِنِ الْحَمْدُ للهِ رَبِّ الْعَالَمِينَ وَزِيدِ بِخَبِر نَسقِي بِمِر هُوقْ مَرِيرَ
مُقَايَ عَنْ عَبِيُو مُوتْ وَمُدَاشِ قَال خَبِرِ هِي أَوْعُوغْ تَفَضَّلِ قَمْ نَقَال خَبِرِ هِي
تَفَضَّلِ نِعَرِفْ قَعْبَاسِ أَوْقَمْ نَعُوغْ نَعْرِفْ قَعْبَاسِ قَمَعَانِ بِمِ نَبِي بِمِر نَعُونْ
حَالِ مُوْجَ نَسَاسِ قَمْ مَمْ بَادِ قُوْجَ بِمِ هُوقْ مُقَاجِ نِوَجِبْ قَنعَرِفْ قَمَعَنَا
بِمِرِسِي وَقَعِغِي قَمْ دَبْشِ قَمَعَانَا مَسَام مَرَابْ بَاسِ مَرَابْ وَيَو سِي بِمِرنَمُوتْ
عَنِّي وَقِفْشِ بَهَالِ هِسِغْ زِومَاغ هُوْبِيُو هَتْقْ تَاقْ مُجِر مَاتْ نَمْ تَاقْ قُوْجَ
وَلَاكِنِ نَفْخِي جَوَابْ يَبْرُويَاغ وَسَلَام نَوَنُوتْ وُتْ وَكُشِق مَعْ نُبِيْنِبْ بِنْتِ
مَسْعُودِ بن سَعِيدِ سَلَام سَان نَبِي بَابْ سَلَام نُدُوغْ زَاغْ وُتْ سَلَام نَمَنَاوْ
مَسْعُودِ بن مُبَارَك عَقْشِقِ مُوْعْ وَسَلَام كَتَبِ بِمِ مَنَاوْ عَلي بن مبَارَك بن
خَلفَان يِدَه تَارِخ يُوم ٥ من شَهرِ رِبِيع الاول ١٣٠٧ سَـ

الْوَلِدِ بَيَّاغْ حَمِيدِ مَهَل بَنْدَر مُقَايَ :Adresse

باسم تعالى

الى جناب المحب العزيز الاكرم المكرم المحب دَقْتَرِ سلمه الله تعالى

السلام عليك وَرَحمَةُ الله وَبَرَكَاتُهُ وَبَعدُ نَكَعرِفْ حَال يَاغْ جِيمْ وَمَ
نَوكَذَلِكَ العَافِيَه نَبرو يَاكْ اِمِنوَصِلِي يَلِيوْمْ نِمِفْهَمْ نَام نَمُوتْ وَينْ

وَرَمَانَ نَاوُ اُسْتِيْكِ فِتِنْ زَوَاتْ كَنِ مُوْتَنَيْنِ هُوْنْ مِيْوُ نَامْ نِمُوْنَانْ نَمْزُوعْ
دَفْتَرِ اِلكُوْجْ حَبْ كَاغْ تَكَهَحْدِيْنَ سَانْ نَكْنِكَ بُكْ تَرَمَ اُتِنِوْنْ سُلْطَانْ
مَدَارِ وَالسَلَامْ نَامَ تَاكَ كُكَلْتِيَ تَكُلْ وَلَكِنِ نَوْنَ حَيَ مَعَنَ اَلِبْ كُوْجْ
مُرُوعْ حَيْ اَلِيْبْ تَوَيْبَتَ نَلِمُلْتِيْ غَوْبْ اَكَمْكُنَا غَوْبْ وَاغْ اَكَمْرِ جِرَبَسْ
نَامِ نَكَوْنَ حَيَ كُكَلْتِيَ تَكُلْ نَوْكِرِ جِرِيَ بَسْ نَامِ نِمُوتْ مُكْبَ كَمْبَ مُوتْ
كِيْذَ كِرِ جِرِيَ سِوُنِ فِيْمَ نَامِ كُوْتَاكَ مَبَاشِ مَعَنَ نِنَا اَمَانَ يَيْنْ نَلْبَاوْ
نَرَفِيكَ يَاغْ دَفْتَرِ نَكْنِكَ بُكْ يَيْنْ تَرَمَ اُتَاوُنْ اَمَانَ يَيْنْ بَسِي تَاوْبِكْ
حَتَ لِبنِ هِيْ اَمَانِ يَيْنْ نَايِ حَمْتَاكَ كُوْجْ حَبْ كَاغْ كَاوُنَ اَمَانِ يَيْنْ
مُثِيكَ مَنَيْنْ يَوَاتْ وَسِي جُوْوَ خَبَارِ زَوَاتْ اعلم بذلك

والسلام كتبه البرُوَ سلطانِ مبارِ بن سلطان دِبّيَ بيده

باسمه تعالى

الله تعالى

الى جناب المحب العزيزِ الاكرمِ المكرمِ المحب دكْتَمَيَ وَعَقَيْدَ بَرُوْن اهداكم
السلام عليكم ورحمةُ اللهِ وَبَرَكَاتُه وَبَعْدُ نَوَعرِفُ حالِ يَاغْ جِيمْ نَايِ
كُوْ كَذَلِكَ الْعَافِيَة وَبَعْدُ بَرُوْ بِنِ مُلِي نَلْتِيَ اِموصِل نَلِيُوْمْ نِمِيفَهِمْ نَامِ

نِمِسِكِيْ مَكَدْ مَرَاغ بَسِ كِتُشْ وَاتْ وَاغْ وَنتُوْكْ وَبَدْ ذَاوْ تَفِيْتْ بَسِ نَاي
اِدَانْ تَفِيْتْ مِسِكَايِ مَرَاغ كَنْ حَوْوَاتْ وَاغْ وَمِنْكُوْ زَوَادِ رَبَّنْ مُلُرْ نَاكِرِيَ
بَسِ اِدَانْ وَبَتْ كُرُوْدِ اَيْسِ نَاي دَبِوْنْ نُوْنَانْ كَنْ تَتَاكْ كِجِبْ بَرُوَ يَدَكْتَ
بِيْدَاشِ اِلَيْ نُوْكْ اَغْ وُجَ نَاي النَّدِكِيَ مَنَيْنْ مَاعَ بَسِ سِكَبَاتْ كَجِيْبْ
كَمَعْنَ سِكُوْنَانْ نَاوِ بَسِ جَوْ كَأَيْسِ تَبَاتْ كِجِيْبْ بَرُوَ اللهُ اللهُ ثُمَّ اللهُ يَدَكْتَ
بِيْدَس وَالسَّلام اوْسِلَمْ كَرَنِ يَاغُ مُحمد ابن حبيب

والسَّلام كتبه البَرُوَ سُلْطَانِ بن سُلْطَانِ مَدَابِرِ بن دِيتِي بِيده بتارِخ
يوم الاثنين في ٤ سهر القعدة سنة ١٣٠٤

باسم تعالى

الله تعالى
اِبيَاسِتَنْ سله

الى جناب المحب العزيز الاكرم المكرم المحب دكت مَيَ وَعَقِيْدْ باهُوْنْ
السَّلام عَلَيْكُم وَرَحْمَةُ اللهِ وَبَرَكَاتُه وَبَعْدَ نَكَعَرِفُ اَنَّ كُوَصِلِيَ عَقِيْدَ وَاغْ
لَبْنَانِ نَكَرَنِ وَاغْ مُحمد بن حبيب تَقَبِضَيْنِ مِكْنُوْنْ كَاوُ غَوَزِ مَوْجَ يَتَوْرِ
نَغَاوُ مَوْجَ تَتُنْبَاكْ مَبُوْبَ مَنِ ٤ نَسِيْم مَوْجَ مَبَيْنِ دَكْتَ مَيَ اعلم بذلك
نَقُوْمْ مَوْجَ نَسِيْم مَوْجَ نَغَاوُ مَوْجَ مَبْ عَقِيْدَ باهُوْنْ اِبِيَاسْتَنْ نَاي دَبِوْنِ
نُوْنَانِ تَتَكَ كَدِيْكَ بَرُوَ كُمِلِكِيَ دَكْتَ بِيْدَش نَرَوَادِ زَاكْ اعلم بذلك

نَمِنِيْنْ يَاغْ اَتُولِيرْ مُحَمَّدْ بن حبيب نَلُوْتَانْ مُتَكَاوْ وَٱلِيرْيُتْ اَتُولِيرْ محمد

وسلام كتبه البرو سلطان ابن سلطان مبار بن ديتي يبده تاريخ يوم

الربوع في شهر القعد ١٣٠٤ ه

نباني مُدَوْغُ مَيْلٍ بن سُلْطَانِ مَنْدَارْ اَوَسِلِمْ

اللهُ تَعَالَى

الى جناب المحب الاكرم المكرم المعظم العزيز عندنا داش صَاحِبْ يَاغُوْ هَذِهْ

ان شاء اللهُ سَلَمْ عَلَيْكَ وَرَحْمَتُ اللهِ وَبَرَكَاتُهْ وَبَعْدُ نَكُمْ يِفْ تَقَبَضِ غَازْ

انِنْ زِلِرْ كُوْشِ نَاحِرْ تَاتْ زِتَاكُوج بَامُوْجْ نَمَافُوْمْ يَاكْ نَاوِ تَقَبَضِ كُوْنْدُوْ

قِتِوْ ثَاكْ بَعْدْ نَكُمْ يِفْ نِمْ كَسِرْ يِكْ سَنَاكُوْ تَانِنُوْلَكُوْ أُسْنَابِي مِيمْ

كُوَانِ انِ سِلِجُوْ كُوْلِتِوْ بَرُوْيِ بَدَرْ اُسْنَبِي تَا وَكَاسِبْ بُوْدِقِ اُسْنَابِي الحَاسِبْ

نَتَاكُوْي غَايْ بَاسِ مِيمِ وَزُرْغُوْ سُوزْ كُوْفَايِ اُوْقِ مَعَنْ نَاوِبَادَ سَنَانَمْ لَأَبُوْدَ

نِلْكَكَسِرِ نِدَابْ اُسْنَابِي بِنْ لَاكْ تَتَكَ سِفَعْ نَتْ تَلَيْنِ زَاشُوْرْ نَمْ نَسِقَ

وِتَ كُوْمَبَرْ كُوَانِ اُسْنَبِي احْ جُوْ وَكَذَلِكَ مُتَاقِ كُوْبَادَ مَبِدِ نَاوِ مَعَنْ مِيمِ

قِكُتَارَضِي نَاكُوْنَ كَمْ نُدَغُوْ يَاكْ سِهَسِبْ حُوْتُوْغُوْ يَاكْ نَاوِ مُسِرِ كُوَانِ

مُرُوْغُوْ كُوْ كَاسِرْ يِكْ اُسْنَابِي نَاخَبَرْ زَقِنْ غُوْ وَرِجُوْ وِوْ وَسَلَمْ وَكتبه سُلْطَانِ

مَرِيَالِ يِدِهْ نَالْأَخْ شَايْبْ بِنْ عِدْنَانِ أَوْسَلَّمُوْ جِزِلِ سَلَمْ بُوَّانْ مُكُوْبْ
نَمْدُوْكَ سَلَمُوْسَانْ

Adresse:

بِمِنِهْ تَعَالَى

٨٤٣٣

الِى جِنَابْ العزِيزِ صَاحِبْ يَاغْ دَاشِى هَدَهْ اللهُ تَعَالَى

اللهُ تَعَالَى

الِى جِنَابْ لحبّ الأَكْرَمِ المعظم عِنْدَنَا مُسْتِدْبَتْ مَايْ كُنْ صِلْ لِدَّاشِى هَدَهْ
ان شاء الله سَلَمْ عَلِيكْ وَرَحْمَتْ اللهِ وَبَرَكَاتُهْ وَبَعْدَ تَكْمَرِيْفْ مُتْ
وَاكْ أَمْ وَصِلِ أَحْسَنْتَ فِرْ فُرَاحْ سَانْ كُوَّانْ نَتَكْ حِشْمَا كَمَرْ قِيْتْ وَبَعْدَ
نَقْبِضْ مِكُوْقِ مِتَاتْ يَاكْ نَامِوِيْلِ زَوَادِ يَاكْ مُدْكْ نَمْكُوْبَ نَاغَوْ إِنِنْ
نَمْ سَاسَا سِينَ مُكُكِ وَكُوْمِبِلِ قِى بَابْ يَاكْ لَكِنْ بُورَ أَفِى حَنَا مُوَّكَ مَغِنْ
وَبَعْدَ نَاسِقِى كُوْنَ كُوْنَ بُوْدُكَ يَرِمِى خَمْسَ وَعِشْرِيْنَ بَاسْ كَمَرَاقْ نَتَكَ
كُوْ نَمَنِ وَسَلَمْ وَكَتَبَهْ سلطان مَرِيَالْ يِدِهْ النهار ١٢ القعدِى ١٢٠٤
سَلَمْ سُنَانَبَانْ مُدْكْ

نَوْقِيُوْتْكَ نِعِرِيْفْ خَبَرِ نَاجُوْ اللهِ الله

٣٩

بِسْـمِ اللهِ الرَّحمن الرَّحيم

الى جناب المحب العزيز الاكرم المكرم بانه فيتش هدك الله تعالى

وَبَعْدُ هُوكُمَريفُ تَعُ كُسْفِ كَكَ سِوِنِ وَرَقِه وَكَ وَلَا سَلَامُ بِكَ لَيْسَ
الوجب منك فعسى المانع ان يكون خير نَم تِلَكُولِرَ نَبَانَ كِسْطَفْ
اَكَتِيِ وِرِحكِيْتِ بِوَى نَبَانَ كِسْطَفْ نَمُونَ رَحَ كَيْ بَانَ كِسْطَفْ نِمُتُ
وِتُ سَنَ رَفِيْكِ نَوِرِ اُكِكِيْتِ بِوَى نَبَانَ كِسْطَفْ سِ سِ نَوِرِ زَيِدِ رَفِيْقِ
وسلام ولا تقطع التعريف عنخالك الشريف ومع كل غرض تبدى
من طرفينا الاشار منك ودم سالم

وكتبه الحقير فوم بكر بن سلطان احمد شهر ٧ رمضان سنه ١٢٠٤

٤٠

. . . .

وَبَعْدَ حتُعَرِيفُ نِمِقَمْنَ نِفِتُورِ شَا اَمْدَل مِرِبَتَاتُ هُنُ نِم نَخِدم يُمْ بِكَرِ
كِسَ قِنُونِ بِسِرَنِ اَلِنِ ثِكَ نَقِنْفُوغَابَسِ بِنَسِمِيَ نِفِى شَرِينِ انِيم بِكُ
تَعْ نِمِزِبْ قُى مَعَوِ نِمِيشَفَابِكُ نِسمَايِ بِنَاعُ نِزَ نِرِتُ زَغِ كَذَوكَذَنِمِبْ
قَانِم نِمِنِ اهْذِقَتَا انِهِنَ نِمِحِبَ مَنْ مَكِنِ سِبُ مُونَ نُونَ قُوْلَى مِن

يقُو سِوْسِ مِتُمْ هُوْنِي نَبِن فُمْبُكَرِ ايُومِقَيْ فَنِتَ كَا نُوْنُمُو بِنَاكُوبْ
نَيَرْكَافَيْ نَرْوَكَمْبَ كَذِ خِيرِ اُتَكَ نِو قَكَا نِيُ نِلُوبْ هَالله هَالله هُذِيمْ خِيرِ
قُوْ مِكْنُن مَكُوكُمْ قُوْ قِرِزِن نَا مَشَكْهِيَا نَهِيَا مِمْ قَيْهِبَ نِلَقَيْ قَرْمَسَرِ قَابَنَا
بِبِكَمْلِزَ قَرِيلَ سِبْ نَيْمِ كَيْ نَرِيلَ نَا نَرْتِ نِمبْ قَا نَلِ نَ نُوْبَغ وَرِيلَ
قَمَرِ نِمبْكَ هَالله هَالله بَنَاغُ نَسَامَيْ اُتَقُو نِمْ كَتِ كَذَكَ بَنَاغُ وَسَلِ

بسم الله الرحمن الرحيم

الي جناب المحب الاكرم المكرم الاحشم ناصيب سله الله تعالي امين
انشا الله سلام عليك ورحمت الله وبركاته اما بعد نكمَريفْ حَالِ زِتْ
جِيمَ وَمَّ نوكُو كَذَلِكَ يعافَي وزيدِ الخُبارِ تَعَ وُلبَ سَافِرِ سِبَاتِ خَبِرِزَكَ
ولاسلامَ ولاورَكَ وَكَ ولاسيوحِبَ وَكَ وَزِيدِ الخَبارِ اَمَنِ مِتَقَبَضِ
بِسَ ٤ عَرْبَعِين مِكْنِن مَاحَمَد مَسْ ايصَا كِتْ نِمْ كَنِيلَيْ كَنِكَ اُزِرِ
وَمِكَ وَكَ مَفْتَ نَعَسْلامَ نَسِيْ رُبِي الْحَصِلِ زِبِلا بِلا وَرُبْع نَمَبَسَ يَكَلا
هَمْ نَلاكِنُو نَمَرِكَمْ جِنْسِ ولَنُوغِلِزَ رِي نَفَلْيُو نَاسَ سَ سِتُوتِنَ كَتَكَنِ مَلا
حَيْ سِيَغَ دَوْتَ نِحِيْ رُبِي ولامُوْنِي الكُلِ قَبْلا اَسِيَرَ هَكَسِلَوْ نَشُتَرِرْتَ
الاَنِيْ اَسِيَرَ اَبُوْنِدَوَ رِمْدَ نَرِغِنَزِ نَلاتَكَ نِيمِ بَاسَ مِنْ نَكَمَ حَيْ وسلام

جزيلا سلام نمْك وكُ أمَنِ اكْسلام نَمنْ اكْبر وسلام حزيل سلام
باس سوَتِ كِتِي ورَكَ نَحُ نمَنْ هَنَ شَكَ هَتَ كِتِ سَرْدَكُ وونِمبَاتَ
حَبَارِ أبَ أُمِيتُوْ نَكُدُ إتْنَا عَشَرَ نِكِلِ أمَ مِنِنْ يُوتُ وسلام وكتب البرو
مُكِ رَمَضَنْ خَدِمَتِ بانه معَاوِيَ بن محمّد بن ابوبكر المعاوي تاريخ يوم
الخمس في شهر رمضن ٤ سَنَة ١٢٠٧

٤٢

الجناب المحبّ الاكرم يوسف هداك الله امّا بعد حكمِ ف حيْ خادمْ
ياكُ حمَدِ عنْبَرِ أمُوْذِيَ كِيكَازِ ياغُوْ مِريَانِ حَبَتِ ولَا حَنَ كُوْلَ ولا حَنَ
غُوْ نِرِ كُشْتَاكَ نِوِوْتَا كُلَ نَغُوْ أوْكَبَ حَنَ نَمُوْتِ نَمُتُ وغُوْ نَحُ محمّد
بن خَمِيسِ نَمْبرايِ مَهَرِ أوْ وَتِ اسالُ حيْ نَمَ كاغُوْ نِمِكِسَ حبان مَرِجُوْ
نَمَهَرِ باكَ نِرِيَلُ كُوْم وسـلام وسـلام وكتبه البرو اشَرِيفَ بن بَانَ مكّام
الاوي

٤٣

عالجا سعده والدّستور الافخم وشان الرجل المعظر كالمر دنهرت
وَبَعدَ ورَاكا ومواصل نِمسُوْمْ نِمَهَامِ لِيلِوْمْ يُوتِ ولَكِنْ خبرِ يَهُوْكَ غَرِيبِجا

وَفَرَانٍس وَمَكُوْج وَمْتِبَع كُوْ مِرِيْغَا وَمِعُوْد مَجُوْب وَمَوْدُ وَتْ مَرِّيكْنُرْ
وَكَنَكَ شَرْطِ سِيس نُوْرِ كِنَكَ طَاع يَعَلَّ وَعُمَرِ كَيْش نُوْدِكِبِ مَكَاتِب
يَكُوْ بَاوْ تِمكَنَا وَكِبْدَ زَاوْ عَلِيْ وَعُمَرِ اكَفَان فِيْتْ كِبْدْ نَازْ بَجِينْ كُمْبَغ
هَاشْم بن سلطان أحمد نَاي هَاشْم اكَمْشِنْدَ عَلِي اكَمْفْكْرْ حَتَّى مُرُوْنِ
وَكَافَ وَاتْ كَذَوَكَنَا وَك عَلِيْ وَعُمَرِ وَكَبِي كَنَكَ غُوِمِنْ عَلِيْ اكَبِلِيْكَ
حَبِ مِيُوتِ زَكَاجَ مَرَاكَ شِنْدِين بَنْدَر بَهَاشْم زَكِيْغ مِرِيْغ يَمْكُبُوْرَ بِغ
مِنَ هَبِنْ عَدَدَ اكَمْتَاكَ سلطان هَاشِم اسْمِبَاتِ اكِبْدَ زَاكَ دِبْ سلطان
هَاشِم كُمْتُوم شِمِبِج بَاكِ عَلَوِي بن محمد كُوْجَ وَغُوْجَ كَفَنْصِلِ الدَّا أَشَمَانِ
كَنَكَ وَرَفِبِقِ كُوَاوُتْ وَدَاش نَكَنَكَ حَمَان بِيْتْ كَاو خَلَفَ اكَرُدِ بِي
عَلَوِي بَمُوْجَ نَمْرُوغ ذَكَتْ سَمِيتِ نَكَظَنِّ بَكُوْ بِي نَوِبُو نِوَاتْ وَمُوْجَ
نَمْرَادِ وِيْتْ نِكَنَاكَ حِمَا كُوِيْن نَكَظَنِّ مَبِنْ يَاكَ ثَابِتِ تِينَ حُوْش
دِبْ نَكْتِي مِكُوْنُ بِيْتْ كَنَكَ مَكَاتِب يَاهَاشْم أُمَا مِبْرِ فُوْمُ وَمْهَادَ نَهَاج
نُوْثُمُ نَمَعُوْم وَجِوْنِ نَمْبَعُوْم وَبَانَ سُوْتِ وَكِبْل وِيْتْ نَوِبُو دِينِهِرَتْ سُوْتِ
نَمُوزِبِر نْبِكِي وَقَتِ نِلِكُوْج وَغُوْجَ بِمِرِ نَهَاج نَحَمَادِ ومشَاغَمَا نَحُمَّدِ سَعِيد
نسعيد بن علي نَصَالِح بن بَانَ تِمكُوْكِل وُتَّفِي زِي وُرَافِقِ كسلطان مَكُوْب
وَدَشِ بَس تَلِب وْنِ هُوَيْ ذَكَرِ نَكَظَانَ أَتُوْكَ كُوِيْن مَنُوْبَاكَ ثَابِتِ دِي
مَعَنَ نَكَفِرِ أَكُوِيْكَ بِنْدِيرِ بَجِينَ نَسَاس امَكُوْ خَلَفَ وَلَا يِي لَابُدَ سِدَائِ

كُوَان طَسِكِي دَسٍ نِوَاتْ وَكُولا وَنَغْفُوسَانَ هَوَكُبِل كُونِيُو نَمْتُ بَسٍ
طُونَ مَفَرَانَس أَمَكُوجَ أَمِكَاتَ بَنْدِيرَ يَاكْ كُورسَاسٍ أَمُوبِكَ يَاكْ
أَمَمْنكُوُو سُلْطان هَاشِمْ نَاعَلَوِي كِبَدَ وَفُوَنْغَ نَاسٍ نُمَكِيَ نُمِغِي مَتُونِ حَتَّا
سَاسَ وَتَتَفَوتَ وَفَرَانَس وَمِغِيَ مُوْجَ وَفُبُونَ حَتِي حَتِي فُوَنْغَ كَلاَ كِبْتُ
وَمَشُوتَ عَسِكِر نَمَانٍ مَايِه كُبِكَانَ نَسٍ حَتُوِينَ بِغَانَ نَوَفَرَانَس وَمِغَايَ
مُوْجَ وَفُبُونَ نَمَرِكَبَ حَفَرِيَ بَهَرِي نُسَابَاتَ كُسَافِر هِيْ دِي خَبَرِ بِيتُ
نَاسَ هَتُونَ مَتُوُ اَلاَوِبُو وِي دِي وَكِلاَ وِبتُ سُوتُ وَفَلُوْمَ بَمُوْجَ نَمَوَرِزِ
وِبتُ أَحْمَد بن مشغام محمد سَعِيد نَجِبِينَ فِيفُ نَهَاشِمْ أَمْتِكِي شَفَاكَاوُ
وَفَرَانَس اَوُ وَجَ نَابِي كُوَكَ أَمَ سِيسٍ مَفَرَانَس هَتَاكَ كُوبِكَ بَنْدِيرَ كَتِكَ
نَشٍ بِيتُ أَبَدَا وَلاَ نِبِنَ حَتَاكَ خَبَرِ بِكُودَ نَكُرْدِ كَانَ مَنوُ كُولاَ نِيجَ مَرِكَبَ
نَمْتُ وُبِسٍ أَتُدِرِيكَ كَانَ نُتوُيْ غُوفَ الاَحَتَاكَ مَفَرَانَس وَلاَ هَتُونَ
كِبُونَ مَنوُ نَهِيْ تِينَ وَمَاسِكِيْ وِبُو نَمْتُ وَكِلاَ

تاريخ ٢٦ في جمد الاخر ١٣٠٤ الله الله

L. S.

٤٤

بـــم الله الرحمن الرحيم

لله تعالى
معزمونله سلمه
عبدالله بن وزير بن

الى جناب الشيخ المحب العزيز لاكرمر لمكـرمر الاحشم الناصح عندنا لاح
انش الله سلام علىگ ورحمته لله وبركـته وأمَّا بعدَ نكُمَريفُ يكُبُ
مُوفَرانَس وَمِگڈُ غَرِيجَ أمُوتَا سلطان هاشمن سلطان عبدالله نَاسيد بكَرِ
وِمَوَبِلكَ مَاوت أمِتُوَشُبُن هاشم أمْ كَتَاي كُتـِي صحِ كرعَنا سيد بَكَرِ
وَمِتِـي مِكُونَ هَاشِم أم فُوغ دِي حِبْرِ نَامِ نَامُكَ لِستـِي نَارِكَا كَذوكَذ نَامِ رُغْي
سُوكُوُفتِي بِبَايَكَ نَامَ يَغُوْ مَتُوْ رُغِي نَاجِوِبَاوَعُ علِي بن معزمونله
وكتبه محمد بن يوسف بن سلمن من شهر حمد لاول

٤٥

الى الشيخ المُحِيبُ العزيزِ الأكرمِ المُكرَمِ الأحشَمِ الأخِ عندنا بِنْجَ الوَزِيرِ
سَلَمَهُ لله تعَالَى انشاء لله سَلَمْ عَليكَ ورحمَةُ لله وبركاتُهُ وازكا تَحيَّةٌ وبعدَ
نكُمَريفُ حَل يغُ جِمر وَمْ نوَ كُوَكَذلِكَ العَفِي الحَمدُ لله ربِّ العَلَمِينَ وَام
بَعدْ نكُمَريفُ سِكَ اَلِيْ نكَ عَبدالله مَدُخ بن يُسُفَ أمر بَتِيَ سِكَ سبع
وَغَزِجَ وَمَرْكَ كُمْ نَكَ گَ سَيْدِ علِي نَي أمر وُنْكَن أيْضَا سِنَكَ بِكَ كُت

نُسُرُول مُكْنُرٍ كَدَكِتِر شِتِبَاان كُنّ سَعدَنِ وكَتَبَهُ حَاج بِن مُعلَم اب كُسْلَم
صَالِح بن وَزِير سَلَم

٤٦

خَطِياغ سُكِنِي بن غُغُدُ كَبِل مُفِنِ انِ عَلَيه نَمَدِكِي شَبُس بن بَازِفِيغ
انَوِي مُترَمِكِ وَامَا مَوْم نَرَحنِي نَفْسِ يَغ نَكُلِ كَرَكِكِ بِلِ حِسَبُ دِمِن
مِيم مُدِرِ بن مُيِرَ ذمَنَ غَرِمَ رَحَنِ نِكِف يَكَكِبِي مَل لَنِيمَ كَمَ مُدَمَكِ
كُسْلَم مُمَ شَهِدَ مَغَتِ بن كِيف كَبِل مُكِيغ وكَتَبَهُ دِيَون فِيبِ يِل بن دِيَون
دُوِسِ تَارِخ نَهِر ٢٨ محرم ١٣٠٠

٤٧

بِسْمِكَ يَاكَرِيمَ

نِمِقِرِ نِمِقِبَال مِيم الحَقِير الَي رَبِّه سُكِنِي بن غُغُدُ مُفِنِ نِمِقِر كُوبَ نَحَقِ
يَشبُس بن بَازِفِيغ كُوبَ يِي انَدَاع مَتُوم مَوْنِمَ او مُونَمَكِي نَرَهَن مِيم
نَفْسِياغ نَكُوكِل كَرِ يَاكِ مِيم نَمتُ وكَيفَا بِلا حِسَبُ حَتَّي تُوِش حُوج هِي
مِيم نَاي نَمُودَ وَبِتمِيَاكِ مِنتُ كَمَقبِضِ مَتُومُو مَوْنِمَ او مُونَمَكِي اَضَامِن
مُدِيرَ بن مُيِرَه نَاي ضَامِن غَارِمَ كَتِيِكَ حُوجَ هِي نِدَابَ نِكِفَا امَا نِكُونِ غُو
امَا نِكَترُوكَ امَا نِكَسِفِر مُدِيرَ بن مُيِرَه ضَامِن كَتِيِكَ حُوجَ هِي نِمِقِر
نِمِقِبَال كُو نَفْسِ يَاغ مِيم سُكِنِي بن غُغُدُ مُفِنِ يُوم ٢٨ محرم ١٣٥٥

٤٧

نمغر كُوبَ ضَامِنْ غَارِمْ وَفُلَانِ بْنِ فُلَانْ كَتِيكَ حَوْجَ يَفُلَانِ بْنِ فُلَانْ
مِيمِ الحَقِير فُلَانِ بْنِ فُلَانْ نمِشْهُوْدِيَ مِيمِ جُوْبِ فُلَانِ بْنِ فُلَانْ
اَنَّهُ صَحِيحٌ ثَابِتٌ مِنَ الوَلِي فُلَانِ بْنِ فُلَانْ بِيَده

٤٨

خَطِيَاغُ دِيوَنْ غِدَيْكَ بْنْ دِيوَنْ سِغَبَ اِنْ عَلَيْهِ نمِدِكِي شَبُوْسُ
بْنْ بَازِفِيغَ نمِلِرَ شَبَ بَدِرِ كَرِيلِ تَنْ فِضَيْ الْمَغْرِبِ جِرَانِ بِنْتِ مِيْ
كُدْ بْنْ مِرَغُ الْمَشْرِك جِرَانْ نَحُذَ مُطِنَ حَادِمْ يُلِقُ حَبَنَ مُتْ
وَكُمْتَعَرَضِي كَمِّحِر يَشَبَ وَكَتَبَهُ دِيوَنِ فِبُيِلِ بْنْ دِيوَنِ دُوْسِيْ تَارِخ
نهار ٣ القَعدِي ١٢٦٩

٤٩

خَطِيَاغُ سِدِنْ بْنْ كِرُوْبِ اِنْ عَلَيْهِ نمِدِكِي شَبُوْسِ بْنْ بَازِفِيغَ مَلْبُوْغ مِّرْ
نَكُوْ كَجَكَرِ وَامَا كِطِنَ نَكُوْ رَحِنِيْ نَفْسِيْ يِعْ نَكُلْ كَرِ كِكَ بِلْ حِسَبْ
رَحِنِ مَكْبُضْ مُدْمَكَ مِتَتْ كُسَلِمْ مَلِ ذَمِنِ مُطَ بْنْ بَازِ شِرِيْرِ شَهِدِ مِيْ
حَمِسِ بْنْ دِيَنِرَ وَكَتَبَهُ دِيوَنِ فِبُيِلْ بْنْ دِيوَنِ دُوْسِيْ تَارِخ نهار ٦ اشهر
شعبان ١٣٠١

٥

٤٢

٥٠

حَطِّ بَاعُ مِ حَلْفَانِ مِ مَغُولَمِن كِبِل مُوُ حجِج نَمَدِكِي قَلْبَكَ بِن لُوُغُوُم
اَن يُوُزَ الدُّغُوُي سِسْنَ اظْبِن بَكُمْشُكُوُ مِكِ كِدَنَيُ كِتْ اِلَيُ مِكِ هُوُيُ
اَتَكِعَ حَمَ زَمَانِ تِتَكِبْ كُمْشُكُوُ مِكِ طَلَقَ شَهِدِ مِ مُحَمَّدِ بِن الدِبُوانِ
دُوُنِي واكَذلِكَ شَهِدِ مِ مُكُوُ اَتْتَكَايِ بِن الدِبُوانِ جُوُتُ كُوُ نَحَطِ اَقِرِرِ
يَغِ مِيوِ حَلْفَانِ بِن مُغُلَمِن بِتارِخ يوم ٢١ صفر ١٢٠٥ هـ
وَكَذلِكَ نَازَمَانِ يَتْكِيبُ بُونَ واغِ كَمَا نِتُوُمَ مِكِ طَلَقَ تمت

٥١

بِـــــمِ اللهِ الرحمنِ الرحيم

نِمِشْهَدِيَ كُوُبَ عَبْدِيَ جِلَّ مُحَمَّدِ الْبُلُوُشِ اِمِتُوا حَقِيَاكَ اَلْبِوانَّةَ
نْدُوُيَاكِ اَلِي كُوُتَه مُلَّا مَحْمُودُ بِن عَبْدِ الرَّشِيدِ الْبُلُوُشِ كَتِيكَ مِكُوُنُ
وَمَدِّ خَانِ بِن محمد الْبُلُوُشِ وَلا هَيِكُوُ بَاوِ حَقِ كُوُكِءٍ يَكُمْتَاعِ
نِمِشْهَدِيَ كُوُبَ كَمَبْ حَقِيَاكَ يُوتِ اَمَانْدِيَكَ مَسِكِيزِ وَمَغِ زَاهِرِ
سلِمان بن محمد بن علي البوسعيدي كُوُمَكُوُنُ واكِ كَتِيكَ سِيكَ
مُوِزَنَاتُ مْلِيْشُو مُواكَه ١٢٩٩ بيده

٥٢

بمنه الله تعالى

من زنجبار

من فلان بن فلان   الى نجاي جناب بيت فلان بن فلان اَعيْک
کُوَاکُ فُلَان بِن فُلَان اِحَوَّلِ کُوِيْتُ حَوَالَةَ کَذَوکَذَ وَتَفَضَّلِ مَقْبِضِ
قِیَاس کَذَوکَذَ بِتَارِیِح نهار کَذَوکَذَ کَذَوکَذَ

صحیح من فلان بن فلان

٥٣

ميم نالكوند برّ يوساغ كو السلطان مريم نام نمشكو مال قدر يا ريال
خمسة مايه نوت وغين نمغوتان سفر موج نكواصل وساغ كنك
ملك ياك مرين ملك كو من يعجب نانت ياك جيمه هين مغنجو
بنعافيه سان نانت ياك هين مو بت يوب مت أجبكو موبند وساغ تات
و نمون هين محان نمت أجبكو هوز سان أكند هوك هبون ناي نتياك
ماج تيل نا رزق يا فيكول يغ سان نوو هبند وغين سان هوان شربو
وتو فت سان كواب وغين وجب كاء مياك كوم كم هون كت و نكوب
شكول هون حساب نوو منو وتبند غو زاو كنكي نوساغ و فوغ نجار
ناميو وبي نمغو يا نر يغ هي ندي نمنه وناي ببند نمنو وو هنا وساغ
وك كو ووم نون دوم ونكوند وثوب هوفاي غو نو نوك أكو كجان
هجنوتند ونغ هتاك غو هوبند وثوب ناكول مبغو يا شكول بك مطام
مهند متوغ مويل ولين كوتند مباز شروك مهرغ سوو فيازكل كت
كنك نا بعوثر يا بمب تيل نغوتمي وغ واغ من منـ مسكين أباة
غوب اربعمايه نهاو وني كاء نت يا سلطان غالب وو هولبر شغل باو
فيت وني لبم وتوك نوت وزينمه أني كو من هوز كبغان هاو هولبم نانت

هِي مُغِيْنِ اِجَبْكُو مِيَاكَ مِي هَتَمُوْنَ مْتْ كُتَيْنِكَ سِلاَحَ كُكُولِكِيْنَ وِنَو
مُغِيْنِ كُوْ وَفَبَايَه فِكُوبُو مَنْ وَتْ وَلَى مِلَكِيْنِ مُوَاكَ كُولِكِيْنَ اَنْ كُوسِلاَحَ
بَيْنَ اَفَيَاپُو خَبَارِهِي هُتَوَ مَالِ مِيْغ اَكَمْبَ سُلْطَانَ نَابَعْدُ اَكَبْتَ اَدَبْ نَوْرْ
هَوَجُو كُسُومَ وَلاَهَكُوْنَ مَعْلَمَ كُوْوَهَوْنَ وَنَجُوَ جِيْمَه وَلاَبَايَه هَكُوْنَ نِيْنْ
وَنَلُ لِوَزَه اِلَى فِيْتَ نَمْتَ اَنِي كُوْفَ هِيْفِ بِغَيْرِ يِفْتَ كُوُ هُوْنَ خَسَارَه
وَلَكِنْ مْتْ اَكَفْ فِتَانِ فَخَرِ كُوبُوْ مِنْ الصِفَه يَاكَ هُصِفِوَ زَاِئدَ يَمِيَاكَ
اَرْبَعِينِ نَوَوْ هَكُوْنَ وَلِيْشَ كُوْنَ بُوْرَ كِبْتَ غُوْمِيَ اَسْتَحَبْ كُمْبَغِيه مَتْتَ
وَكَ كَمَّ كُمْبَغِي غَوْبِ وَكَ نَوَوْ غُوْمِيَ وَنَلاَلاَ نَاوْ بَمَوْجَ مَجُوْبَانِ كُو
جِنَسِي وَنَوَ وَوْنَ بُوْرَ نَوَوْ وَكِدَ فِتَانِ السُلْطَانِ هَوَمِيَ رَعِبَه زَاكَ يَكَمَ
نَكُوْنَدَ بِيْغَانَ مَحَالِ فُلاَنَ هَوَمِيَ مَكَتَانَ مَحَالِ فُلاَنَ كَمَّ اَتَاكَ كُوْبْتَدَ
كُبْغَانَ كَنَاكَ تِكِي جُوْ وَبَانَدِ وَكَ وَلَى مَحْصِيمْ زَكَ وَوْهَوَلِكِيَ وَبَانَدِ
وَنَاكَ كُوْتَشُوَيَ جُوْ وَلَكِنْ مَارَعِي وَتْ هَوَجُو وَنَاىَ كُوْبْتَدَ مِيْغ هِي وَدِي
سِرِ الِيَوْكَ وَبَعْدَ اَكَوْنْدَوْكَ كَوْنَ مَدِيْغ مَتَبَوْشَ هَمَفَوْةَ سُلْطَانِ
نَاجِيْشِي يَاكَ وَتْ وَنَكُوْنَدَ شِيْنِ نَانْدِيْغ وَزَرُوْكَ كُوجُوْ نَهَايُو مَدِيْغ
اَكُوْرَوَه مْتْ نَدِيْغ هُوْلاَ وَتْ وَنَى كُوْفَ نَوَوْ هَوَكَمْبِى وَتْ وَلاَ وَتْ هَوَكَبُوْتْ
كُوْيْغ اَمِيغ رَفْتَه سُلْطَانِ هَبَانَ اَوَزِي كُوْمِيْغ نَوَتْ وَكَ وِيْغ سَانَ وَبَاةَ
خَمْسَة عَشَرَ لَكِ وَبَعْدَ نَوَقْتِ وَكُرُوْدِ فِيْتَ وَتَوْنَ نَدِيْغ كُوْنَنَ وَنَجُوَ يَكَمَّ

سُلْطَانِ أَرُودِ وَبَعْدُ وَنُونَ وَنُونِ فُونُمِي لَوتُ مُونْدُ وَسَاعَ سِتَمَرْ وَتُجُوَ يكَمْ
فِيتَ فِنَرُودِ نَوَقْتِ وَنَوَكُوِيدَ فِيتَانِ هَبُ هُفَاءِ غُوْ هُجُمُوعَ كُونُونِ نَجُوْخُوْ
هِينَ خِيفَ هُفَاءِ مَوَغُونِ نَوَشَاعَ هُفَا شِعُونِ نَوَسِلاَحَ زَوَ مِكُوَكِ مِوِيْلِ
وَأَمَرَ مِتَاتُ نِغَاوُ يَاغُونِ يَاغُونُمِي الْحَاصِلِ كَتِكَ بِرَ نَلِي كُونَدَ تَاعَ زَرَامَ
حَتَّى كُوَنُوَ حَتَّى وَسُنْجَارَ كُوَكِرِيغِهَ وَانَ حَتَّى مَرُورَ نَادُوَدُوَسَهَ حَتَّى يَانْرُوَ
حَتَّى نَدِيوِيمْ وَكُوَ مِنَرَ غَامَ حَتَّى كُوَ كِبِوَكِ سِكُونَ نَتَ نَرُورِ كَمَّ وَسَاعَ
أَوَّلِ يَامِلِكِ يَاكَ مِيرَ كُوَ مِرِيِكِ نَجِرَ نَمِجَ وَبِيلِ كُوَمَوَانَ يَغُوَمْبَهَ وَتَاتَ
كُوَمَسَانِ وَانَ كُوَقِبَرَ وَتَانَ بُوَجِي وَسِتَ رُوَاحَ وَسَبَعَ نَدُوَنْدُوَجِي وَتَانَ
سِيَرَ وَتِسَعَ مَكِنْدِيَهَ وَكُوَمَ مَدُوَنِيَهَ حِدَعَشَرَ كَنَمَكُوَمِ وَأَنِي عَشَرَ زَنُجُومِيَ
ثَلاَتَعَشَرَ كُوَ مُوَشَابَ كُوَ مَسَاغُوَرَ كَانُوَادُوَنْدَ

***

هِيَ نْدِي مَرِيفَ يَامِلِكَ يَاكَ وَبَعْدُ رَاعِيَ زَاكَ هَبَانِ أَوَزِيوَ كُوَزِبِيَمْبِ
حَتَّى أَجِبَكُوَ مِنَ مِيِلِ هَبَانِ رُخْصَهَ أَوَزَابَ بِمِيِي أَكْتِيكَانَ خَبَارَ نَا سُلْطَانِ
هِلِكَ عَسَكَرِ أَكْنَدَ أَكَمَوَبِتَ لِكَوَلِبُوَ جِيَوِ لِبَنَالَ فَرَاسِيِلَهَ لِكَبَغَوَ مُوَتَ
حَتَّى لِكَاوَ حِكُوَنْدَ أَكَفُوَغُوَ خِلاَفَ أَكُوَ بِكُوَ كِشْوَانِ أَكُوَغُوَ حَتَّى أَكَفَ هِيَ
نْدِي حُكُمَ يَامْتَ أَنِي كُوَزِبِيَمِي وَبَعْدُ كَمَّ مْغُوَ بِمِكَاوِيَ كِيِشَ كَتِكَ

مِلِك يَاكِ هُوْنتَد مَوَزِبِرِ وَكُوبُو وَكَمُومِيْ سُلْطَان يَكَّرَ نِتِيْ هَيِنْ مَغْوَ
مَجَانِ هَمْنَ هَبَانْ وَنَايِ فِيِنَ هِيفْ كُكَتَنَ مِغْوَ نِهَاوَ وَزِيْ وَنَايِ كَرِيَ كُوْفَ
دِيْ وَنِيْ كَتَاز مِغْوَ وَتَاكَ غُوْمِيْ وَافِيْ نَجَانِ هَمْنَ غُوْمِيْ ونَكُوْلَامْشَاعَ
بَاسِ هُوِيتِوَ وَزِيْ وُتِ ۰ وَكَبِوَ مُوْاهِ كَمَّ وِمِفِنَ وَثَاوِ كُكَتَاز مِغْوَ حَقِيْقَه
وَكِيْشَ كُوْبِوَ مُوْاهِ هُوَغُوْكَ مَرَّ هُوْكَ وَاَمَّ هُوَكَفِنَ هُوَغُوْكَ مُدَّ وَثَاعَ
نَهُوْكَ وَتَبِيْنَكَ خَلَافْ هُوْيِوَ الدَّاوَة يَكُرُبُو وَكِيْشَ كُوْبِوَ مَرَّ وَتُوْنَ
وَكُوْتِدُوْكَ وَبَعْدُ كَمَ حَبَارِ يَكُمَرَ وَقْتِ وَمَوَاكَ كُلَّ مِنْج لِبْ شَانَبه لَاكِ
سُلْطَانِ هُوْلِيْمَه رَاعِيْ قَاصِدْ شَانَبه لَكِ هَبَانِ اَمِيْ مَلِمِيْ سُلْطَانِ وُتِ
هُوْلِيْمَه اجِبْكُو نَدْغُوْبِي وَمَامْ مَمُوْجَ هُوْلِيْمَه هَبَانِ اَمِيْ لِيْمَه الاَّ سُلْطَانِ
نَفْسِيْ يَاكِ نَوَكِيْو هُوَ نْدِيِوَ هُوَ فَنِنَ كَاز وَبَعْدُ وَقْتِ وَفِيَاكُوْلَ فِكَوِيْفِي
هَبَانِ اَتَكَايِ وِزَ كُوْندِ كُلَمْبُوَ كَتِيْكِ شَانَبه لَكِ الاَكَوْنِنَ وِبِنِدَ كَتِيْكِ
مَشَانَبه يَاوِ وَكَمُوْنِنج مَهِنْدِ وَتِيْ كَتِيْكَ فِكَبْ وَبِلِيْكِ كُو سُلْطَانِ تَقَدِرِ
كِلِيْشَ شَانَبه كِلِيْشَ وِبِيْيِ وَبِلِيْكِ كُو سُلْطَانِ نَدِيْبْ نَوَوَ وَوِبِنِنِ كُوْلَا وَاَمَّ
كَمَّ هُوَكَفِنَ كَمَّ هِيفْ هَوَوِبِنِنَ كَفِنَ مِغِيْنِ وَبَعْدُ كَمَ وِمكِوِيْبِندَ فِتَان
وَكَكِمْبِيْ رَاعِيْ زَاكِ هُوْلِيْنَ وُبَاندِ غَانِ وَلِيْ كُوْنَنِ كَمُوْنِج فُوْنِج نَوَبَاندِ
هُوْوِ وَلِكُوَ وُتِ وَمَحَالِ غَانِ اَلْكُو عَقِيْدَ غَانِ حَتِّيْ وُتِ وَكَمُوْنِج وِبِسْ
قَبْلَ يِوِنِنَ وَاوَ مَعْنَ وَوِ رُوْحِ زَاوِ وَنَنِرُوْنِ بُوْبَ سَانَ كَبَتِ وِنِنِ وَوَ اَكَمْجُو

بَاسْ وَكَرُوْدِ مُجِيْنِ وَتْ هَاوْ هُوِيْوُ غِوْ زَوَنَوَاكَ نَوْرُ شَكْوْلُ هَبُكْلِيْوُ
شِينِ كَمَّ مِمْوُ هُوْيِوُ نَجِوْبْ وَكِيْغْ هُشْكُو نَمَاوُ يَكْسِغِيْ نْدِيوُ اَدَبْ يَاوُ
وَبَعْدْ كَمْتُ اَتَاكَ كُوُومِكِ هُوِيِنْدَ كِتَكَ نَمَّ كِنْمِيْ حَتَّى اَكُونْ مُوْنْمِكَ
مْزُورِ مِحَالِ اَلَى مِبْنِدِينِ هُوْلِنَرُ يُوْلِ مُوْنَمِكَ مَتْتُ وَتَانِ اَتَمَجُوْ وَزِيْ
وَاكِ هُوِيِنْدَ كُوُ سُلْطَانِ اَكَمُوْمِيْ يَكَّمُ مِوُنْ مُوْنَمِكَ مَحَالِ فُلَانِ مُوْنَمِكَ
مُزُورِ سَانِ مَتْتُ وَفُلَانِ اَتَمَجِبُ سُلْطَانِ كَمَّ وَمِتَاكَ نِنْدَ وَكَمْتُوْي
اَلْحَاصِلِ اَتَوَمِيْ عَسْكَرِ وِنْرِ وَاكِ قَدِرِ يَوْتُ كُوْمِ وَتَكُوْنْدَ وَكِفِيْكَ
كِنِتَكَ نَمَّ وَتِفِكِيْ جُوْبَ يَابُولِ مُوْنَمِكَ يَوَزِيْ وَاكِ اَلْحَاصِلِ وَتَكَّاءُ
وَزُغْمَرِ كُوُ وُجَانَّهُ نَوَلِ هَوَاَنَ حَبَارِ وَزِيْ وَمُوْنَمِكَ حَتَّى خَلَافُ
وَنِتَاكَ مَاجِ كُوِيُوُ اَتُوْنْدُوْكَ مُوْنَ مِكَ كُوَابَ مَاجِ وَغِيْنِ اَكِلِتَ مَاجِ
مُوْنَمِكَ اَكِوْتْشِ مِكُوْنْ كُوَابَ مَاجِ مَرَّ مَمُوْجَ اَتَمَكَمَتَ اَتِبِغْ مِكِلِيْلِي مَرَّ
كِنِتَكَ وَتْ كُوْمِ وَوِيْلِ وَنَمْتُشْكُوُ مُوْنَمِكَ وَلِيْ بَاقِي وَتَوَزُوِيْ مَمَايِ
نَبَايِ مَعْنَ هَوَكُبَالِ مَتْتُ وَاوْ كُنْدُوْكَ اِتْكُوْ كُبُغَانِ نَكُوْنَرْ وَتَمْبِغْ مَمَايِ
مُوْنَمِكَ نَبَايِ نَوْرُ وَنَبِيْغَه كِلِيْلِيْ وَتَكُوْجَ مُجِرَانِ زَاوْ كُكْمِلِيْ كِلِيْلِي وَكَاجَ
وَتَسِمَامَ نَفِيمْبُوْ وَبِغَانِ حَتَّى وَكَجُوَ وَقْتِ هُوُ وَمِكُوْ مُبَالِيْ مُوْنَمِكَ نَجْمَعَه
زَاوْ وَخَلَافَ وَتَكْوِيِنْدَ مَبِيْ حَتَّى اَصْبَحَ وَلِي وَزَارِ وَمُوْنَمِكَ وَتَقِيْزِ وُغَه
وَمْطَامَ وَاَمَّ مَهْنِدْ نَكُوْكَ وَبِلِيْكَ كُوْمَكُوِيْ وَوُهِيْ نْدِيْ طَبِيعَ يَاوْ هَبَانَ

كُرِيْض وَزِي دَاكِ مُوَن مَكِ ٥٥٥ وَبَعْدُ نِكْدَ رُوِمْبَهْ كُو السُلْطَانِ
كِنْمُكُوْز نْتِ يَاكِ سِرُدُرسَانِ بَرَدِ يغ نَفِيْكُوْل فِيَاوُ وَلِيْر هَبَانِ كِتْ
شِغِيْنِ نَوَرُ وَنَلِيْمَهْ كَتِيكَ مَبُورْمِنَامْ مِيُوْمْبُوْ لَاكِنْ حُكُمْ يَاكِ كَالِ سَانِ مْتْ
اَكَوْكُوْتَ بِمِنِي هُوزِ كُوزُ نَاكُوزَ اَتَوْوَاوُ نَمْتُ مُوْغُ هُكْنُو مَدُوْمُ نَابُوْ
نَمْشِكِ نَمْتُ اَكْفِنِرَ مَبْ مَبَايِ كُوِنْدَ كَرِيْنِ نَوَكِيْوُ هَمْكَـتَ بُوْزِ يَاكِ
نَمِكُوْنِ يَاكِ خَلَاف اَكَتِرَ وِغ وَوَلِيْر نَكَمْ اَمِكُوْنَدَ بُوْرِيْنِ اِمِوْكُوْتَ يَامِ
اَلِي يُوتِ بُوْنَدَ وَمُوْثُوْنِ وَلَمْ مَبُوْغُ وَاَمْ بُوْفُوْ اَلِي كُوْفِ كَمْ هَكَمْلَتِ كُو
السُلْطَانِ هُوْيُوْ اَدَبْ يَاكِ هَتُوْلِيُوْ مَاشٍ يَاكِ يُوْتِ مَوِيْلِ اَكَوْ كِبُوْفِ
خَلَافٍ اَكِيْشِ تُوْلِيُوْ مَاشٍ هُوِيْكْوُ كَتِيكَ مَلَاغُ قَرِيْبُ يَاسُلْطَانِ
اَكَمْصِيْفِ نَكَمْ اَنْدُغُوْزِ نَوَثُوْتُ وَاكِ قَدِرِ اَلِي مَخُوصِ وُتَ وَنَكُوْزُوْ هَبَاقِي
مْتْ كَتِيكَ ثُوْبُ لَاكِ وَبَعْدُ سُلْطَانِ هِنْدَكُوْ مِغُوْ يَاكِ هَشُكُلِوَ نَوَتُ
جُوْ يَمَبِيْغُ وَلَا رَاعِي هَمْكَرُيِي سُلْطَانِ نَوَكَتَاكَ كُمُوْمِكِي هُوْغُوْكَ
شِيْنِ وَكَبِيْغُ كُوْفِ وَبَعْدُ اَنَبْ بَازِ هَبَانِ اَنَي يُوزِ كَتِنِمَه مَاتِ وَلَا كُكُهُوْ وَلَا
كُوِنْدَ فِيَاسَ نَايِ سُلْطَانِ اَكَتَاكَ كَكُهُوْ وَلِي مَرَعِبَه وَلِي بَرَزَانِ وُتِ
هُوْغُوْكَ كُوْ جِنْسِ وَنَفْ مُوْغُوْبَ وَبَعْدُ اَكَتَاكَ كُوِنْدَ فِتَانِ هَشُكُلِوَ
نَوَتُ جُوْ نَغُوْمْ وَنَبِيْغُ اَكَنِيْكِ فِتَانِ وَكَبِغَانِ هُوْمِيَ وَتِ وَاكِ كُلْ مْتْ
هُمْبَ مْشَارِ مَمُوْجَ هُوْمِيَ مْشَارِ وَاغ نْكُوْبُ شَرَطِ وُلِتِنِي كِثُوْ

شَاخَصِمْ يَاغْ وَأَمَّ وُلِتِ مِشَارِ وَاغْ وُجِبَكُوْنَدَ وَابِ مِيمْ سِجُو نَوُ سِلَاحَ
زَاوُ مِشَارِ نَفِشُوَک فِدُوعْ نَوُوْمَتْ اَجِبَكُو اِموُوَاو مُونْدَ وَمُوزِ وَلِک
كُوْنَدَ كِبِغَانِ فِشُو هُشُكُوَ كِتِکَ مَج وَاکِ سُلْطَانِ نَوُ فِشُو هُفتِي كِتِک
مَاتُوْنَدُ وَكُلِّ تُونْدَ فِينِ وَكَشُكُوَ مَبْكُوَ وَتِ وَدِيلِي هُفِيزِ مِيتِي كِنِكَاتِ
نَوَكَفِيْک مُخِينِ فِيلِي فِشُو هُفتِنْدِيکَ جُوْ يَابُوْمِرَ نَفِيلِي فِتَا وَتِ وَكُوْبُو
هُفِشُوعِ وَكَتُو فِرِيُو وَكِتُونْدِيکَ بُوْمِ لَاَنْدَانِ قَرِيْبِ يَاکِ سُلْطَانِ نَابَعْدُ
هُنُوَک هَبَانِ اَوِزِاَيُوْ كُوتِيمَه مَاتِ حَتَّى اَجِبَكُو مُوْغُوَانِ وَتُوَک بُوَانِ وَبَعْدُ
اَكِنِفِه مُوِبِو سُلْطَانِ هُکَا جُوْبَانِ مُدِّ وَمُوزِ مَتَاتُ حَتَّى اَكُوزِ نَوَتِ طَيَارِ
عَسِکَرِ وَنَغُوْجِو حَتَّى اَفُوْجِي وَسَاهَ نَوَتِ وَبَغُوْسِ وَسَاهَ نَفُوْنِزِ كُو
مِكُوْتُو وَتِي كِتِک بُوْيُوْ هُنُوَک مَج مَزِيْمَه هَبَانِ اَوِزِيُو كُلِّ شَكُوْلِ كِتِک
مَج نَو هُشِبُوتُ كُوتِيمَه مَاتِ حَتَّى يَكِبَاقِ مَغُوْبِ مَتُوْبِ نِبِنَ هُمْشُكُوَ كِتِک
مَقْبُوْرِ يَاوُمُوْنَدَ وَسِيْک عَشِرِينِ يَاَلِيْ مَغُوْبَ هُوِيْنَدَ وَكِتُوْنْدِيکَ هِيْ
نْدِيُو طَبَعَ زَاوُ وَرُوِيْمَه   تمت هذ الخبر

وَبَعْدَ نِكِنْدَ كُوَ السُّلْطَانِ مُوغِينِ وِيُو كُوَ كِيمِبِي نِشِي يَاکِ اَنَابِرْدِ
نَوُ هَوَانِ فِيكُوْلَا نَانِشِي يَاکِ اِنَا مِيْتِ مِيغِ مِيوُمْبُو نَوُ هُلِيْمَه كِتِک
مِيوُمْبُو وُلِنِرِ هَبَانِ كِتِ شِغِينِ اِسِبْكُوَ وُلِنِرِ نَطِبَعَ يَاوُ وَقْتِ وَكَنُوْنَ
فِيَاكُوْلَا فِيبِي هُشِيزِ غُوْمِ مُدِّ وَسِيْک اَرْبَعِينِ نَاتِيْنَ سُلْطَانِ هُفِيزِ وَتِ

كُوم وكَنْد كَتَمِبِي كَتِكَ مِج وَكَمُون مَتْ هُوْمَكَمَت وَكَمُرو حَتَّى وَكَتَمِبِي
وَتُ سَبَعْ تِينَ وَلِي وَتُ وَكِيْشَ وَوَاو حَتَّى سِبَكَ بَامُوِيْش هَتُوَ مُوَانَز
مَكُوبُو وَكَمُوغ فِيْلِي فِشُو وَكَمُتُوْج بَمِج نَاغُومَر نَوَتُ وَتُ كَتِكَ مِلَك
يَاكِ هَكَتَان نَامُوِيو سُلْطَانِ هُوَابَ خَلَاف وَكِتَى شِيْنَ مُدَّ وَسَعَه هُرُوْد
مَجَبْنِ نْدِيْبُ وَكَكَسَانَه فِيَاكُوْل فِبِيَ قَدِر فِلِف لِبْمُو وَكَبِيْكَ شُوْغ
كَمُوْجَ أَكِبَ سُلْطَانِ أَكَلَا وَلَاكِنْ مِن غَيْرِ يَكَنَبَرِ هِيْفَ سُلْطَانِ هَلِ كِتُ
أَبَدَ دِهِي نْدِيُوْ طَبِعَ بَاوُ

بِسْمِ اللهِ الرحمن الرحيم

أَيْضَا فَهَامُ هِي قَوْعِيْدَهْ يُوتُ وَوُغُوْجَ أَيْضَا مَتْ أَكْيُوْكَفِيُوْ نَمَمْ يَاكَ
أَوْ نَنْدُوْغْ يَاكَ أَوْ نَدَادْ يَاكَ أَوْ نَشْعَازِلَكَ أَوْ نَجُوبْ وَكَ أَوْ نَبِيْبْ يَاكَ
أَوْ نَمْكِيُوْ أَوْ نَمُوَانَوْ أَوْ نَاهْلِ زَكِ فَهَامُ كُوبَ وَتْ وَبَاوُ صَاحِبْ زَكِ نَجَرَانْ
يَاكَ نَوْتَ آنَوْ سَانَوْ زِيْمَا وَتْ وَكِسِكِي كُوبَ فُلَانْ كَفِيُوْ لَازِمْ هُوِيْدَهْ
وَتِ كَتِيْكَ يُوبَ يَمْتُ الْيُوفِيَّهْ يَعَنِ هُنِيْنَ مَرِكُوْنِ بَسَ فَهَامُ وَتْ وَاتْ
وَلِيُوْ كُوِيْدَهْ هُكَاءْ كِتَاكَ وَكَعُوجِيَا مَيْتِ حَتَّى يَتُوْكِ هِي نْدِيْ خَبَارِ يُوتْ
وَنَوْ كُوِيْدَهْ كَتِيْكَ مَرِيْشِ أَيْضَا خَبَارِ يَمْتُ الْيُوفِيُوْهْ أَكُوْنَ مَرِيْ وَكِ
اِمِكْوْقَهْ أَوْ نْدُوْغْ أَوْ مْتْ كَتِيْكَ أَهْلِ زَاكِ وَلِيُوْمْبَاسَهْ لَازِمْ هُوْنْدِيْكَ
بَرُوا أَكْلِيْكَ كُوَ جَمَاعَهْ زَكِ يَعَنِ وَلِيُوْمْبَاسَهْ أَيْضَا هِيْتُوْ بَرُوا اِيْلْ
جِنْلَكَ تَنْزِيَّهْ يَعَنِ بَرُوا بْمَصِيْبَ بَسِ فَهَامُ كُوبَ جَمَاعَهْ زَكِ وَتِ هُوْجَ
كَتِيْكَ مَرِيْشِ أَيْضَا مَتْ الْيُوفِيُوْهْ أَكْيُوْ هَنَا فِقَاوُ يَعَنِ فِيْتْ فِنَاقِيُوْ حَتِيَا
كَتِيْكَ مَرِيْشِ فَهَامُ هُوِيْدَهْ مَدْكَانْ أَكُوْنُوْ فِيْتْ فِمَرِيْشِ أَيْضَا سَاسَ
نُوْنَوْلِيْزَهْ فِيْتُ غَانِ فِقَاوُ فِمَرِيْشِ فَهَامُ كُوبَ هُنُوْنُوا كُوْنْذَهْ فِيْتُ

فِيلَازِمَ اَيْضًا تُوَلِيْنَه فِيتْ غَانِ فِيلَازِمَ كَتِيَكْ مَرِيْشِ اَيْضَاءْ فَهَامْ
فِيْتْ لَازِمَ كَتِيْكَ مَرِيْشْ اَوَّلْ بِفْتَه يَعَنِ كَنَبْآءَ سُوبْ هِيْتُوَا سِنَدَه
۲ وُبُوْ هِيْتُوَا كُوْنَزَآءَ ۲ پَامْبَه يَعَنِ هِتُوَا كَتِيَكْ مَشْكِيُوْ يَيْتِ اَيْضًا وُبَانْ
هُفَكِنْزُوَا مَيْتِ اَنَاپْ كُوْسُوْ اَيْضًا هُفَكِنْزُوَا وَاسِنَدَه اَكِيْشْ كُشُوْنُوْ اَيْضًا
هِيْتُوَا بُجُوْزِ لَاكِنْ جِنَالكَعْرَابْ بَسْ فَهَامْ فِيْتْ هِيْفِيُوْ لَازِمَرْ كَتِيَكْ مَرِيْشِ
وَاللّٰه اَعْلَمْ اَيْضًا خَبَارِ زَفِيْتْ قِيُوْتْ فَنَافِيُوْ حِتَاجْ كَتِيَكْ مَرِيْشِ فِيْغ
سَانْ فَهَامْ كُوبْ سِنَدَه كُوْنَزَه مَنَكَاتْ اَيْضًا تُوَلِيْنَه مَنَكَاتْ غَانِ بِمَرِيْشِ
فَهَامْ كُوبْ بِحَجِيَا سَدَالِ عُوْدِ دَلِبَه مَبُوْبَ قَرَفُوْ مَيْتِ مَرَاشْ وَقُوْبْ
وُبَانِ مَجَانِ يَمْكَازِيْ اَيْضَافِيْتْ هِيْوِيُوْ فَتِحْتَاجْ كَتِيَكْ مَرِيْشِ اَيْضَا تُوَلِيْنَه
هُفَيُوَاجِيءِ فِيْتْ هِيْفِيُوْ كَتِيَكْ مَيْتِ فَهَامْ كُوبْ سِنَدَه غَوْوُيَيْتِ نَكُوْنَزَه
مُلَاغْ وَمَيْتِ نَسَنْتَالْ هُسُغُوْلِوَ مَيْتِ اَنَاپْ كُوْسُوْ نَعُوْدِ نَوْبَانِ بُجُوْزِ بَمَيْتِ
اَبَوْفُوْ كِنْزُوَا اَيْضَا دَلِبَه نَمْبُوْبَ نَقَرَفُوْ مَيْتِ مَنَكَاتْ بَمَيْتِ هِتْيُوَا يَعَنِ
وُزُوْرِ مِثِلِ بَبَابْ اَيْضَا مَرَاشْ مِثِلِ بَمَاجِ هِءُنْدِي حَبَارِ يَفِيْتْ هِيْفِيُوْ وَاللّٰه
اَعْلَمْ اَيْضًا خَبَارِ يَمْتْ مَيْتِ اَكِيُوْ اَمْكُوْقَه لَازِمَرْ هُوِيْتُوْ مْتْ اَبَي اَجُوَايِ
كُوْشِ مَيْتِ اَجِي اَمُوْشِ اَيْضًا هِتْيِبُوْ شِيْمُوْ قَدِرِ يَمْتِ اَلْبُوْكُوْقَه لَكِيْشْ
شِيْمُوْ هُوِبِكُوَ كِتَانْدَه جُوْ يِشِيْمُوْ نَمَيْتِ جُوْ بِكِتَانْدَه اَجَامُوْشِ
اَكَمُوْشِ نَمَاجِ يَالِ اَبَوْ كُوْسِوْ بِنِيْغِيَا كَتِيَكْ لِيْلِ شِيْمُوْ اَيْضَا نَمَاجَارِ

يمڭازِي فَهَمْ كُوبْ هُوْشِيْوْ حَتّى اَكْنكَّا تِا هُوْسُوْ كُوْسِنْدَالْ يَعَنِي مِثِلْ
كَمَا هُسْغُوْ اَكِيْشْ هِتُّوا تُوْهَارَهْ يَعَنِي هُسُوْمِيزُوا مُوِيْشْ خَبَارِ يَمُوْشْ
اَيْضَا خَبَارِ يِابْ فَهَمْ كُوبْ مَيْتِ اَكِيْوْ اَنَمُوْسُوْ نَوَتْ وِغِيْنِ هُشُوْنْ
سَنْدَهْ اَكِيْشَ مُوْسَى هِيْدَامْتْ اَبِي اَجْوَايْ كُوْيَامْبْ مَيْتِ هُوِيْكَهْ اَكِمْيَابْ
اَيْضَا اَوَّلْ هُمْيَى يَامْبِ كَيْيِكَ كِيْشَ هُمْيَا دَلِيَهْ كَيْيِكَ مُوِيْلِ وَكِ كِيْشَ
هِتُّوْ دَلِيَهْ نَمِنْكَاتْ مَغِيْنِ بَعْضِ يِمِنْكَاتْ اَكُوْرُوْغِ يَمُوْجِ نَمَراشِ اَكْيَا
كَيِيْكَ سَنْدَهْ كِيْسَ اَكْيَا عُوْدِ كَيِيْكَ شِتِيْزِ نَمُوْتْ اَكَمْفُوْكِيزَا مَيْتِ
كِيْسَ اَكَمْفُوْكِيزَهْ نَسَنْدَهْ كِيْسَ اَكَمْفِيْكَ سَنْدَهْ كِيْسَ اَكْتْيَا كَيِيْكَ
مَكِيْكَ يَعَنِي هِتُّوْ فُوْبِ يَعَنِي مَكِيْكَ وَفُوْبِ هُشُوْ مِثِلِ يَمْفُوْكُ هِيْ نْدِيْ
خَبَارِ يَمْبِيَاجِ اَيْضَا خَبَارِ يَمْتِ مُفْيَاتُوْسِ يَعَنِي جِنْزَهْ اَكِيْوْ مَتِ مَيْتِ اَيَابُوْ
لَازِمِ نَجِّي يِيُوْبَ وَتُ وَيِابَ تُوْسِ يَعَنِي كِتَانْدَهْ اَنَاشِ تُوْمَيْتِ هُفُنِكُوْ كُوْ
غُوْرُوْ زَبَازُوْ نُرُوْرِ مِثِلِ يَشِيْلَا نْدِوُلِ اَوْ كِتَابِ بُوْرَا اَوْ مَصْنَفْ اَوْ كِتَابِ
دِيْوَانِ اَوْ لَاسِ اَيْضَا غُوْرُوْ زِلِيْوْ كُوْبُوْ هُفُنِكُوْ جِنْزَهْ اَيْضَا اَكِيْوْ مَيْتِ مُوْنِمْكِيْ
لَازِمِ غُوْرُوْ كَتِيْكَ جِنْزَهْ زِفُوْغُوْ مْكَاجِ وَكِسُوْتْ مَعَنَ دَالِيْلِ وَتِ وَيَاتِ
كُوْجُوْ كُوبْ مَيْتِ مُوْنِمْكِيْ هِيْ نْدِيْ خَبَارِ يِجِنْزَهْ اَيْضَا خَبَارِ يَقْبُوْرِ اَكِيْوْ
مَتِ اَمْكُوْفَهْ لَازِمِ وَتِ هُمْيَا كِيْمُوْ شَمْتِ كُوْ وَرِيْفِ نُوْيِنِ وَتِ وَكِشِيْمْبْ
قَبُوْرِ كُوْ قِيَاسِ اَيْضَا هُشِيْمْبِ شِيْمُوْ قِيَاسِ حَتّى كَتُوْفِ اَكِيْوْ مَيْتِ مُوْنِمْكِيْ

اكِيوُ مُوَنَرِ هُشِيمْبَ حَدِ يَكُون كِيْشَ هِيّاً مُوتَوَدَنِ يَعَن كِتِكَاتِ يَقبُورِ
كِيْسَ هَتُوْكَ وَتُّوتِ نْدَان يَقبُورِ لَاكِنْ مُوجَ هَتُوْكِ مَعَن هِيفَايِ كُوْشَ
قبُورِ بِكِيَاكِ بِلَامْتُ فَهَارُ كُوبَ هِبَاقِ كِتِيْكَ قبُورِ مِتْ اَلَيْ مِيَاسَهَ مَيْتِ
حَتَّى اَفِيْكِ مَيْتِ كِتِيْكَ قبُورِ وَاللهُ اَعْلَمُ هِيْ نْدِيْ خَبَارِ يَقبُورِ اِذْضَاءِ حَبَارِ
يَمِيتِ اَكِيْشَ بَامْبُو هِتوُ كِتِيْكَ جِنَزَة نَوَتُ وَنِ ٤ وَكَشْكُو جِنَزَة كُلْ مُوجَ
هُشِيْكِ مَغُوُ وَجِنَزَة نَوَتُ وَغِيْن هُفُوَتِ يُوْمُ نَوَتُ وَغِيْن مِبْلِيْ نَمعَلَمُ
هُوَ مِبْلِ بِجِنَزَة يَعَن مَعَلَمُ هُسُوْمَ تَهْلِيلِ نَوَتُ هُوَ تِكِي حَتَّى مَسْكِتِيْن
وَكِبِيْكِ كَتِيْكَ مَسْكِيْتِ وَتِ هَتُوَا جِنَزَة وَتُ وَبُوَ وَعَلَمِ هُصَلِّي مَيْتِ
وَكِبْشَ هُشْكُو جِنَزَة وَتُوَنِ ٤ نَوَغِيْن وَنِيَتَاوُ كِبُوْكِي نَمعَلَمُ اَنْسُوْمَ تَهْلِيلِ
حَتَّى وَفِيْكِ كِتِيْكَ زِيَارَهْ يَعَن قبُورِينِ وَكِيْشَ فِيْكِ كِتِيْكَ قبُورِ هِمتُوْ
مَيْتِ كِتِيْكَ تُوْسِ وَكَمشُوْشِ نْدَان يَقبُورِ اَيْضَا هَشُوْكَ وَتُوَنِ ٤ نْدَانِ
يَقبُورِ وَنَاتُ ٢ وَتُ وَبُوَ وَلِدِرْمِيَاسَهَ مَيْتِ بَمُوجَ مَعَلَمُ يَعَن اَنْسُوْمَ تَهْلِيلِ
فَهَامُ وَكِيْشَ مْشُوْتَا مَيْتِ كِتِيْكَ قبُورِ هِتِيّا كِتِيْكَ مُوتَوَدَانِ وَكِيْشَ
هُمفُوْنِيْكِ وَبَاوُ يَعَن هِيْتُوَ كُونَزَة وَكِيْشَ هُمفُكِي نَوَتُ وَنَسُوْمَ تَهْلِيلِ حَتَّى
وِيْشَ اَيْضًا وَكِيْشَ كَمفُوْكِي هُفُكُو كِتِيْكَ مُوِيشُوْ وَقبُورِ يَعَن كِتِيْكَ
كِبْشُوُ شِيمُوْدُوغْ يَعَن وَكِيْشَ كُفُكُو هِتِي مَاجِ جِنْلَكِ مَاجِ بَشَهَادَة وَكِيْشَ
هُسُوْمَ مَعَلَمُ يَعَن هُمْلَقِنِيَا وَكِيْشَ كُلْ مْتُ اَلَي اَجْوَايِ كُوْسِدْمَ هُسُوْمَ يَسِيْنِ

مُوجِ وَكِيْتِش نَاس وَمَكَوِيْتِش كُوْزِيْكِ هِيْ نْدِي خَبَار يَتْرِيْكِ اَيْضَاء حَبَار
يَمْتُ اَلِي فِيْوَ اَكِيْتِش كُوْزِيْكِ هُرُوْدِ كَنِيْك يُوْبِ يَاك نَوَتْ وَلِيُوْزِيْكِ
كَذَلِكِ هُرُوْدِ حَتَّى يُوْبَان كُوْمَتْ اَلِيُوْقِيْوَ يَعْنِ كُوِيْدَهْ مَبْأَمَكُوْنْ وَمَصِيب
اَيْضَا هِنِيْنَ بِرَابِ زَكْ هَجِيْبُ زَمِيْتَ لَاكِنْ سِيْكِ هِنِيْزَ وَتْ هِنِيْزَ كُرُلُوْغِ
يَكْسُعَرَبِ اَحْسَنَ اللهُ عَزَّكَ هَجِيْبُ للهِ الْبَقَا وَدَّوَام هِيْ نْدِي خَبَارِيَوْتُ
وَوُغُوْجِ اَيْضَا مَتْ اَلِي فِيْوَ لَازِم هَقَّيَا مَتَاعَ سِيْكِ تَاتْ يَعْنِ هُلَالَ وَتْ
شِيْن حَتَّى سِيْكِ يَتَاتْ هُنَيَا خَتِيْمَا يَعْنِ هَيِيْكِ وَلِ وَتْ وَكَلَّا اَيْضَا فَهَمْ
كُوْبَ وَتْ وَغِنِيْ وَنُوكَّأَ مَبَالِ وَكِسِكِي كُوْبَ فُلَان بِن فُلَان كَفِيْوَهْ لَازِم
وَتْ هُوِيْدَهْ كُمِهَان يَعْنِ كُمْأَمَكُوْنْ مُوْدَهْ وَسِيْكِ اَرْبَعِيْن هُوِيْش مَصِيْب
نَوَتْ وَغِنِيْ سِيْكِ سَبَعَهْ نَوَتْ وَغِنِيْ سِيْكِ تَاتْ نَوَنَوَكِي هُكَّاء نَمْصِيْب
مِيْزِ مِتَانْ وَلَاكِنْ قَوَعِدْهَ سِيْكِ اَرْبَعِيْن ٤٠ وَاللهُ اَعْلَمْ بِصَوَابِ تَامَتْ

بمنه

هِي حَدِيثِ بَا السُّلْطَانِ مُوْنِ مَرَكِبْ عَشَرَةَ اَلَاف
اَلِكَاءِ سُلْطَانِ كَتِيَكَ مِلِكَ بَاكَ بِي نَامُوزَبِي زَاكَ نَعَسْكَرِ زَاكَ حَتَّى
سِيَكْ مُوْجَ اَكِبَتْ كَتِيَكَ مُدَّرَسِ بُوْنَ وَزُوْنِ مَعْلِمْ اَنْشُمِبْثَ وَنَقُوْز
وَكَ نَاِي اِمَقْصَدِيَ كُوْنَدَ كُوْتِمِيَ نَجَ تَمِجَ اَكَمَسِكَي مَعْلِمْ اَنُومِيَ وَنَقُوْنِ
وَكَ كَمِّ بِنْ اَلَ لِتَاكَ مُوْغِ مَرِّ مُوْجَ هَتِيدِيَكَ يُوِلِ سُلْطَانِ اَكَفِيزَ عَجُّبْ
مُوْيُونِ مُوَكَ الْحَاصِلِ اَكَفِيَكَ اَلِيَكَ تَاكَ كُوْبِنْدَ اَكِكَاءِ مُدَّوِسِيَكَ كُوْم
كَتِيَكَ مِلِكَ يَاكَ حَتَّى سِيَكْ مُوْجَ اَكُوْنَدَكَ اَتَاكَ كُوْبِنْدَ نَجَ تَمِجَ
اَلِبَ وَصِلِ نَجَ تَمِجَ اَكَسِمْ مُوْغِ هُوِزَ كِيُوْنْدُو مِلِكَ يَاغَ كُوْمَرِّ مُوْجَ مُوْغِ
الْجَعَلِ اَكَمَصُوْزِ فَرَاسْ كَمِّ مِثْلِ يَفَرَسِ وَكَ نَفَرَاسِ هُوْيُو هَكُبَالِ مَتْ
اِلَّا مُوِبِيو السُّلْطَانِ نَمَشُوْغَ وَكَ وَلَيكِن مَتْ مُوْغِينِ هَمُوِينِ كَمَشِيَكَ
وَلَاكُمَبَاِنْدَ الْحَاصِلِ اَلِبَ مُوْنِ يُوِلِ فَرَاسْ وَلَعَسَكَرْ وَكَجَوْ يَكَمِّ فَرَسْ
وَحَاكِمَ وَكَنْدَه عَسَكَرْ كُمْكَمَاتَ وَتْ دُوِيْلِ وَسَمُوِينِ وَكَنْدَ وَتْ كُوْمِرْ

وَسموِينِ خَاتِمه سُلْطَانِ اَلِبْ مُوْنْ فَرَس هوَزِكَانْ كُوَوَتْ وَلِيْ مُونْدِيْ
اَكَوِمِيَ عَسْكَرْ مُوْئِينِ مَعَنْ نَجُوطَبِعْ يَاكِ فَرَس هُوْيُو همَوِينِ مَتْ
اَلْاَمِيرْ مُوِيِوِ اَلِبْ سِمْ حَاكِمْ مَينِ يالَه عَسْكَرْ وَكُمَواسْ فَرَس اَكْمَشِيكَ
مُوِيِوِ السُّلْطَانِ فَرَس اَكْنَلِيِ السُّلْطَانِ اَلِبْ مَشِيكَ اَكَوْنَ فَصِحَ كَمَثْكُو
مَكْنُونِ حَتَّى مِحْبِينِ الْحَاصِل اَكَمبَانْدَ اَلِبْ مَبَانْدَ فَرَس اَكَمْ فَعَيْشَ حَتَّى
اَلِبْ فُنُوماَئِى السُّلْطَانِ اِماَعُوْكِيْ كِتِكَ مِلِكَ يَمَتْ مُوِيِغِينِ مبَالِ
يَبَاةَ مُونْدْ وَمُوَكَ نَفَرَس هَكَمُونْ اَكْنَعَايَ هَنَ لَكَنْدَ اَكَتْكُرْ مُوْغ حَلَافْ
اَكَنَفُوْتَ يُوْبَ يَكْبَاعِ مُوْشْ وَنِجْ اَكَبَاةَ كَجُوْبَ شَوَدُغِ الظَّعِيْفَ نَمَوِيِو
مُونَمْكِ كِرِيِ عَمْ يَاكِ مِيَاكَ ثَماَنِينِ اَكَمُوْمِيَ يُوِلِ مِنْجِيْ يَكَمَّ مِيمْ
مِغِينِ سِجُوْمَتْ كِتِكَ مِجْ نَتَاكِ وَنْبَغِيشِ هِجُوْبَ يَاكِ اَكَحْبِ كَمَّ يَكْفَاءُ
جُوْبَ طَبَارِ الْحَاصِل اَكَنِزَامْ مِيمِ سِينَ مَصْرُوْفُ وَلَا سِكْثُوِ بِس حَتَّى
مُوْجَ اَكَفَوِ كِليِمْبَ شَاكِ اَكَوَرَ اَكَنِيِيَ زِكِيْشَ فِضَّه تِنَ اَكَنُوَ سَاعَ يَذَهَبُ
اَكَمْبَ دَلَالِ اَكَنِيِيَ زِكِيْشَ فِضَّه الْحَاصِل اَكَوَتْ فِيَاكِ بَامْبُولَاَكُو
كِتِكَ مُوْغِ يَاكِ هَلِكَبَاقِ كِتَكَمُوْجَ اَكَبَاقِ كَنْرَ نَكُوْقِي نَكْكُوِيْ حَلَافْ
اَكَمُوْمِيَ يُوِلِ مِنْجِيكَمْ نَرِيمْ غُوْنِفَاي نِوْرِكَنْرْ يَاغْ اَكَمُوْرِيْمَ اَكَمْبَ
دَلَالِ غُوْرَكِ اَكَنْدَ اَكَوْرَ حَاتِمَه اَكَنْوَكَنْرْ يُوْلَايِتِ نِكَبَا نَثُوْكَ
الْحَاصِل بَلِبْ كَوِيْشَ مَبَس اَكِيغِي مِحْبِينِ كَفِيزَكَازِ كَثْكُو مِرِيغْ مُوْمَتَاجِرْ

سِيْكْ كَذَوكَذَ حَتَّى سِيكْ مُوْجَ اَكُوْمِيْ يُوڮِ مِنْ جُوْبَانِ يَكَمّ مِيم
نِمِشُوڬ مِرِيغْ يُكَفَّتَ مَعَنَ سِيْنَ تَاجِنْ مَعْلُوْمْ وَلَكِنْ كَثِ اَصْلِحْ تَكُوْنَدْ
كُوْ مِهْنِدْ تْكَكْتِيَانِ مِيْم نَاي نِجُوْكَازِ مَعْلُوْمْ كُوْمَتْ سِيكْ يَكُوْغُوْ نِبَاتِ
وَلُوْ بِسَ يُوْجِيْ كُوْ حِسَابُ الْحَاصِل اَكَلاَ حَتَّى سَاعَ يِنَانْ يُوْسِيكْ اَكَاتَكِ
كُوْ هَمَّ نَفْسِيْ يَاكَ اَكِنَدْ ذَكَانِ كُوْ مَحْنِدْ بَعْدَ وُغَالِ وُسِيكْ كَرُوْدِيْ جُوْبَانِ
اَكُوْنِ نِمْبَالِ اَكْسِيْمْ نَتكَاءِ حَتَّى اَصْلِحْ هَبَ بَرَزَانِ بِامَحْنِدِ اَلَبَ كَاءِ وَكَمْبَتَ
وُسِغِنِ اَكَلاَلِ وَكَاجَ وِيرِ وَكَفُوْحْ جُوْبَ يَمِهْنِدْ وَكَثُكُوْ جَمِيعَ يَمَالِ نَي
اِمْلاَلَ بَرَزَانِ حَتَّى اَلَبَ اَمَكَ مَحْنِدَ اَكُوْنِ جُوْبَ يَاكِ اِمْفَنْجُوْ نَمَتَ اِمْلاَلَ
بَرَزَانِ بَا مِهْنِدِ يَكَمْ وِيِنِ دِيْ وُلِيْ فُوْمَحَ جُوْبَ يَاغْ يُوْلِ اَكَكَانِ وَكِ شُكُوْنْ
كُوْ حَاكَامِ اَكَمْبِدِ كُوْكَتُوْ مَكُوْنِ الْحَاصِلِ اَكَكَتَوْ كُوْ اَمَرِ يَاكِ حَاكِمْ
الْحَاصِلْ مَورِ كَثُكُوْ مِرِيغْ اِكُوْ اَكَنَفُوْتَ مَكُوْبَ اَكُوْبَ نَدِيْ كَازِ يَاكِ
نَاللهِ السُّلْطَانِ وَكِتِكَ مَحَ اَنَدْغُوْيِ مُوْنَمِكِ حَتَّى سِيْكَ مُوْجَ يُوْلِ
مَسْكِيْنِ اَكَبَتَ كَتِكَ جُوْبَ يَدْغُوْيِ سُلْطَانْ اَكَكَاءِ شِينِ يَجُوْبَ اَسُوْمَ
اَكَفْغُوْ دِرِشَى بِنْتِ سُلْطَانِ اَكَمُوْنَ مَسْكِيْنِ اَسُوْمَ كُوْ صَوْتِ نَرُوْرَ نَاي
لِحَانَ مَرُورِ اَكَمُوْمِيْ مَحَكَّرَ وَكَ مُوْنَتِ مَسْكِيْنِ اَجَ هُوْكَ جُوْ اَلَبَ فِيْكَ
جُوْ اَكَمْبَ فِيكَوُوْلَ فِيحْ اَكَالَ خَاتِمَه اَكَمُوْمِيْ يَكَمّ سَاسَ هَبَانَ حَاجَ
كُوْبَ مَحِيْنِ كُلَّ سِيْكَ نَجُوْ هَبَ تَكُوْبَ رِزِقِ يَاكِ هَبَانَ حَاجَ كَعَذِبْ

نَفْسِى يَاكْ اَكَاوُكُلّ سِيْكْ اَنْكُوْنِدَ حَتّى سِيْكْ مُوجْ اَكُوْمْئِى مَسْكِيْنْ
تَتَاكْ نِيْنْ كُوكْ نَتَاكْ وِنِدكُوُ دُعْ يَاعْ وُكِيبُوْسْ وُبُوُرْ مَعَنْ مِيمْ سِيْنَ مُوْمْ
اَكْجِبْ مَسْكِيْنْ يَا سَيِدْ نِيْنْ سِلْوِيْرْ كُمْقَابِلْ سُلْطَانْ كَمُوْمْئِى اَكَمُوْمْئِى
هُوُنْ بُوْنِدكِمّ هُتَاكْ نَتَامُرُوتْ وُكُشنْرِ اَكْرِيضِى اَكَمْبْ خَطْ يَاكْ بِنْتِ
الْمُلُوكِ وَلكِنْ اَمُوْمْئِى خَطِ كَمْبِ وَزِيرِ كُوْشَرْ اَگِيْكِى خَطْ اَكِنْدَ حَتّى
كُوُزِيرِ اَكَمُوْمْئِى وَزِيرِ يَاشِيْخْ نِمِكُوجْ كُوكْ نَتَاكْ كَكُوْمْئِى نِيْرْ لاكِنْ
نَتَاكْ وِنِبْ عَهْدِ يَمُوعْ وُسِنِظُوُرْ وَزِيرِ اَكَمْبْ عَهْدِ اَكُنُوْ خَطِ اَكَمْبْ
اَلِبْ سُوْمْ خَطِ وَزِيرِ اَكَمُوْمْئِى مَسْكِيْنْ يِكَمّ لَوُلاكِمْ سِكِكُوْبْ عَهْدِ
نِغلِ كُوُوْ وَلكِنْ حِيظُوُرْ اَكَشكُوْ خَطِ وَزِيرِ كُوْ سُلْطَانِ اَكَمُوْمْئِى يَا سَيِدْ
نَتَاكْ كَكُوْمْئِى بِنْ وَلكِنْ نِيْبِ عَهْدِ وُسِنِظُوُرْ مِيمْ وَلا مُوْئِى كَتَاكْ نِيْنْ
اَكَمْبْ عَهْدِ اَكُنُوْ خَطِ اَكَمْبْ سُلْطَانِ اَكَسِيمْ دُعْ يَاعْ هكُوْنْ وَنَوُوْم
كَنَوُكَدَ وَنُوْتْ وُمُوزِيرِ نْقَاضِى نَمَالُوانِى وُتِ هَوَمْكُطُوْشَ الْاَهْوُئِى مَسْكِيْنْ
وَلكِنْ حِيظُوُرْ مُوْمْئِى اَكِتَاكْ مُوْمْ هُوْئِى مَسْكِيْنْ نَاوُرْ مَالِيَاكْ يُوْتْ نَاِى
اَتُوكِ كِتِكْ مِلِكْ يَاعْ نُمَدّ نِمِمْبِ سِيْكْ تَاتْ اَكِنْدَ وَزِيرِ اَكَمُوْمْئِى
اَكْكُبَالِ كُهَامِ اَكُوُزِ مِلِكْ يَاكْ اَكِنْدَ اَكْبَاعْ كِجُوْبْ زَمَكُوُتِ مُوْيِشْ وَمِجْ
خَاتِمَه اَكَمُوْمْئِى مَسْكِيْنْ نَقُوْتِ مَعْلَمْ اَكُوُرِ اَكُوُوْ حَلاكْ مُوُنَمْكْ
اَكَشكُوْ مِيْبْ اَكْرِءَ نَمَسْكِيْنِ اِبُوزِ وُلِ مْكُوْنْ وَكِ حَتّى سِيْكْ مُوْجْ

أَكُمُوْمِبَى مُكِبُوْ يَكَمّْ يِيْبْ تَاكْ مَبَسْ نِنْنُوْ كِتَا شَمَرْكَانْ اَصْلِى نِقَيْنْ
مُنْيِبْ نِقُوْ بُوَانْ يُوَانْ اَلْحَاصِلْ اَكَمْبْ مَبَسْ اَكْنُوْ اَلِشْ تَاكْ اَكْنُوْ
كُوْمِغُوْ خِلَافْ مَنْتْ وَكْ مَكُبُوْ حَتَّى سِيكْ مُوْجْ اَكُمُوْمِبَى مُكِبِ يَكَمّْ
مَنْتْ نَتَاكْ كُوْنْدَ نَاىِ مُوْمْبَانْ مَعَنْ هُوِبِنْدَ نِكَبَاة سَمَاكْ اَكِلِتْ جُوْبَانْ
اَكِنْدَ نَمَنْتْ وَكْ مُوْغْ اَكْجَعِلْ اَكْبَاة سَمَاكْ اَكَمْبْ مَنْتْ وَكْ شُكُوْ
سَمَاكْ بِلِكْ جُوْبَانْ يُوْلِ مَنْتْ اَلِبْ فِيكْ شِيَانْ اَنْكُوْنْدَ بَنَادِيِنْدَ اَكْرَامْ
اَكْمِتَرَامْ مَنْتْ وَكْ هَمُوْنْ مَرَّ اَكِدْ بِى اَلِبْ فِيكْ كَتِكْ دِيِنْدَ اَكْسِيمْ
نِيْنْ اَنَلْتَاكْ مُوْغْ هُوْ مَرَّ مُوْجْ مُوْغْ اَكْجَعِلْ مَنْتْ وَكْ اَكْمِفُوْ نَمْكُوْنْ
وَكْ مُوْغْ اَكَرْدِيِشِى اَسِبَاة كِفُوْ اَكَرْدِ كُوْصِلْ حُوْبَانْ اَلِبُمُوْنَ مُكِبِ
مُومِوْ اَنَمِكُوْنْ مُوِيْلِ اَكِيِى نْدَانِ اَكْفَوْغَ مَلَاغْ اَكِبْعَ مَلَاغْ يَاىِنْتْ اَلْحَلَالْ
فَغُوْ مَلَاغْ اَكِيَجْبَ سِفْغُوْ مَعَنْ رِوْ سِمُوْمِ رَاغُ مُوْمِ وَاغُ مُكُوْنْ وَكْ
مُوْجْ رِوْ مُوِيْلِ اَلْحَاصِلْ اَكَمْبْ فِصَّهْ فِلِفْ مَبَاة اَكْمِفُوْغُوْ اَلْحَاصِلْ وَكَكَاءِ
نَمْكِوْ حَتَّى سِيكْ مُوْجْ اَيِكَاءِ جُوْبَانْ كُوَاكْ نَحُوْبْ قَرَيِبْ يَابُوْنْ اَكُوْنَ
مَرَكَّبْ مِيْلِى رِنَكُوْجْ اَكُمُوْمِبَى مُكِبِ يِيْبْ اَكُمُوْمِبَى مَرَكَّبْ زِنَرْ كُوْجَ رَاغُ مُوْنَمِكْ
اَكُمُوْمِبَى يَكَمّْ لِوْ وُنَفِيِزَ وَزِمْ مُونِى مَرَكَّبْ هِيِبْ اَكَكْنُوْ مَكُوْنْ اَلْحَصِلْ
مَرَّ زِكَّاجْ بِغِيْنْ اَكُمُوْمِبَى فِيِلْ فِيِلْ حَتَّى زِكِّى نَاغْ مَرَكَّبْ وَكَشُوكُ مُوزِيِنْ
كُوْلِيَرْ كَتِكْ نِجِ سُلْطَانْ وِتْ اَمِكْوْجْ هَبَ اَكْ سِمْ هَكُوْجْ مَعَنْ هُوَ مَجُوْنَجْ

وَلِ نَنْدِي وَمُوِيْش مِعَ يُوتِ وِمِتَفُوْتَ الْحَاصِل وَكَشُوَكَ وَكَسِيْمْ تَمْرُودِ وَكَنُوَكَ فِتُوَنَ فِيَاكَ فِيَا مَلَاغُوْنِ كَنَمَى مُوِيْش وَمِع وَكَصَدِفْ جُوْبَ يَاكِ اَكَمُوْبِيَ مَنْكِ بِنْب فِتُوَنَ فِيْلِ فِيَاعُ اَكَمُوْبِيَ لِوُ وَنَفِيزَ وَرَمْ وَنُحَصِحِك هُوَّنَ فِتَوانَ كَمّ فِيْلِى غُوْجَ وَكَبِّج رِيو قَرِيْبْ نَكُوَّج وَمِيَ رِجْ وَكُعْرِفْ حَتّى وَلِبْ فِيَكَ قَرِيْبْ وَكَوَّنَ بُوَّانَ وَوْ وَكِلَرَنَ سَانَ مُوْجَ اَكَوَنْدَكَ كُونَدَ كُوْبَ خَبَارِ مُوزِبِ وَلِبْبَاةً خَبَارِ مُوزِبِ وَكَبِعَ مَنَّعَ مِيْغ مِنْ بَعَجَب

احتاج

أَيْضَآءْ كَتِيْڠ قَدِيْمْ الزَّمَانِ كَتِيْڠ وَبَغْدَادِ الْكَوْكْ مْتْ مُوْنَمْكِيءْ
مِنِيْنِ سَانَ اَكَوَهُوِيْنْ كُوِبْدْ كُوْ حَالْ يُوْنِيْنِ حَتَّى سِيْڠْ مُوْجْ كَتِيْڠ
سِيْڠْ اَكَيَّا رَايْ كَتِيْڠ مُوْيْ وَاَكْ اَكَنِمْ كُوِبْدْ كُوْ حَكِيْمْ كَتَاڠ
دَوَا يُوْنِيْنِ اَكِيْدْ حَتَّى يُوْبَانِ كُوْ حَكِيْمْ اَلِبْ فِيْڠ حَكِيْمْ اَكْمَقْرِيْشَ
اَكْمَوْبِيَ قَرِيْبْ اَكَّآءْ كَتَاڠ اَكْمُوْلِيْنْ خَبَار مُوْنَمْكِيءْ اَكْجِيْبْ خَبَارِ جِمْ
نِمْكُوْجْ كُوْكْ وَنِتَرَمْ حَالِ بَلَغْ اَكْمَوْبِيَ وَنُنِيْنِ اَكْجِيْبْ مُوْنَمْكِيءْ اَكِيْنْ
نَتَاڠ وَنِفِيْزِي دَاوْ يَهُوْ وَنِيْنِ نِلُوْنَاوْ حَكِيْمْ اَكْمُوْبِيَ اِنْ شَاءَ اللهُ وَلَاكِنْ
شَرْتْ نِبِيْغ رَمْلِ كُوْنَرَةْ نِتَرَمْ دَوَا اَتِكُوْ فَآءَ نَوِسَاسِ رُوْدِ نِدْزَرْكْ كِيْشْ
نَجُوْ وَنُوْيِ مَجِيْبْ اَكِيْنَنْ اِنْ شَاءَ اللهِ اَكِيْدْزَرْكْ مُوْنَمْكِيءْ حَتَّى سِيْڠ پَلْ
اَكْرُوْدْ كَنُوْ مَجِيْبْ حَكِيْمْ اَكْمُوْبِيَ يَابِنْتِ الْحَلَالِ نِمْتَرَمْ كَتِيْڠ كِتَابُ
نِمُوْنْ بَعْدَةِ يَسِيْڠْ سَبَعْ وَتَكُوْفَةِ بَسِ مِيمِ نُوْنْ هُوْنْ حَاجْ كُوْقِيَا دَوَا نَاوِ
قَرِيْبْ وَتَكُوْفَةِ بَعْدَ سِيْڠْ سَبَعَةِ اَلِبْ سِكِي مُوْنَمْكِيءْ مِنِيْنْ بِحَكِمْ اَكَيَّا
خَوْفْ كَتِيْڠ مُوْيُوْكِ اَكُوزَ اَتَكُوْفَةِ اَكْرُوْدِ حَتَّى كُوْكِيءْ اَسِيْلِ وَلَا اَسِيْوِ

اَݢَيَا حُرُنِ سَانِ اَكَكُوْتِدَهْ سَانْ حَتَى اِلَبْ فِيْݢ سِيْݢ سِيْݢ يَسْبَعَهْ اَسِفْ
سِيْݢ يَتَانِ اَيْدَهْ كُوْ حَكِيمْ اَكَمُوْبِى لِبُوْ سِيْݢ يَتَانِ نَمْ سِكُوْتَهْ حَكِيمْ
اَكِيْنَ وِيوِسَاسَ مِنِيْنِ اَوْ مُوِيْتَابَهْ اَكِيْنَ مُوِيْتَابَهْ نِمِكُوْنِدَهْ كُوْ خُوْفْ
يَكُوْتَهْ حَكِيمْ اَكَيْنَ نِدِي دَوَايَاكْ خُوْفْ مُوْنَمْكِي اِكَمُوْنِدُوْݢ

وَ سَـــلَامْ

هذا قصت زامان

اَلِ وُدُفِيَ سُلْطَانِ نَوَزِيرِ وَاقِ اَقَاء قَتِيْقَا مُلِكِوَاقِ سِفِيقِ زِقَبِيْتَ نَيُوْلِ
سُلْطَانِ اَنَمَسِرِيْيَ يَلِيْ يُبَانِ مُوَاقِ وَاتْ مِيَانَمِقِيْ مَمُوْجَ حَتَّ سِفَمُوْجَ
سُلْطَانِ اَقَبَادَ قَتِيْقِ بِقِلِ يِكُبَ يَاقِ اَقَفَقُوَ دِرِيْثَ اَقَتَبَ مَاشْ قَتِيْقَ كُوْبِ
جِفِينِ اَقَمُوْانِ مَنَامُوْقِ بَنَابُ دِرِيْثَ اَنَاكَازَ كُوِيْلِ زَاقِ سُلْطَانِ اَلبُوْاُنَافِيْلِ
اَكَفَاكَ وَزِيمَ اَقَشُوْقِ بِيْ حَتَّ اَقَفِيْقَ شِيْنِ اَقَوِيْتَ مَبَوَابُ وَاقِ وَاتْ
وَفَاجَ اَقَوُوْلِبَرَجَوْبَ اِلِيْ قَاءِ قَتِيْقِ نَجُوْبَ يَنُوْلِ يَهُوْدِ جُوْبَ يَنَانِ مَبَوَابُ
وَقَحِيْبُ سُلْطَانِ وَقَمِيَ جُوْبَ هِيْ سُلْطَانِ جُوْبَ يُوَ زِينِ وَاقِ سَيِّدِنَا
اَقَاسِيْمَ سُلْطَانِ تَفَضَّلِ نَاوُدُوْقِ مَتُوْ مَمُوْجَ اِدِ اَقَمَوِيْتَ وَزِيرِ وَاقِ
اَقَسِيْمَ بَوَابُ مَمُوْجَ هِوَاللهِ سُلْطَانِ اَقِيْدِ يُوْلِ بَوَابُ حَتَّ اَقَفِيْقَ قَوَازِيرِ
اَقَيِيْشَ مَلَافُوْنِ اَقَنَكُوْلِوَ مِلَاقِ اَقِيْدَحَتَّ قَوَزِيرِ اَقَوُمُرِقِيَ اَقَمَوْبَيَ
نِمَتُوْمُو نَسُلْطَانِ سَهِيْفَ اَنَتَوِيْطُوَاللهِ اللهِ وَلَا اَسَفَكَماجِرِ اَجِيْبُ وَزِيرِ
هِوَاللهِ سَمْعٌ وَطَاعَةٌ سُلْطَانِ اَقَتُوْقِ وَزِيرِ حَتَّ هَفُوْهِنُوَاقَا اَقِيْدَحَتَّ

اَقَفِيقْ قَسُلْطَانِ اَقَمُوْرِبَى اَقَمُوْرِبَى نَفَضِلِ وَزِيزِ نِمْكُوْتِ اُسْفِيزِ وِبْدِ بَصَرِ اسْسِهِفِ
نِمْلِتِوْ خَبَازِ قَمَقْنَافِيْتَ بَاسٍ نَتَاقَا اُسَافِزِ وَزِيزِ اَقَسِيْمَ هِوَاللهِ سَيِّدِنَا
اَقُودُقِ وَزِيزِ اَقْبَادَ قَتِيقَ مَرْكَبْ اَقَسَافِزِ بَاسٍ هِقْ جُوْمَرِ سُلْطَانِ اَقَفَاءَ
حَتَ جُوْوَلِقَاكُوْ اَقَفَاءَ بِيْتِ قَتِيقَ قِدُوْلِ شَاكِ اِنَابَايَ اَقَافَاءَ نَجُوْحْ
جُوْسِ اَقَافَاءَ حَتَّ مَنَرِقِ رِقِ يَوْسِبِقْ مُوِيْدَ هِيْدِ مُرُوْدِ هَارُوْدِ اَقَاتُوْقِ
اَقِيْدَ حَتَّ اَقَفِيْقِ بِنَابْ جُوْبَ يَوَرِيزِ اَقَقُوْقِ مُلَاقْ قِدُوْقِ قِدُوْقِ اَقَفَقْلِوَ
مُلَاقْ اَقَبِيْتَ اَقِيْدَ حَتَّ اَقَفِيْقِ دَرِبْنِ اَقَمَقُوْتَ يَوْلِ مَنَامَقِ اِلَىْ مُوْنَ
دِرِشَانِ اَمَقَاءَ قَتَاقِىنِى يَوْلِ مَنَامُوْقِ مَقُوَوَزِرِ وَاقِ اِلَىْ مُسَافِرِيْشَى كُوَصِيْلِ
الْحَاصِلِ نَيُوْلِ مَنَامُوْقِ اَلِبْ مُوَانَ سُلْطَانِ اَقِ مَغَارِيِيْشَى قُوَاحِشْمَةَ
نَاءِ دَابْ سُلْطَانِ اَقَفَاءَ اَقَرَقِ مُرْحَتَّ قَرِيْبْ نَقُوْكَ سُلْطَانِ اَقَالِتَ
مَنِيْنْ يُوبُوْزِ قُمُوَابِىَ مَنَامُوْقِ اَقَتَابُوَ مَعْنَا يَاقِ اَنَايِ تَاقِ سُلْطَانِ مَنَامَقِ
اَقَسِيْمَ هِوَاللهِ سُلْطَانِ وَلَكِنِ قَجِىَ قُوَازِ نَقِيْقِ قَهَوَ وَلَاوْ قِقُوْبْ قِمُوْجَ
سُلْطَانِ اُكُوْ سُلْطَانِ اَقَسِيْمَ هِوَاللهِ مَنَامَقِىْ اَقَبِقَ فِيْقَلْ سَهَانِ مِيَا اَقَلِيْتَ
بِيْلِ يَسُلْطَانِ الْحَاصِلِ سُلْطَانِ اَقَاتُوَاكُلَ سَهَانِ قِدُوْقِ قِدُوْقِ اَقَالَ اَقَوْرِ
فِيَقُوْلِ فِيْلِ فِيُوتِ نَمْنَا بَالِ بَالِ وَلَاكِنْ لَذَا بَاكِ مُوْجَ اَقَمُوْلِزَ فِيَقُوْلَ
هِفِ نَمْنَا بَالِ بَالِ وَلَاكِنْ لَاذَ مُوْجَ قُوْنِ مَنَامَقِ اَقَسِيْمَ نِمَفَاكَ مَقْصُوْدْ
نَقَامَ مَتَابُوْزِ تَبَوْ سُلْطَانِ اَقَتَابُوَ اَقَفَاءَ قُوْ زَاقِ اَقَتُوْقِ اَقِيْدَ زَاقِ اَقَسَهَاوْ بِيْتِ

یاقِ الْحَاصِل نْیُول مَنَاتِی اَسْتَازَامِر بَل مَهَالِ اَلِب قَاء سُلْطَانِ قَمَبَنَایِتِ الْحَاصِل قُوَسِیقْ یَا قُومِرِ اَقَاجَ یُولِ وَزِیرِ اَلِی سَافِرْ حَتَّ قُوسُلْطَانِ اَقَمْبَا حَبَرِ زُوتِ زَبُغْدَادِ تِبْنَ اَقُودُوْقَ اَقِیْدَ قُوَاقِ اَقِیقِی دَانِ اَقَفَا قَتِقِ قِیْقَاوُ اَلَکْ قَاءَ سُلْطَانِ اَلِبْ قُوَاقْ نِیِل بِیْتِ اَلِی سَهَاوُ سُلْطَانِ اِب بَلِ بَالِ وَازِبِرِ اَقَاءِ قَالِی اَفَبَلِقِ مَقُونْ اَقْتَازَامِر اَفَوْنَ بِیْتِ یَا سُلْطَانِ اَقَوَازِ قَتِبِقَ رُوْهُوْ یَاقِ اَقَسِیمْ سُلْطَانِ اَمِنُیُدُوْرُ قَتِبِقَ مُحِیْ وَاقِ قُوَحِیْلَ نُجَا قُفِسِیدِ حُوبَ یَاقُ وَلَاکِنْ اَحْسَنْتَ سُلْطَانِ اَسِیعْیُ نَعْیُو مُدَ وَمِبَازِ مِتَاتْ مَنَاتِی اَقِیْدَ قَبَاءَ اَقَمْشِاتَ قِی حَبَرِ زُوْتِ زِلِرِ قُوَاقِ بَبَاءِ اَقَحِیْبْ اَقَمُوبِیَ نِمَسْکِی بِنْتِ وَاقِ وَلَاکِنْ اِنْ شَاءَ الله تَعَالَی قَیْشَ اَنْقَوَکَ مُمَوْاَوُ اَسِیمْ نَاوِ رِحِی قُوَاقُ حَتَّ اُسْبُوْهِ اَقَوْدُوْقَ یُولِ بِنْتِ اَقِیْدَ زَاقِ الْحَاصِل قُلْبُ فُوْکَ اَسْبُجَ اَقَوْدُوْقَ بَیَاقِ یُولِ بِنْتِ اَقَفَاء قُوْ زَاقِ اَفِیْدَ حَتَّ قُوْ سُلْطَانِ نْیُول مُوْمِرو وَزِیرِ یُوْقِ قُوْ سُلْطَانِ اَقَاءِ قِی اَقَبِقَا سَلَامَ قُوْ سُلْطَانِ اَقَفَاء بِیْل بَسُلْطَانِ اَقَمُوبِیَ سَیِّدَنَا نَثِتَاقِ مِتُوْ مُمُوْجَ نِب رُخْصِ نِسِعِرِ مَنِیْنْ یَاقِ قُوَاقِ سُلْطَانِ اَقَسِیمْ نِمَقُوْبَ رُخْصِ سِیمَ مَنِیْنْ یَاقِ اَقَاسِیَ قَتِقِ مُلْکِ وَاقِ نِمَفَاکَ بِسْتَانِ زُوْرِ سَانِ کُلِ مُوْتِ نِمَبَادَ اَقَاجَ وَزِیرِ وَاقِ اَقَتَمَانِ قُبَاقِ بِسْتَانِ یَاقِ نِم نِقَمْبَا اِلِ بِسْتَانِ یَاقِ اَقَفَاء نَایِ سِیقْ جِیْقِ زِقِتَ الْحَاصِل حَتَّ سِیقْ مُوْجَ نَقِیْتَ قُتِبِی قَتِقِ جِیَ

حَتَّ نِقْفِقْ قُنَاقْ بُستَانِ يَاقْ نِقْتَرَامْ دَانْ نِقَوْنَ مِلَاقْ اِوَازِ نَمِتِ نِلِيْ بَادَ

اِمْقَوْقَ وَلَاهَبَانْ مُنْحِيْرِ دَانْ يُبُسْتَانِ وَسَلَامْ هِيَ دِيْ مَنِينْ يَاقْ سُلْطَانْ

اَقَرُوْقَ وَزِيرِ اَنْجِيبْ مِم سَيِّدِنَا نِلِيْ بَاقْ بُسْتَانِ يَاقْ هِيْ شَيْخِ وَلَاكِنْ سَيِّدِنَا

نَفَهَامْ سِيَقْ مُوْجَ نَلِ سَافِرْ نِلِبْ رُوْدِ نِقَوْنَ اُقُوْكَ وَسِيْبَ اُقْ مُلَ قُوْنْ

نِتَكِلِيْ قَنِيَ دَانِ دِيْ مَعْنَا مِلَاقْ قُوْوَازِ نَمِيْتِ قُفَوْقَ سُلْطَانْ

اَقَاتَابُوَ اَنْجَوْ نِقَمَا اُقُوْكَ وَسِيْبَ بِيْتِ يَاقْ سُلْطَانِ اَقَاءَبْ

يَامِنْ وَاللَّهِ اَمَا سِيْبَ قَنِيَ دَانِ وَلَاكِنْ سِيْبَ

هَقُولَ مَتُوْدَ وسلام تَمَتْ وَزِيرِ اَفِيْدَ

اَقَسِيْمْ نَمِقْوَاقْ كُوْخِيرِ

قَمَقُوَزَ

قَالَ شِعْرٍ

وَنَوْقِيوَ زِيمَرَ نِوغَ وُلِموغِنِ هُوِيْدَ سَهُوْ يَدَنِ يَلِيوْبِيْنَا زَمَانِ: كُوْبِ
نَمْشُوْ نَبُوْنِ زِلِكُوِي كُوْتِيْنَا: جَهَازِ شُوْبُ كِيْكُوْ هِكِهِمِلِ كُوْبِيْشَ لَتَكَ
نَاغَ لَكِي نَپِبُ زَكُوْلِكِرَ يَبِبُ زَكَ يِمِ يِمِ كَمَا وُغَ وَكُوْسِحَا بِيْبُ وَنِّغَ لَيْسَ
مْكُوْفَ وَيُوْمِيَرَ: كُوْبِ نَمْشَ نَبُوْنِ زِلِكُوِي كُوْتِيْنَا مَمَا نِيْكِي وَلِ كُوْنِرَ
يَكْسُكُوْ نِمِمِكِي بُوْندِنِ مَوْدَ يَنْشْنَوْ هُوْزِجِ مَرِكَبَ كُوْتُمِيْنِ مِثْوَ: كُوْبِ
نَمْشُوْ نَبُوْنِ زِلِكُوِي كُوْتِيْنَا: نِلِبُ كُوِيْدَ نجِيَانِ نِلِسِكِي بَرَكَشَ هِجُوْكَ
هَتَازِمَ هُوْنَ كَهْعَآكَتَ كِنِدِيْنِرَ وَجِهَ نَمُوْغَ كُوْتَكَنَا: كُوْبِ نَمْشَ نَبُوْنِ
زِلِكُوِي كُوْتِيْنَا: كُوْبِتَ كُوجِيْلِ شُوْبُ شَمَلِغُوْتَ مِنَاتَ جُوْهَلِي كِيْكُوْمَ
شِيْنِ هَلِي وَبَاتَ مِيْمَ سِيْسِيْمِ نَوْوِكِجَنَ وَكِنُوْبَاتَ هُنِيْنَ نَبِ يَاكَ مُوِي
كِيْكُوْبَ شَافَ: كُوْبِ نَمْشُوْ نَبُوْنِ زِلِكُوِي كُوْتِيْنَا:

٦٠

قال شاعر

عَبْدُ الْكُوفِي نِكِدِرِيجْ بِزِغَلْ نُورْ كَمَا سِرَاجِي زِوبْ مَغَانُوْ وَوَجِيْ وَجِيْ
نَوْبِلِكُوْ وَبِنْ شَانِ ۞ نِوَابْ خَبَارْ زَاغْ بِنوْ زِوَاتِلِلِيْ كَمَا يَلِيِيْ وَلِيوْ بَعِيدْ
وَبِبْ يِوْ نَوْبِلِكُوْ وَزِبِدْكَانِيْ ۞ كَاتِيْگَ دُوَارْ كِتِبْ جِيْگ هِمُوْنَ دُوْرْ
اَكِدِيْكَ كَصَوْتْ نَانْ اَكَنِمَگ هِيَابْ سِيْبَ نَانْ فُلَانِي ۞ كِنُوْ مِنِغْ
كِيصُوْرِ هِلِ يُونَ اَغْ لِكِ ظَهِرِ مُلَا كَمْ قُوْوَ مَانَ وَخِيرِيتْ لَاحَسِيدْ
نَعْدُوْوَانِ ۞ اَخِ دِيوَ مَغَا مِي مَقَامْ كِطَ مُفِيرِيْغْ شَكِ غُرْمَا يُونَ بِغ
شُوْغ لَتَعَظِيمَا شَانْ نُورِيِبْ هُزِيدْ شَانْ ۞ وُسْ وَمِوْبِوْ وُكِبُورِ وُلَا
مَدُوْوَرَنْسْ شِبِيرْ وُكِرِمِتُوْگ كَمَا بَدِيرْ وَكِرمِيوْ مَدْوُوْرَانِي ۞ يُوْسْ
زَكِ فُونْغ زِفُوْغِنِوْ شَانْ يِكِ مُلَا اُوْبِوْ نُوْرْ نَحِيبَ يِكِ مَتوْ كَمَا مِزْكَنْدَ
وَرَمَضَانِ ۞ مَاتْ يِكِرِيْغ يُوْنْ نِكُوْبْ كِنْ شِوْسِ هُوَ شُوْبِ فِكِرِيدْ مِنُوْ
هِتِنْدَ لِبِ كَمَا اَغِيبِي وَسِدِيزِيِنْ ۞ كُوْبْ شِبُوْ وَشَكِ مَقَامَ الاِيْدَ تَتْ
كَكِ بِيِمَا نَسِمَايِ كُمْتِزَمَا هَيْمِيلْ كُوْيِ مَايِ كَانِنْ ۞ صِيفَ دِمْشَافْ
تَوْخِيرِ نِكِمَامِيْرِ يِكِ خِيَارْ اَكْتِبْگَ شِيْگ كَمَا حَرِيرِ هَفْبَى زِتَوبْ
كُوْلَيْنِ ۞ مِدُوْمْ مِنِتِكَ اَقَصِيْبَ يُوْنْ مَايِ كَاتِ وَاكِ حَيْبَ دِيبِيْ مِكْ
سِيْتِ مِ مَحَبَ اَتْيَايِ وَتُ مُخْطَرَانِ ۞ نَمْبَلِ كِنِ يَابِلِكُوْ كِتِيَى فِبِنْ

هِتِنْدَ تَوْ دِيوْ نَجَاسْ يَفُوتُوْكُمَا يَتُوْكُوْ مِكْرُزُوْنْ ۞ شِيحْ دَمُوْوْنِرْ
هِنْبِرْ نِبْرْ يَفِرْغِينوْ بِنْ نَيُوْمَا هُوُوْنْ مِثِيبْ كُمَسِي مَامَرْ شِبِيْدْ يَتُوْبْ
يَفَرَنْسَانْ ۞ مِكْوْنُوْ بِيِنْ اَكِرْغِينْ هِبِنْدِيكْ مُونْ كُكْ بُوْوَرْ غَرَيْكُوْوْنْ
يُوْمَا هِتِينْرِ غُدِمَا يَوْيَاحْ وَكِسِوَانِي ۞ كِبُوُوْ نِكَوْتِ شَكَ مَغَاكِيْنَ فِيثْ
كَاتِ هِتَغَاتَغَا مِثْبَ وَاِك دِكَوْتُمَا مَغَا لِنُورِيوْ بُسْ تَانِينْ ۞

اقَالَاتِي عِبِرْ

مُغِنِ سِقِيْ كَرَ مُبْ مِثِلْ نَابِرَ مِثِلَاي كَفُوْنِ مَكَرِ بِشِ مُغِنْ ۞ مُغِنِ سِقِي
بِلَامُبِ زِرَوَ نَاسَمُلَ مَحَبَّ يَفَرَدِيَ يَ مَرُدِي مُغِنْ ۞ مُغِنِ سِقِيْ يَتَتْ
جِمَبَنْ حِمَنَ قِتْ مُنَازِبْ زِنَتْ بِكَ دِلَانَامُغِنْ ۞ مُغِنِ وَسِكِنِ مُبْ
جِبْ قَلِ مَاءِ قِرْدِ مُوَغَنْ دِ كُوْ مُغِنْ ۞ مُغِنِ سِقِيْ نَنْ مُبَ قَمَا سِدَنْ
حَوِ شِمُسْغِجَانْ ءُ سَغِجُوْ مُغِنْ ۞ مُغِنِ سِقِيْ سَتَ مُكَلَا مَكُجِفِشْ مُوغِي فِبِينْ
فِتْش يِي مُغِنْ ۞ مُغِنِ سِقِيْ سَبَا سِمُغِنْ ءِنَابَا حَتَمْنُا مَا بَنِنَ كَتِي يِي
مُغِنْ ۞ مُغِنِ سِقِيْ نَنْ شُدِبْنِ تُوْنِ ءِنَبْ تُحَكِي نَنِ تُوَغَنِ مُغِنْ ۞ مُغِنْ
سِكِيْغِدَ ءِنِدَمَانْ كِبِدَنِدِ وِسِرْدِ جُوْمَا دِسِيرْدِ مُغِنْ ۞ مُغِنِ سِقِيْ كَمِ كَمَا
تِقِنَامَاغِرِ حِبِنَاءُ فَكُرَبِ ءُ فُكُرِيُ فُكُرَيِ يِي مُغِنْ ۞

نُورْيَازَ فِيازِ باالسواحليه وباالعربيه وباالعربيه فندال نديزِ باالسواحليه
وباالعربيه موز نازِ باالسواحليه وباالعربيه نارجيل مكُنازِ باالسواحليه
وباالعربيه سِدْرُ رُوْجُو باالسواحليه وباالعربيه سُفّ ماوه باالسواحليه
وباالعربيه حجر وَحَصَا ودونجو باالسواحليه وباالعربيه تراب وطين
مشانجا باالسواحليه وباالعربيه رَمل جُوا باالسواحليه وباالعربيه
شمس بَرَمويزِ باالسواحليه وباالعربيه قَمَر نيونَا باالسواحليه وباالعربيه
نجوم مَويجو باالسواحليه وباالعربيه سَحَاب جبال باالسواحليه
وباالعربيه جَبَل ميتِ باالسواحليه وباالعربيه شجر ماجي باالسواحليه
وباالعربيه ماءِ مُعُوَا باالسواحليه وباالعربيه سبل منيونيو باالسواحليه
وباالعربيه نفاف ورهام يَبْبُو باالسواحليه وباالعربيه هبوبه ورِيح جرينزه
باالسواحليه وباالعربيه حِصِرْ لُوَّانِ باالسواحليه وباالعربيه سور
لسيمبا باالسواحليه وباالعربيه أَسَد مَتشوو باالسواحليه وباالعربيه
نمر الفيسى باالسواحليه وباالعربيه ظَبْع باكا باالسواحليه وباالعربيه

سنور بانيا بالسواحليه وبالعربيه فارِ قاعده حرب بالعربيه
وباالسواحليه في الاسلحه وزانت الحرب باجا بالسواحليه وباالعربيه
سيف بندوكِ بالسواحليه وبالعربيه تفق وبندق جهبيه باالسواحليه
وباالعربيه خنجر كيسُو بالسواحليه وبالعربيه سكّين وكَاندا بالسواحليه
وبالعربيه حراق مزبجا بالسواحليه وبالعربيه مَدْفع مُكوكي باالسواحليه
وبالعربيه رمح مشاره باالسواحليه وبالعربيه نِشّاب وسِهام اِمبينده
بالسواحليه قُوس بالعربيه بَاوْ باالسواحليه وبالعربيه لُوح تمرِ الثاني
مُبوزِ بالسواحليه وبالعربيه غَنَم مجُومبا باالسواحليه وبالعربيه بقره
وجمله بقرِ مجُوره باالسواحليه وبالعربيه اَرنَبْ كُندورُ باالسواحليه
وبالعربيه جَقد مُوكا باالسواحليه وبالعربيه اثى دومه بالسواحليه بالعربيه
ذَكَرْ كِينُو بالسواحليه وبالعربيه موقعه متّيى باالسواحليه وابا العربيه
سفن وَمدق سوا الثالث في الماكولات متَيلاً بالسواحليه وبالعربيه اَرز
مَتَامَا باالسواحليه وبالعربيه دُرَه مجانو باالسواحليه وبالعربيه بِرّ
مِبْوْا باالسواحليه وبالعربيه قصب سَكَّر

الیجناب نیخنا العقید لکاتک الدکتور بطمراتقاه الله
انطا اللہ اتلم علیک ودصا اللہ وبک ترعلادوطم
وبعد تلعرطف مقازیانچ یلوا صل یوث م کامل
واجیب کو لعطفا صی وطهوی نمنشار رطعان
اخـتـنـج ط اللہ الفخیرودک

۱۸۴٠

۲۱ فی سرهر

TAFEL IX. Grösse des Originals.

Vergl. Nr. 62, pag. 145.

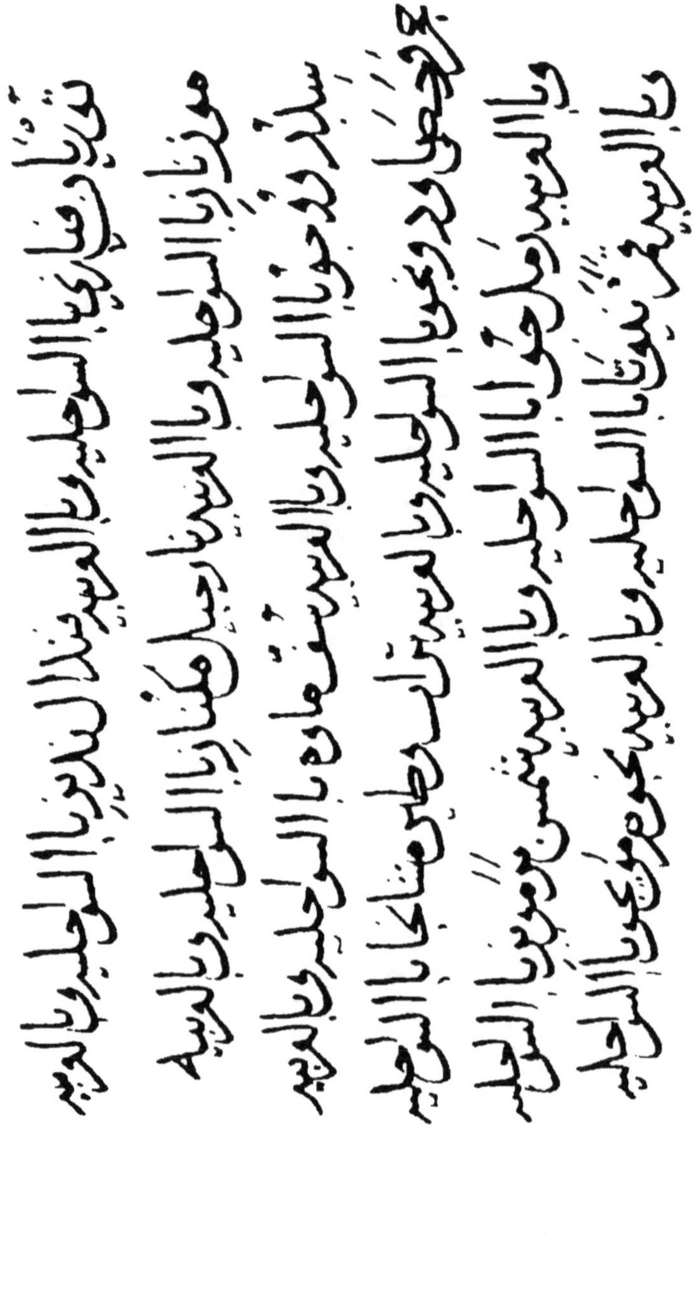

بلا ميبريز قربا شيند محتشمت چري

ني كلت قيت مننادت بتب ب قلدما

قلت معزيز دللا مكاوشت جي يي

محينها منحى سكجي لكر ميتب سكمي

سمبا ييهخنز دنابا حنبتا مابشت ككي نبت

نتريغف محنف يمغانس سككي خدا د بسكي

حكم تمانفنا ماغم حبنا دفا

قال شعره

دان تيون ترم نوح والمغني والموعظ بهوندسوديد بليو بيتا مان ۵ كوب
لمشو تابون زلكور كوتبنا ۵ جهان شوب كبكلو سه كه مبد كوبتش
لقد تابع لكني بسه دكولك بنت دكريم بمكارع وكو ساجانب ودغ
ليس نكوف وبو ميزه ۵ كوب لمشو تابون زلكور كوتبناه سما
نبكي ول كو نر تبكلو بتر منكي بولد ستوو بنسو هوتم مركب
كوتمين مشوه كوب لمشو تابون زلكور كوتيتا بلب كود تحبان
بلسكي پركتن بجو كه حنازم هوون كه هغا كن كس دتر وجه نوع
كوتكنا كوب لمشو تابون زلكور كوتبنا كوتت كوخبد شوب
تملغون منات جو هلي لبنكم متي هلي وبات ميم ينيم
نوو كجن وكتوبات هذنين ند بلا مو كبكلوب بان
۵ كوب لمشو تابون زلكور كوتبنا ۵

٧
١٣
١٦ صفر الحال

٣ ٩   اولٮالك ٮٮمان كورٮحات كٮكٯوٮانٮان

ع عا   لٯسوٮ كورٮحات ٮٮٮٯطٮٮٮٮ ٮٮاٮحٮٮه

ع عا   لٯٮ ٮٮمان كورٮحات ٮٮٮٯطٮٮٮٮ صعٮٮٮ ٮٮوٮٮٮٮٯٮٮٮ

عا   لٮٮ ٮٮمان كورٮٯطمات ٮٯٯورٮٮٮكٮٮ صعٮٮٮ

٨ ٧ ٮ   لٯٯكورٮٮٮٮٮ كٮٮٮكٮ ٮٮٮطٮٮ

٣ ٩   لٯٯ حمٮٮ كورٮحات كٮٮٮكٮ ٮٮٮحاٮٮٮ

ع ٨   لٯٯ كورٮٮٮه كٮٮٮكٮ كٮٮٮ رٮاٮ كٮٮوٮ

٨ عا   لٯٯٮٮ طٯٮه ٮلٮٮٮٮ ٯٮٮٮٮ مالا ٮٮٮحاٮرٮٮ

TAFEL V. Grösse des Originals.

Vergl. Nr. 42, pag. 75.

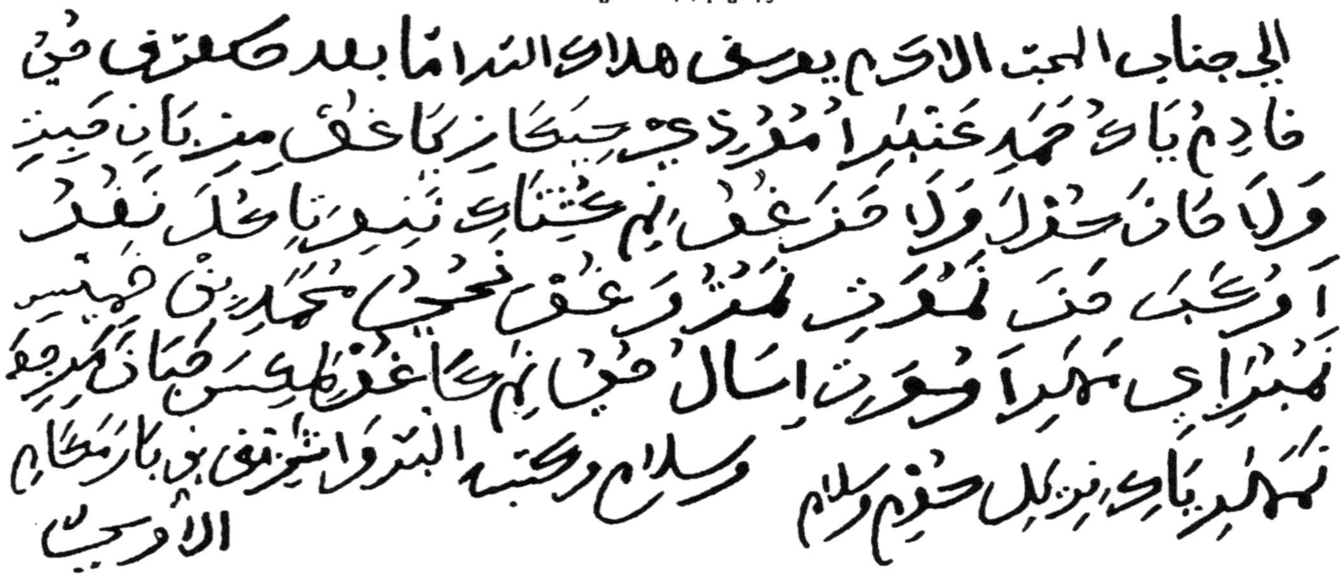